# PILOTOS DE CAZA DE LA SEGUNDA GUERRA MUNDIAL DE TUSKEGEE

*La historia de un piloto original
de Tuskegee, el teniente
Coronel Hiram E. Mann*

# PILOTOS DE CAZA DE LA SEGUNDA GUERRA MUNDIAL DE TUSKEGEE

*La historia de un piloto original de Tuskegee, el teniente Coronel Hiram E. Mann*

## DR. PATRICK C. COGGINS

ISBN-13   Paperback       978-1-972696-33-0
          eBook           978-1-972696-34-7

Library of Congress Control Number: 2026941933

# DEDICATORIA

Sin remordimientos; bueno, quizás algunos

"Al reflexionar sobre mi carrera terminada y mis últimos años, puedo acceder a ella desde diferentes perspectivas: el comienzo, la mitad del camino y el final."

"Este libro está dedicado a Kathadaza Marie (de soltera Henderson) Mann, mi amada y devota esposa durante más de sesenta años. Su firme apoyo y fe en mí me ayudaron a mantenerme firme en mi propósito."

— Teniente Coronel Hiram E.
Mann, USAF, Retirado

El saludo a todos los Aviadores Originales de Tuskegee, del Comandante en Jefe: "Por los saludos ignorados o no correspondidos durante la Segunda Guerra Mundial, en nombre de los Estados Unidos de América, ¡los saludo con orgullo!"

— Hiram

# TABLA DE CONTENIDO

# EXPRESIONES DE GRATITUD

**E**L AUTOR AGRADECE AL TENIENTE coronel Hiram E. Mann por compartir los aspectos más profundos y valiosos de su vida y sus recuerdos, detalles que me permitieron completar esta biografía con precisión y autenticidad. Alpha Phi Alpha se enorgullece de su distinguido hermano, el aviador de Tuskegee y piloto de combate Hiram Mann. El autor agradece a todos los aviadores de Tuskegee que conoció desde 1997 hasta la actualidad y cuyas experiencias contribuyeron a dar forma a las ideas de este libro.

Agradezco especialmente a las siguientes personas que colaboraron en la publicación de este libro:

Agradezco al juez del Tribunal de Apelaciones de Connecticut, Lubbie Harper Jr., por su prólogo, que enriquece la comprensión del importante lugar que ocupan los aviadores de Tuskegee en la historia.

A la Dra. Primrose Cameron por su labor de edición y las numerosas entrevistas realizadas al teniente coronel Hiram E. Mann, USAF, retirado. Gladys Almodovar, editora de transcripción médica, y la Dra. Zena J. Ramsey (de soltera Brooks) por su ayuda en la revisión del texto final durante el proceso de republicación.

Melviona Thomson, subdirectora, por dedicar tiempo a la edición del texto final.

Milagros Cruz Ruiz, María Luisa Rodríguez de la Vida y Alexis Hart por mecanografiar el documento final.

Doug MacIsaac por la edición y las sugerencias para el manuscrito final.

Dilshod Saidov por su ayuda con las ilustraciones de ambas portadas y la edición del texto.

Marisol Bahena por su trabajo en el texto final.

# PREFACIO

URANTE LA CEREMONIA DEL 29 de marzo de 2007, en la que los aviadores de Tuskegee recibieron la Medalla de Oro del Congreso, el general retirado Colin Powell expresó su agradecimiento a los militares, declarando: «La única razón por la que puedo estar hoy aquí con orgullo es porque ustedes defendieron con orgullo a Estados Unidos hace sesenta años».[1] Este sentimiento, expresado por el general retirado Powell pero compartido por muchos, es una de las razones por las que este libro en honor a la vida del teniente coronel Hiram E. Mann es una obra importante que llega en un momento oportuno de nuestra historia.

Como señala el Dr. Patrick C. Coggins, estamos inmersos en una lucha constante para asegurar que el éxito de los aviadores de Tuskegee se preserve de forma completa y precisa en la memoria colectiva de nuestra nación. Muchos estadounidenses han oído hablar de los aviadores de Tuskegee y son conscientes de la importante contribución que estos valientes individuos hicieron a la victoria de los países aliados durante la Segunda Guerra Mundial. Sin embargo, aún quedan por contar las historias únicas de las personas que conformaron estas unidades militares especiales. Este libro cumple la

---

[1] Transcripción de la ceremonia del 29 de marzo de 2007 en la que se otorgó a los Aviadores de Tuskegee la Medalla de Oro del Congreso located at http://www.pbs.org/newshour/bb/military/jan-june07/airmen_03-29.html.

importante función de tender un puente entre los detalles abstractos de los logros de los Aviadores de Tuskegee y las historias personales de los propios pilotos. Añade dimensión, profundidad y matices a la "experiencia" en Tuskegee durante ese importante período de la historia de nuestra nación.

La "experiencia" del Teniente Coronel Mann fue singularmente personal, ya que tuvo que superar numerosos desafíos para obtener sus alas como piloto militar. Sin embargo, su experiencia también abarcó, como él mismo nos recuerda, las esperanzas, las luchas y los sacrificios de muchos otros que lo ayudaron durante su estancia en Tuskegee. Con humildad, el Teniente Coronel Mann subraya:

Se ha reiterado que la expresión «Aviadores de Tuskegee» es un término inapropiado, ya que muchas de las personas involucradas nunca volaron en el marco de sus famosas misiones; no eran ni pilotos ni hombres. Sus palabras incluyen las voces del personal de tierra que se encargaba del mantenimiento de las aeronaves, de los médicos, enfermeras y personal hospitalario, así como las de sus esposas y otros familiares. Los sacrificios de estas personas están menos documentados, pero no por ello son menos importantes para el éxito general del programa de entrenamiento de pilotos. Este tema de la memoria, no solo de los Aviadores de Tuskegee, sino también de quienes los apoyaron en sus logros, es uno de los dos hilos conductores que unen esta obra. El otro hilo, relacionado con el fomento de una trayectoria profesional similar entre las futuras generaciones, me resulta de particular interés como juez que frecuentemente se encuentra con jóvenes desorientados. Con demasiada frecuencia, estos jóvenes simplemente desconocen las alternativas que les abrieron las generaciones anteriores. Con un poco de suerte, algún joven que necesite orientación escuchará la historia narrada en este libro y se inspirará para mejorar su situación y ayudar a otros que estén haciendo lo mismo.

Finalmente, tras haber tenido el honor de servir como juez durante más de una década, soy dolorosamente consciente de que la igualdad, la justicia y la libertad, los principios por los que los aviadores de Tuskegee lo arriesgaron todo, aún no se han materializado por completo. Si queremos seguir avanzando hacia su consecución, debemos seguir el ejemplo de estos estadounidenses y emprender acciones colectivas de forma continua con estos objetivos en mente. La lucha del teniente coronel Mann por la dignidad, la libertad y el respeto no había terminado cuando voló su última misión como miembro del 332$^{nd}$. Grupo de Caza. Tras su retiro en 1972, el teniente coronel Mann se dedicó a la lucha nacional por el reconocimiento como ciudadano estadounidense de pleno derecho, con derecho a la igualdad de trato y oportunidades en las fuerzas armadas y en otros ámbitos. Espero que al contar su historia y, a través de ella, la de otros aviadores de Tuskegee, recordemos la importancia de renovar nuestra lucha por el avance de estos derechos consagrados en nuestra Constitución. Como demuestra la historia del teniente coronel Mann, solo mediante el coraje, la lucha y el sacrificio podremos alcanzarlos.

El Honorable Lubbie Harper, Jr.
Juez del Tribunal de Apelaciones de Connecticut Juez del Tribunal Supremo de Connecticut (Retirado)

# CAPÍTULO I

## Auténticos Aviadores de Tuskegee: Más que volar

LA RAZÓN PRINCIPAL PARA ESCRIBIR este libro es destacar los logros de los Aviadores de Tuskegee y los pilotos, especialmente del Teniente Coronel Hiram E. Mann, USAF (Retirado), quien no solo completó con éxito la Experiencia de los Aviadores de Tuskegee, sino que también se formó como piloto en el Instituto Tuskegee, en el Aeródromo del Ejército de Tuskegee, Alabama. Posteriormente, fue piloto de combate en la Segunda Guerra Mundial, junto con otros pilotos afroamericanos, quienes contribuyeron a forjar la reputación e historia de los pilotos de combate afroamericanos como personas hábiles e intelectuales en todos los ámbitos de la vida, incluyendo la compleja tarea de pilotar un avión.

Al reflexionar sobre su otra motivación para escribir este libro, quedó claro que no se inspiró en ninguna información aprendida en clases de Historia Universal, ni en ningún estudio de las experiencias de la Segunda Guerra Mundial, ni siquiera en información obtenida en cursos universitarios sobre relaciones raciales o sobre la historia de los afroamericanos. Tres eventos despertaron mi interés en escribir este libro sobre los aviadores de Tuskegee. Estos eventos fueron:

1) En 1979, vi el especial de ABC titulado "Blacks in White America". Este documental, La narración de Ronald Reagan, quien más tarde se convertiría en Presidente de los Estados Unidos de América, retrató las contribuciones de los Aviadores de Tuskegee.

2) En 1994, conversé extensamente con el ahora fallecido Sargento retirado Elton Williams, veterano condecorado de la Segunda Guerra Mundial, número de serie 31464521, quien relató y explicó los prejuicios, la discriminación racial y otras dificultades que todos los afroamericanos en el ejército tuvieron que soportar cada día de su alistamiento en las Fuerzas Armadas. Estaba convencido de que los esfuerzos de los Aviadores de Tuskegee y los pilotos de combate desempeñaron un papel importante en el éxito de los soldados de infantería, quienes, al igual que los pilotos, tuvieron la enorme responsabilidad de luchar contra el enemigo común bajo las banderas aliadas y la bandera de los Estados Unidos de América.

3) En 1997, el autor fue el Primer Académico Eminente Residente de Estudios Multiculturales y Estudios Africanos y Afroamericanos del Distrito Escolar del Condado de Palm Beach. Participé como consultor en el Programa del Distrito que recibió a los oficiales retirados de la Experiencia de los Aviadores de Tuskegee en 1997, 1998 y 1999. Como uno de los anfitriones, presenté a más de una docena de Aviadores de Tuskegee ante un público numeroso y tuve la oportunidad de entablar conversaciones con ellos sobre sus experiencias durante la Segunda Guerra Mundial.

# El Teniente Coronel Retirado Hiram E. Mann y sus Logros

El día clave para mí fue durante mi discurso de apertura en la celebración del Día del Fundador de la Fraternidad Alpha Phi Alpha, Inc. en Titusville, Florida. El 4 de diciembre de 2000, conocí al Teniente Coronel Hiram E. Mann, USAF, Retirado; uno de los Aviadores de Tuskegee originales que había pasado por la ahora famosa Experiencia de Entrenamiento de los Aviadores de Tuskegee en Tuskegee, Alabama. Me alegró mucho saber que era mi hermano de la Fraternidad Alpha Phi Alpha. Además, era evidente que me fascinaban sus logros y su historial militar, entre los que se incluían:

» Miembro de la promoción 44-F, piloto de monomotor en el aeródromo del Ejército de Tuskegee (TAAF), Tuskegee, Alabama.
» Piloto de caza de combate en el 332$^{nd}$. Grupo de Caza.
» Participó en misiones de combate con los escuadrones de caza 302 y 100 durante la Segunda Guerra Mundial.
» Se graduó del Colegio de Comando y Estado Mayor de la Universidad del Aire en la Base Aérea Maxwell (MAFB), Alabama. En su promoción de 1957, de los más de 990 oficiales, solo había cuatro afroamericanos, entre ellos el difunto general Daniel "Chappie" James Jr., con quien estudió.

Además, mis vínculos profesionales también reforzaron mi interés en este importante acontecimiento histórico. En aquel entonces, era vicepresidente del Grupo de Trabajo sobre Historia Afroamericana del Comisionado de Educación de Florida y Profesor Residente Distinguido en el Distrito Escolar del Condado de Palm Beach. Como Profesor Residente, fue responsable de dirigir un equipo de consultores y personal del distrito en la elaboración del

Currículo Interdisciplinario de Historia Afroamericana. En 1994, la Legislatura de Florida aprobó el Estatuto de Florida 233:061(1)(f), modificado por el Estatuto de Florida 1003.42(h)(2) (2002). Dicho estatuto establece:

> *"La historia de los afroamericanos, incluyendo la historia de los pueblos africanos, los conflictos políticos que condujeron al desarrollo de la esclavitud, la migración a América, la experiencia de la esclavitud, la abolición y las contribuciones de los afroamericanos a la sociedad".*

> Esta nueva ley exige que *"el personal docente de las escuelas públicas imparta clases de manera eficiente y fiel, utilizando los libros y materiales requeridos, siguiendo el plan de estudios prescrito y empleando métodos de instrucción aprobados".*

En este contexto, la autora consideró fundamental que todos los estudiantes aprendieran historia afroamericana. Las contribuciones de los Aviadores de Tuskegee y los logros de estos pilotos de combate, en el contexto de la historia afroamericana y de la Segunda Guerra Mundial, constituían información histórica esencial. Durante ese tiempo, el equipo del Distrito Escolar del Condado de Palm Beach planeó la llegada de los Aviadores de Tuskegee. Llegaron a Palm Beach en 1997, 1998, 1999 y 2000, y recorrieron las escuelas primarias, secundarias y preparatorias. Visitaron iglesias, asistieron a recepciones y foros comunitarios. El público se mostró visiblemente contento e interesado en conocer a los Aviadores de Tuskegee. Cabe destacar que, a excepción de quienes sirvieron en el ejército durante la Segunda Guerra Mundial, la mayoría de las personas afirmaron desconocer la existencia de los Aviadores de Tuskegee. Además, el público se sorprendió al descubrir que la información sobre los Aviadores de Tuskegee estaba ausente de los registros de la historia de la Segunda Guerra Mundial y que las contribuciones de los militares afroamericanos y de los Aviadores de Tuskegee no se habían incluido completamente en los libros de texto.

El autor recuerda que, durante una recepción en 1998 organizada por el gobierno municipal de West Palm Beach, todos los invitados, tanto blancos como negros, se mostraron encantados de conocer a los Aviadores de Tuskegee. En aquella recepción, recordé un momento de tensión entre los organizadores y los aviadores de Tuskegee cuando un veterano blanco de la Segunda Guerra Mundial dejó atónita a la multitud al exclamar: «He venido a agradecerles [aviadores de Tuskegee] por salvarme la vida. Fui piloto de bombardero en la Segunda Guerra Mundial y mi avión fue alcanzado. Los demás pilotos blancos despegaron, dejándome a mi suerte, cuando de repente vi los aviones de la "Cola Roja" rodeando mi aeronave y escoltándome de vuelta a la base. Después, despegaron. Estoy aquí esta noche para agradecer a todos los aviadores de Tuskegee». Fue entonces un momento emotivo cuando los aviadores de Tuskegee, el teniente Pompey Hawkins, el teniente Walter Palmer, el capitán Charles Hill, la capitana Mary Hill, el mayor Roland Brown y otros, se acercaron al veterano blanco de la Segunda Guerra Mundial y se abrazaron al unísono. El tiempo se detuvo mientras una energía de sanación, recuperación, perdón y una enorme sensación de alivio y alegría llenaban el ambiente en este reconocimiento mutuo de las contribuciones de los aviadores de Tuskegee.

## ¿Por qué se ha silenciado la historia de los aviadores de Tuskegee?

Aquella noche de 1998, tras la recepción en Palm Beach, me preguntaba por qué ha sido tan difícil para las fuerzas armadas de Estados Unidos y para el público destacar las contribuciones de los aviadores de Tuskegee y de otros afroamericanos que sirvieron en las fuerzas armadas durante la Segunda Guerra Mundial y que fueron leales a su país.

Defendieron con honor la bandera y la libertad de un mundo que los discriminaba en términos de igualdad en educación, alojamiento, vivienda, salario y justicia. Fue doloroso ver al sargento Elton Williams, un veterano de guerra condecorado y retirado de la Segunda Guerra Mundial, con lágrimas en los ojos mientras decía: "Dejamos a nuestras familias y fuimos a Europa y otras partes del mundo, arriesgamos nuestras vidas y nos disparaban a diario, pero estábamos decididos a demostrar nuestra valía como soldados y como hombres dignos". Es importante recordar al lector que durante la Segunda Guerra Mundial y la década de 1940, el entrenamiento de pilotos de los Aviadores de Tuskegee se llevó a cabo en una época de la historia de Estados Unidos en la que las leyes de segregación racial (Jim Crow) estaban vigentes; una época en la que la Corte Suprema de Estados Unidos, en el caso Plessy v. Ferguson (163 U.S. 537, 16 S. Ct. 1138, 1896), dictaminó que la segregación racial era legalmente correcta, bajo el principio de "separados pero iguales". El hecho de que la Experiencia de los Aviadores de Tuskegee tuviera lugar durante este período fue extraordinario.

## Cuatro eventos vinculados a la experiencia de los Aviadores de Tuskegee

Otra pregunta que persistía en la mente del autor era cómo se comparaba la experiencia de los Aviadores de Tuskegee con cuatro eventos cruciales de la historia estadounidense y africana: el Ferrocarril Subterráneo, Rosa Parks y el boicot de autobuses, la Revolución Haitiana por la Independencia y la Rebelión de Denmark Vesey en Charleston, Carolina del Sur. Investigué la experiencia de los Aviadores de Tuskegee y llegué a la conclusión de que sus logros deben ser reconocidos y analizados al mismo nivel que las valiosas contribuciones del Ferrocarril Subterráneo, la Rebelión de Denmark Vesey, el boicot de autobuses de Rosa Parks y la Revolución Haitiana.

Es importante señalar que no pretendía argumentar que ninguno de estos eventos de la historia afroamericana fuera más importante que los demás. Más bien, espero que el lector extraiga de este análisis que estos acontecimientos demuestran la firme voluntad de los afroamericanos y las personas de ascendencia africana durante diferentes períodos de la historia estadounidense de luchar por la dignidad y el respeto propio, a pesar de los duros efectos de la discriminación racial y social. Este período afectó todos los aspectos de la vida, incluyendo la educación y la economía. y las interacciones sociales entre las distintas razas y el acceso a alojamiento, por mencionar algunos aspectos.

Exploremos los eventos que nos permitirán vislumbrar las maneras en que las personas afrodescendientes en las Américas buscaron asegurar su liberación, libertad y justicia, a saber:

I. **El Ferrocarril Subterráneo:** El Ferrocarril Subterráneo fue una historia de confianza entre negros y blancos que arriesgaron sus vidas para lograr la libertad. Los esfuerzos de Harriet Tubman y otros incluyeron a blancos que sacrificaron su seguridad para garantizar la libertad de los africanos esclavizados. Oboe Onomake lo expresó mejor: "Harriett Tubman pudo ir y venir al Sur, donde su vida corría peligro en cualquier momento durante los más de 300 viajes, pero estaba a salvo porque el espíritu de Dios guiaba sus manos y sus pasos".

II. **La Rebelión de Esclavos de Charleston:** Denmark Vesey: Este fue un intento organizado para liberar a los africanos esclavizados de las garras de la esclavitud. Aunque los propios hermanos y hermanas esclavizados de Vesey traicionaron sus intentos, el suceso tuvo profundas repercusiones en la lucha por la libertad. Este evento sentó las bases de una resistencia moral, espiritual y física, que se convirtió en uno de los pilares fundamentales que condujeron a la Proclamación de Emancipación de 1865 y a la Decimotercera Enmienda a la Constitución de los Estados Unidos, es decir, la abolición de la esclavitud.

III. **Rosa Parks y el boicot de autobuses:** Esta experiencia fue un boicot económico ejemplar que demostró a los afroamericanos que, si se unían y utilizaban recursos económicos, podían lograr resultados positivos en materia de derechos civiles. No fue fácil, ya que se trató de una lucha prolongada que requirió confianza, cooperación y perseverancia para alcanzar el éxito. Este acto, protagonizado por la "madre de la resistencia económica" en la lucha por los derechos civiles, enseñó una lección que las armas y los ladrillos no habrían podido transmitir con la misma eficacia. El lector debe comprender el coraje de Rosa Parks como un ejemplo de la determinación de los afroamericanos, y en particular de las mujeres, para luchar por la libertad de Montgomery Liberados de las cadenas de la discriminación racial en Alabama y en los Estados Unidos de América.

IV. **Revolución Haitiana:** Esta lucha fue un esfuerzo constante por liberarse de las cadenas de la cruel esclavitud en Haití. El resultado de esta lucha incansable culminó en 1841 con la creación de la primera nación africana libre en el hemisferio occidental. Infundió un sentimiento de orgullo y la convicción de que la libertad de la esclavitud era posible y solo podía alcanzarse mediante luchas personales, espirituales, psicológicas y físicas. Reunió todos los ingredientes: determinación, planificación, superación de adversidades (el ejército francés de Napoleón), la fe de las víctimas oprimidas y un profundo sentimiento de liberación.

## ¿Cuál es la razón principal de este libro?

Ahora bien, llego a la razón más profunda de este libro. Al examinar todos estos eventos, observé que compartían temas comunes como la confianza, la liberación, la lucha, la fe, la opresión, la resistencia y el bienestar económico. La experiencia de los aviadores de Tuskegee tenía un elemento peligroso y explosivo que muchos han pasado por alto. Esta experiencia, o experimento, como se la denominó a menudo en algunas publicaciones, no se limitaba a la discriminación y la segregación. Fue un intento deliberado de destruir la esencia de la humanidad, la mente y el intelecto de los afroamericanos. Un análisis detallado del propósito de la experiencia de Tuskegee, expresado por muchos en el Congreso en aquel entonces, era "demostrar que los negros no poseen la inteligencia ni la capacidad mental necesarias para pilotar un instrumento complejo como un avión". La experiencia de los aviadores de Tuskegee trataba sobre afroamericanos que superaron las crueles adversidades raciales y demostraron a Estados Unidos y al mundo que tenían la capacidad intelectual para pilotar un instrumento complejo llamado "avión". Los aviadores de Tuskegee y todos los veteranos afroamericanos de la Segunda Guerra Mundial demostraron que el color de la piel no determina la inteligencia ni la capacidad. Es la actitud la que determina el éxito y la capacidad para alcanzar metas y objetivos difíciles.

Si los aviadores de Tuskegee no hubieran logrado semejante hazaña, las consecuencias habrían sido devastadoras para todos los afroamericanos en Estados Unidos y para las personas de ascendencia africana que viven en la diáspora. Sus éxitos desmintieron la creencia generalizada de que las personas negras "no pueden pensar". Más allá de las experiencias de éxito de los aviadores de Tuskegee, existe evidencia bien documentada del éxito intelectual de los afroamericanos en diversas áreas. Por ejemplo, figuras notables como George Washington Carver, Garrett T. Morgan, Nathaniel

Hale Williams, Elijah McCoy, Lewis Howard Latimer, académicos como el Dr. Booker T. Washington, el Dr. William E. Du Bois, la Dra. Maya Angelou, el Dr. Henry Louis Gates, el Dr. Cornel West, Toni Morrison, Madame C.J. Walker, Rosa Parks, el Dr. John Hope Franklin, el reverendo Dr. Martin Luther King y otros.

## Seis temas clave para el éxito de los Aviadores de Tuskegee

Seis temas que marcan la historia de los afroamericanos que fueron Aviadores de Tuskegee y otros pilotos y veteranos de la Segunda Guerra Mundial son:

1. **Capacidad intelectual:** Estos Aviadores de Tuskegee eran brillantes, con gran capacidad de aprendizaje y capaces de superar todas las pruebas. Superar estas pruebas fue el primer paso para romper la barrera racial en el ejército. Como afirmó el Teniente Coronel Hiram Mann: «Todo aquel que se convirtió en Aviador de Tuskegee y fue aceptado en el programa de entrenamiento de pilotos era afroamericano, con al menos dos años de estudios universitarios y soltero». Antes del inicio de la Segunda Guerra Mundial y hasta 1942, todos los pilotos militares estadounidenses debían ser graduados universitarios. En 1942, los requisitos se modificaron para que todos los pilotos militares tuvieran un mínimo de dos años de estudios universitarios. Posteriormente, se eliminaron los requisitos y, en su lugar, cualquier persona que superara las rigurosas pruebas mentales y físicas podía ingresar al Programa de Entrenamiento de Vuelo. "La historia que se narra en el especial de HBO es cierta para aquellos soldados rasos que participaron en la Experiencia Tuskegee

y que tuvieron que repetir el examen escrito dos veces porque uno de los oficiales blancos creía que habían hecho trampa o que no eran lo suficientemente inteligentes como para obtener una puntuación tan alta. De hecho, en el segundo intento, cada uno de los afroamericanos obtuvo una puntuación de al menos 97 sobre 100."

2.  **Responsabilidad colectiva:** En todos los relatos sobre los veteranos afroamericanos de la Segunda Guerra Mundial y en el vídeo de HBO sobre los aviadores de Tuskegee, quedó claro que existía un profundo sentido de responsabilidad colectiva por el éxito y el bienestar de los demás. Trabajaron juntos para desmentir el mito de que las personas de ascendencia africana se traicionarían y sabotearían entre sí, como se vio en la rebelión de Denmark Vesey, que fue traicionada por otros africanos esclavizados. La experiencia de los aviadores de Tuskegee tenía como objetivo determinar si los afroamericanos podían apoyarse mutuamente. Trabajaron juntos y se apoyaron en todo sentido. Como dijo el teniente coronel Mann: «No pude encontrar un solo incidente en el que los aviadores de Tuskegee sabotearan o engañaran deliberadamente a otros soldados. Estábamos sitiados y no teníamos tiempo para sabotearnos entre nosotros. Al contrario, existía un fuerte espíritu de cooperación y ayuda mutua. Sentíamos no solo una responsabilidad colectiva, sino también que, si no nos cuidábamos los unos a los otros, jamás alcanzaríamos nuestro destino colectivo: convertirnos en pilotos capaces de volar cualquier aeronave militar».

3.  **Creatividad:** Estos aviadores de Tuskegee fueron más allá de los libros de texto y de lo que les enseñaron sus instructores, tanto blancos como negros. Volaban formaciones nunca antes vistas con tanques de combustible modificados. Exploraron a fondo su intelecto y su

pasión, convirtiéndose en uno de los grupos de aviadores más temidos, conocidos como los «Red Tails». Los alemanes informaron que les preocupaba y temían la eficacia de los aviadores de Tuskegee como pilotos. Como dijeron el teniente coronel Hiram Mann y el teniente Walter Palmer: «Estábamos bien entrenados y no íbamos a perder ningún avión ante el enemigo alemán, así que ideamos formaciones y estrategias de combate que iban más allá de lo que nos había proporcionado nuestro entrenamiento básico».

4. **Fe:** Hay que reconocer que en la vida es difícil tener éxito en cualquier tarea o actividad si no se tiene una fe inquebrantable en uno mismo y en las propias capacidades para superar la flagrante discriminación y los vestigios de las duras leyes de segregación racial «Jim Crow» que existían en Estados Unidos. La fe de los pilotos de Tuskegee en sus propias capacidades se hizo patente al ver el suceso de los aviadores de Tuskegee, tal como se retrata en la reciente película de HBO, y se puede sentir el dolor de oír frases como «No perteneces aquí» y «Vete a casa, no sabes volar». A pesar de estas cosas hirientes y las crueles burlas de sus compañeros pilotos blancos estadounidenses, nunca perdieron la fe en sus capacidades ni en los demás. Como dijo el teniente coronel Mann: "Nuestra misión era ayudar a la comunidad afroamericana y a nosotros mismos. Si hubiéramos fracasado, se habrían sentido decepcionados con nosotros, y nosotros nos habríamos sentido decepcionados con nosotros mismos".

5. **Miedo** - En todas mis conversaciones anteriores con los aviadores de Tuskegee y los veteranos de la Segunda Guerra Mundial, me contaron que no temían morir en combate. Su mayor temor era si alguna vez serían aceptados como pilotos y soldados de combate eficaces y cuali-

ficados. "El miedo al fracaso y el fracaso en sí mismo no eran una opción para nosotros". No podíamos defraudar a la "Comunidad Negra"; dependían de nosotros. El éxito de los aviadores de Tuskegee es un ejemplo de cómo los afroamericanos, a pesar de los temores experimentados en una sociedad segregada, estaban decididos a triunfar.

6. **Determinación** - La determinación de Harriet Tubman quedó grabada en la mente de los aviadores de Tuskegee. Superaron el trato discriminatorio, que incluía dormitorios separados, unidades separadas y segregadas, e insultos raciales. Sin embargo, triunfaron porque comprendieron que el futuro de la comunidad afroamericana dependía de su éxito. Cualquier fracaso habría supuesto un retroceso en la lucha por los derechos humanos y civiles. Estaban decididos y triunfaron. Es importante comprender que esta fue una de las pruebas fundamentales del movimiento por los derechos civiles, ya que buscábamos integrar las fuerzas armadas y recibir el mismo trato en alojamiento, entrenamiento y participación en combate. Además, intentábamos combatir las leyes de segregación racial que imperaban en el ejército. Se trataba de una cuestión de inteligencia... ¿éramos lo suficientemente inteligentes como para pilotar un avión? Si fracasábamos, eso habría sido un reflejo de toda la población negra en Estados Unidos y en el mundo.

Por lo tanto, este libro se ha escrito para reflexionar sobre los aviadores afroamericanos de Tuskegee[1], pilotos y veteranos de la

---

[1]   Coggins, Patrick C. (2001) "The Tuskegee Airmen: Flying from the Ground Up" Unpublished manuscript, Deland, Florida: Multicultural Education Institute, Stetson University, pg.128.

Segunda Guerra Mundial que acabaron con la segregación en el ejército e influyeron en el presidente Truman en 1948 para que declarara al ejército como una institución integrada.[2]

---

[2]  Carter, Herbert. E. "The Legacy of the Tuskegee Airmen." National Forum. Fall 95.vol.75, issue 4: p10, 6p, 3bw.

# CAPÍTULO II

## Cuatro acontecimientos de la historia afroamericana tan importantes como los aviadores de Tuskegee y la participación de los africanos en las fuerzas armadas.

ME PREGUNTÉ DURANTE UN TIEMPO por qué la experiencia de los aviadores de Tuskegee y la participación de los afroamericanos en las fuerzas armadas quedaban eclipsadas por estos cuatro eventos, que suelen dominar los debates durante el Mes de la Historia Afroamericana. Estos cuatro eventos son: 1) El boicot de autobuses de Montgomery, 2) El Ferrocarril Subterráneo, 3) La Revolución Haitiana y 4) La rebelión de esclavos en Charleston, Carolina del Sur. Estos cuatro eventos clave son de igual importancia que los relacionados con la participación de los afroamericanos en las fuerzas armadas, incluyendo a los aviadores de Tuskegee. Por lo tanto, tenemos la obligación de enseñar a nuestros hijos la historia y las contribuciones de todos los afroamericanos como parte de la historia de los Estados Unidos de América.

## Cuatro eventos cruciales Rosa Parks y el boicot de autobuses de Montgomery

Rosa Parks, pionera de los derechos civiles, es citada por muchos historiadores como la figura que marcó el inicio del Movimiento Moderno por los Derechos Civiles en Estados Unidos el 1 de diciembre de 1955. Ese día, Rosa Parks, una costurera desconocida cuyo esposo, Raymond Parks, se ofreció como voluntario para ayudar a liberar a los acusados de Scottsboro, hizo historia con sus acciones sinceras y decididas. Se unió a la NAACP en 1943, tras asistir al Alabama State College en 1932, pero su compromiso con la igualdad de derechos no se concretó hasta diciembre de 1955.

El 1 de diciembre de 1955, fue arrestada por desobedecer la orden de ceder su asiento en el autobús a un pasajero blanco en la parte delantera, en lugar de viajar en los asientos traseros reservados para las personas negras. Optó por pagar una multa por su acto de rebeldía. Sin embargo, esto impulsó un esfuerzo organizado de la comunidad negra para poner fin a la segregación legal. La Asociación para el Mejoramiento de Montgomery, organizada en aquel entonces, seleccionó al joven pastor de la Iglesia Bautista de Dexter Avenue, el Dr. Martin Luther King Jr., para liderar el inminente boicot. La asociación orquestó un boicot a los autobuses municipales durante 382 días. El boicot logró acabar con la discriminación y prohibió la segregación racial en el transporte público de Montgomery. La determinación organizada de los manifestantes negros durante 382 días revitalizó el movimiento de liberación al consolidar una nueva estrategia de boicot económico combinada con negociaciones específicas. El resultado fue el fin de la segregación en Montgomery, Alabama, en lo que respecta al transporte en autobús.

La autora tuvo la oportunidad de conocer a la Sra. Rosa Parks durante su visita a DeLand, Florida, en 1993. Sus palabras fueron: «Hago todo lo posible por ver la vida con optimismo, pero aún queda mucho por hacer por la libertad». Estas palabras siguen resonando en la mente de la autora, pero también la motivan a luchar por la libertad, el trato justo y la inclusión de la historia afroamericana en el currículo escolar.

## El Ferrocarril Subterráneo: El triunfo de Harriet Tubman

Harris (1996)[3] argumentó que el origen del Ferrocarril Subterráneo se remonta al siglo XVI, pero se perfeccionó y se desarrolló un sistema sofisticado entre 1830 y la década de 1860. Ringgold lo expresa acertadamente al decir que este esfuerzo de Harriet Tubman «fue un místico ferrocarril subterráneo en el cielo». Harriet Tubman, una esclava liberada que huyó a North Ashburn, Nueva York, se unió a este ferrocarril. Allí, en 1848, se unió e inspiró a muchos.

El resurgimiento y la expansión del Ferrocarril Subterráneo, que atravesaba el Sur hasta la mayoría de los estados del norte, como Delaware, Maryland, Kentucky, el Distrito de Columbia, Virginia, Indiana, Nueva York, Rhode Island, Connecticut, Illinois, Canadá y otras áreas. En 1859, más de 3000 personas trabajaban en el Ferrocarril Subterráneo (Harris, 1996). Harriet Tubman y otros, incluyendo muchos blancos, inspiraron una vasta red de activistas que organizaron un sistema de códigos secretos para informar a los pasajeros (africanos esclavizados) sobre las rutas seguras, las casas seguras y los lugares donde esconderse hasta que llegaran a su destino hacia la libertad. Este importante acontecimiento, que precedió a la Guerra Civil, estuvo marcado por la tensión entre el Norte y el Sur. En medio de esta agitación, Harriet Tubman realizó al menos 15 viajes de ida y vuelta al corazón del Sur para ayudar a más de 300 esclavos fugitivos, incluyendo a miembros de su propia

---

[3]  Jacqueline Harris, Los aviadores de Tuskegee. "Héroes negros de la Segunda Guerra Mundial." Dillon Press, enero de 1996.

familia. Viajando por el interior del país de noche, Harris afirmó que Harriet Tubman se comunicaba con la gente mediante una canción. Aprendieron a usar las estrellas de la Osa Mayor para orientarse en su camino. Aunque no sabía leer ni escribir bien, tenía fe en Dios, como solía decir: «Solo me aventuré adonde Dios me envió». A pesar de ser considerada una amenaza y de que se ofrecía una recompensa de más de 46.000 dólares por su recaptura, perseveró.[4]

La importancia del Ferrocarril Subterráneo radica en la enorme cantidad de personas liberadas, que según algunas estimaciones oscila entre 60.000 y más de 100.000 (Harris, 1996). La lucha por la libertad entre 1840 y 1850 ya no es clandestina. Es pública y se expresa a través de protestas y acciones legales, como en el estado de Florida, donde a la población negra se le negó el derecho al voto en las elecciones presidenciales del año 2000. La población negra se organizó y protestó contra la negación de su derecho constitucional al voto. La lucha por la libertad continúa en este período contemporáneo de nuestra historia, cada día, cada mes, cada año, tanto en Estados Unidos como en el resto del mundo.

## La Revolución Haitiana: Un motivo de orgullo para todos los africanos liberados

A mediados del siglo XVIII, había africanos esclavizados en Santo Domingo, también conocida como La Española. Hoy en día, estas naciones se conocen como la República Dominicana y Haití. Los africanos esclavizados comenzaron a rebelarse y el número de personas que escapaban de sus hogares aumentó considerablemente.

---

[4]   Civan, M.B., A. Morisett-Metellus y F. Vilsaint. Los haitianos, su historia y cultura: Washington: Centro de Servicios para Refugiados, Centro de Lingüística Aplicada (1994).

(Civan, p. 7). Estos esclavos fugitivos, llamados cimarrones, vivían a salvo en las montañas y los bosques, formando grupos guerrilleros que atacaban a los colonos europeos. En 1791, liderados por Boukman, un cimarrón y sacerdote vudú, Georges Brasson y su ayudante Toussaint L'Overture, se unieron a la lucha contra la esclavitud francesa. Véase Walter Dean Myers, Toussaint L'Overture: Nueva York, Simon & Schuster Children's Publishing Division (1996).[5] Estos ataques fueron respondidos con brutales represalias. Así, los mulatos se unieron a la lucha contra la esclavitud francesa bajo el liderazgo de Alexander Pétion y otros.

Tras el conflicto, se produjo un cambio de bando entre los africanos. Algunos se aliaron con los franceses, otros con los británicos y otros con los españoles. Toussaint L'Overture, bien posicionado, tomó entonces la crucial decisión de apoyar a Francia y, gracias a victorias estratégicas, controló gran parte de Santo Domingo y La Española. Pronto derrotó a los españoles y tomó el control, aboliendo la esclavitud en ambas partes de la isla. Napoleón Bonaparte envió una flota de barcos y tropas al mando del general Charles Lecrerc para derrotar a Toussaint. Inicialmente, los franceses obtuvieron victorias, pero cientos de soldados franceses murieron. El 7 de junio de 1802, Toussaint aceptó un alto el fuego y posteriormente fue arrestado y enviado a Francia.

Los africanos esclavizados se vieron entonces obligados a elegir entre ser esclavizados nuevamente o luchar por su libertad. Bajo el liderazgo de Jean-Jacques Dessalines, un antiguo esclavo, los mulatos y africanos continuaron su lucha por la libertad. En noviembre de 1803, Napoleón, al percibir que estaba perdiendo la batalla en todos los frentes, accedió a la venta de Luisiana a Estados Unidos. El 1 de enero de 1804, Dessalines declaró la independencia de Haití,

---

[5]    Walter Dean Myers. Toussaint L'Overture: La lucha por la libertad de Haití. Simon & Schuster Books, Nueva York, NY (1996).

convirtiéndose así en la segunda nación (después de Estados Unidos en 1771) en Occidente y la primera república africana (negra) libre del mundo, en medio de los países esclavistas como Estados Unidos, Gran Bretaña, Francia, Portugal y otras naciones.

Como señalan Civan et al. (1994, p. 9), «Si bien Francia reconoció a Haití como nación independiente en 1838, Estados Unidos no lo hizo hasta 1862, después de que el Sur esclavista se separara de la Unión». Esta independencia de los haitianos sirvió de ejemplo para las luchas de liberación y las revoluciones por la libertad de la esclavitud llevadas a cabo por personas de ascendencia africana y otros grupos en el Caribe, Estados Unidos y otras partes del mundo.

## La Rebelión de Esclavos de Carolina del Sur: Denmark Vesey

Denmark Vesey (1767-1822), quien lideró una rebelión de esclavos en julio de 1822 y, al igual que Nat Turner, era un ferviente lector de la Biblia, creía que la única vía para liberarse de la esclavitud era la rebelión armada. La rebelión de Nat Turner tuvo cierto éxito y demostró que la lucha por la libertad es posible, aunque sufrió reveses, incluyendo el ahorcamiento de Turner junto con dieciséis de sus seguidores. Nat Turner navegó con su amo, el capitán Vesey, a las Islas Vírgenes y Haití durante 20 años. Gozaba de una considerable libertad de movimiento en su puerto base de Carolina del Sur.

En 1817, Nat Turner compró su libertad e inmediatamente comenzó a planear una revuelta de esclavos en Charleston, Carolina del Sur. La revuelta estaba programada para comenzar el 14 de julio de 1822. Con la ayuda de varias personas de ascendencia africana, especialmente cinco de ellas, reclutó hasta nueve mil esclavos. Por supuesto, la noticia de la revuelta se filtró. Vesey y sus hombres adelantaron la fecha al 16 de junio de 1822. Nuevamente, la noticia llegó a oídos de los dueños de esclavos y del estado de Carolina del Sur. Se movilizó a la milicia estatal y se inició una intensa investigación sobre el complot. Como resultado, 135 esclavos fueron arrestados. Noventa y siete fueron procesados. Cuarenta y cinco fueron deportados al Caribe, incluyendo las Bahamas. Vesey y 34 africanos esclavizados fueron ahorcados.

El intento de Vesey impulsó a otros estados a estar más vigilantes y a reforzar sus leyes sobre la esclavitud. Por otro lado, dio origen a la idea de que la esclavitud puede resistirse. La clave para una resistencia exitosa a la esclavitud fue un esfuerzo organizado basado en la confianza, la determinación y un liderazgo eficaz. En mi opinión, el Ferrocarril Subterráneo, bajo el liderazgo de Harriet Tubman, aprendió de las lecciones de Vesey y creó un sistema de líderes individuales que operaban como una entidad independiente. En el contexto del plan, existía una manera de trasladar de forma segura a los africanos esclavizados de las cadenas del sistema esclavista en el Sur a una nueva vida libre en los estados del Norte de Estados Unidos y Canadá. En resumen, es importante identificar qué tienen en común los eventos del boicot de autobuses de Montgomery, el Ferrocarril Subterráneo, la Revolución Haitiana y las rebeliones de esclavos en Charleston, Carolina del Sur, con la experiencia de los aviadores de Tuskegee y los afroamericanos en el ejército. Estos hilos conductores eran tres: primero, fue un triunfo contra la segregación y la discriminación racial; segundo, fue una demostración de los beneficios de las acciones colectivas y concertadas dirigidas a la propia liberación. Estos episodios, al igual que la experiencia de los aviadores de Tuskegee, estaban arraigados en los corazones y las mentes de las personas que creían en las palabras del presidente Dwight D. Eisenhower, quien dijo: «Hemos oído mucho la frase "paz y amistad"». Esta frase, al expresar la aspiración de Estados Unidos, no es completa. En cambio, deberíamos decir: «Paz y amistad, en libertad». Creo que este es el verdadero mensaje de Estados Unidos al resto del mundo.[6] Además, este autor añadiría: «También al resto de los Estados Unidos de América». En tercer lugar, estos resultados que se pueden obtener de la lucha por los derechos humanos y civiles requerirán que los participantes tengan claros sus objetivos y resultados, y que las energías se centren en la meta de la libertad, la igualdad y la justicia para todos. Los sueños y las luchas de los afroamericanos y otros se pueden resumir mejor en las palabras del reverendo doctor Martin Luther King, Jr., quien dijo:

> *"Sueño que un día esta nación se levantará y vivirá conforme al verdadero significado de este credo; sostenemos como verdades evidentes que todos los hombres son creados iguales; que el Creador los ha dotado de ciertos derechos inalienables; que entre estos se encuentran la vida, la libertad y la búsqueda de la felicidad...".*

## La Valoración de la Vida Humana

Finalmente, el mensaje que emana de las luchas de los afroamericanos es que "el cuidado de la vida y la felicidad humanas, y no la destrucción, es el primer y único objetivo legítimo de un buen gobierno" (Thomas Jefferson, p. 32). El desafío para los afroamericanos y otros grupos marginados ha sido persuadir a los gobiernos federales, estatales y locales que tengan el valor y la voluntad de proteger sus derechos y los de todos los ciudadanos. Como leerá más adelante, fue el gobierno quien impuso un ejército segregado, lo que garantizó que los afroamericanos vivieran una vida diaria de tormento, injusticia y discriminación. El gobierno tenía la responsabilidad de

---

[6]    Anderson, Peggy (1992). Grandes citas de grandes líderes: Lombard, IL: The Success Collection, Celebrating Excellence, Inc.

proteger los derechos de todos los ciudadanos, independientemente de su raza u origen étnico. Estos derechos están consagrados en la Constitución de los Estados Unidos de América[7]. Es deber de todo ciudadano velar por que los derechos y libertades garantizados por la Constitución y la Carta de Derechos de los Estados Unidos se hagan efectivos cada día en todos los ámbitos de la vida humana.

[7]    Bailey, R. (1981). Prisioneros de guerra. Nueva York: Life Time Books.

# CAPÍTULO III

## ¿Por qué contar la historia de los aviadores de Tuskegee?: Un episodio sobre los afroamericanos en las fuerzas armadas

PARA ESCRIBIR ESTE LIBRO, SEGUÍ el siguiente método: 1) Utilización de datos basados en la investigación de materiales impresos; 2) Entrevista con el teniente coronel retirado Hiram E. Mann, piloto y miembro original de los Aviadores de Tuskegee, quien compartió sus experiencias y las de otros en el ejército; 3) Grabación de las presentaciones y comentarios de los Aviadores de Tuskegee para obtener un relato preciso de sus vivencias; y 4) Asistencia a más de 25 conferencias para escuchar sus historias. La información que sigue resume algunas de las experiencias de los Aviadores de Tuskegee y del personal militar de la Segunda Guerra Mundial que tuvieron un impacto significativo en mi vida y en el contenido de este libro.

## Reconocimiento a las Contribuciones de los Afroamericanos

Las contribuciones de los hombres y mujeres de ascendencia africana que sirvieron en las fuerzas armadas son una parte de la historia de Estados Unidos que todo estadounidense y la gente del mundo deberían conocer y valorar. Los aviadores de Tuskegee y otros soldados afroamericanos no están solos.

Este legado se remonta a las guerras revolucionarias, cuando los soldados búfalo participaron en las guerras contra los indígenas. Estos hombres combatieron en Estados Unidos, Cuba, Puerto Rico, Filipinas, las islas del Pacífico, el norte de África y Europa durante la Primera y la Segunda Guerra Mundial, en el Canal de Panamá, Haití, Granada, la Guerra del Golfo, Oriente Medio, Afganistán, Irak y otras zonas. No olvidemos a las más de 100 familias que lucharon en Fort Mose, San Agustín, Florida. Está bien documentado que los valientes actos de estos africanos liberados que lucharon en nombre de España, protegiendo el flanco norte de San Agustín de los ataques británicos, fueron cruciales para que los españoles pudieran repeler el asalto británico a San Agustín. La participación de los afroamericanos en estas y otras guerras se puede expresar mejor en sus esfuerzos, que, según el condecorado sargento retirado Elton Williams, veterano de la Segunda Guerra Mundial, se realizaron "en nombre de la protección de los intereses de los Estados Unidos de América y de otras naciones del mundo".

### ¿Por qué contar esta historia sobre el sargento retirado Elton Williams? ¿Teniente Coronel Hiram Mann?

El teniente coronel Hiram Mann dijo: "Es importante la diferencia en el trato que recibían las personas negras en comparación con las blancas u otras. Mucha gente no tenía idea de que existía tal brecha en el trato a los afroamericanos, quienes fueron discriminados y tuvieron que luchar para asegurar la igualdad de derechos en el ejército y otros ámbitos de la vida estadounidense durante la Segunda Guerra Mundial. A pesar de los constantes obstáculos que la discriminación puso en nuestro camino, demostramos que éramos capaces de realizar tareas que requerían un alto nivel de habilidades intelectuales, más allá de trabajos de baja categoría. Es importante destacar que, en su mayor parte antes de la Segunda Guerra Mundial, el ejército estaba segregado y los principales trabajos para las personas negras eran camioneros, ayudantes de comedor y otros trabajos poco cualificados. Lo sé con certeza, ya que quedó documentado en el estudio de 1925 del Colegio de Guerra del Ejército en un informe titulado 'Utilización del soldado negro en la Primera Guerra Mundial'. Esta publicación del Ejército describía al soldado negro como alguien que 'tenía miedo y no luchaba con intensidad'. La verdad es que 'cada uno de nosotros que se alistó en el ejército estaba decidido a luchar y forjar su reputación'". como individuos aptos para el trabajo.' La prueba de ello fue que una vez que fuimos entrenados y tuvimos la oportunidad de luchar en el frente, nos convertimos en los 'colas rojas', que era uno de los Los pilotos de caza más exitosos durante la Segunda Guerra Mundial." Este libro está dedicado a compartir la experiencia de vida del teniente coronel retirado Hiram Mann y los logros de los aviadores de Tuskegee durante la Segunda Guerra Mundial.

## ¿Por qué fue importante la experiencia de los aviadores de Tuskegee para este autor?

Cuando los historiadores analizan la Segunda Guerra Mundial, el enfoque se centra en el diálogo sobre la liberación del pueblo judío y otros pueblos de Europa bajo el poder de Hitler y sus acciones genocidas. En opinión del autor, la Segunda Guerra Mundial tuvo un acontecimiento subyacente de suma importancia que se desarrollaba en Estados Unidos. En 1939, el Cuerpo Aéreo del Ejército de Estados Unidos, con cierta aprensión, emprendió un programa que cambiaría para siempre el panorama de la aviación militar estadounidense.[8] Este programa se llevó a cabo en la División de Aeronáutica del Instituto Tuskegee, fundado por Booker T. Washington en Tuskegee, Alabama, en 1881. Tuskegee se ubicaba entre la capital, Montgomery, y la frontera con Georgia, a lo largo de la autopista I-85. Alabama fue elegida para el programa de aviación militar porque ya contaba con una infraestructura aeronáutica sólida. Conocido por sus logros en ingeniería y otros ámbitos, el Instituto Tuskegee ya impartía un programa de entrenamiento de pilotos civiles y, con el tiempo, se convirtió en la principal escuela de entrenamiento de pilotos militares en Estados Unidos para pilotos afroamericanos. Estos pilotos afroamericanos, entrenados en el programa, se convirtieron en los Aviadores de Tuskegee, aunque los alemanes los llamaban «Hombres Pájaro Negros». Una vez que comenzaron a volar los aviones con "colas rojas", se les llamó "Ángeles de Cola Roja".[9] Estos eran los aviones que volaban junto a los bombarderos y los protegían durante la Segunda Guerra Mundial. Poco sabían estos hombres que iban a luchar contra la Alemania nazi por un problema llamado "racismo", el mismo problema con el que su propio país lidiaba en ese momento.

En 1907, cuando se creó el Cuerpo Aéreo del Ejército de los Estados Unidos, los afroamericanos no fueron admitidos en los programas de vuelo. La mayoría de la gente pensaba que no eran tan

---

[8]    Holway, J. (1997). Colas rojas, alas negras. Nuevo México: Yucca Tree Press.

[9]    Hershey, J. (1989). Hacia el valle: Una escaramuza de los Marines. Nueva York: Schocken Books.

inteligentes como los blancos y que no tenían el valor para luchar en la batalla.[10] Entre 1907 y 1940, los afroamericanos fueron empleados en puestos que no implicaban vuelo en el Cuerpo Aéreo del Ejército, como ayudantes de camarero, ayudantes de cocina, trabajadores de la construcción y camioneros. La opinión general de los oficiales del Ejército era que las personas negras carecían de la capacidad para operar maquinaria tan compleja como un avión. La verdad de la Sin embargo, la cuestión era que los afroamericanos llevaban años pilotando aviones. Pilotos experimentados como Bessie Coleman, Willa Brown, el Dr. A. Porter Davis, Albert E. Forsythe y Charles Alfred Anderson son solo algunos de los afroamericanos que aprendieron a volar antes del inicio de la Experiencia de los Aviadores de Tuskegee en 1939. El avión que se muestra a continuación era propiedad del Dr. A. Porter Davis en 1929, un año después de haber recibido su licencia de piloto en 1928.

*El Dr. A. Porter Davis y su monoplano Porterfield*

---

[10]   George, C. (2001). Aviadores de Tuskegee. Nueva York: Children's Press.

# Afroamericanos en las Fuerzas Armadas: Luchando por la Libertad de los Demás

Al reflexionar sobre los hombres afroamericanos que sirvieron en nuestras fuerzas armadas, es fundamental comenzar por los hechos. Durante la Guerra Civil, "los hombres negros representaban el 12% (178.895) del Ejército de la Unión y el 25% (30.000) de la Armada de la Unión. Miles más sirvieron como obreros en las diversas unidades de servicio. Aproximadamente 2.751 soldados murieron en combate y otros 65.427 fallecieron por enfermedades y otras causas".[11]

Los hombres afroamericanos también lucharon en la Guerra Hispano-Estadounidense, al igual que en la Guerra de Filipinas. Participaron además en la Expedición Punitiva Mexicana y fueron conocidos como los "Soldados Búfalo".[12]

Durante la Primera Guerra Mundial, más de 200.000 hombres negros sirvieron en las Fuerzas Armadas estadounidenses. El presidente Franklin D. Roosevelt quería fortalecer el ejército de Estados Unidos para la protección en caso de guerra. Se le ocurrió la idea de entrenar a civiles afroamericanos. El primer programa de este tipo fue el Programa de Entrenamiento de Pilotos Civiles, establecido en abril de 1939. Este fue solo el comienzo de hasta dónde llevarían nuestros soldados negros a Estados Unidos, no solo en victorias bélicas, sino también en una lección sobre cómo aceptar a todos los ciudadanos de las Fuerzas Armadas estadounidenses como protectores iguales de la bandera.

---

[11]  Coggins, Patrick C. (2001) "Los aviadores de Tuskegee: Volando desde cero". Manuscrito inédito, Deland, Florida: Instituto de Educación Multicultural, Universidad de Stetson.

[12]  www.AllensCreations.com.Bafsol.html

## Historia del entrenamiento de pilotos afroamericanos

Ya en 1917, jóvenes afroamericanos habían intentado en vano unirse o alistarse en el Servicio Aéreo del Cuerpo de Señales como observadores aéreos, pero sin éxito. En 1921, hubo una intensa presión e insistencia sobre el Departamento de Guerra para incluir a pilotos afroamericanos en las Unidades de Reserva de la Fuerza Aérea del Ejército Negro. El Departamento de Guerra rechazó estas demandas y argumentó que era «imposible establecer tales unidades porque ningún oficial negro había ostentado previamente cargos en el Servicio Aéreo. Además, no había justificación para el nombramiento de personas negras como cadetes de vuelo».[13] Esta respuesta del Departamento de Guerra no fue sorprendente, ya que en 1925 se realizaron varios estudios. El más revelador fue el llevado a cabo por el Colegio de Guerra del Ejército ese mismo año sobre la participación de personas negras en la Primera Guerra Mundial. Este estudio concluyó que «el hombre negro no estaba físicamente capacitado para el combate: era por naturaleza sumiso, mentalmente inferior y se creía inferior al hombre blanco... no podía controlarse ante el peligro ni ante la astucia del hombre blanco».[14] El estudio del Colegio de Guerra tuvo un impacto devastador en la admisión de afroamericanos a la Fuerza Aérea del Ejército. El Ejército no tuvo en cuenta los hechos reales que contradecían las conclusiones del estudio. Los hechos eran los siguientes:

1) Eugene Bullard, natural de Georgia, se había alistado en la Legión Extranjera Francesa como soldado de infantería. En 1917, ocho años antes del Estudio del Colegio del

---

[13]    Afroamericanos en la aviación, pág. 17.

[14]    Afroamericanos en la aviación, pág. 19.

Ejército, juró lealtad al cuerpo aéreo francés, la Escuadrilla Lafayette. Eugene Bullard era un muy Un aviador eficaz, de hecho, era conocido como la "Golondrina Negra de la Muerte", que volaba con un mono como compañero.[15] Aunque su servicio como piloto de caza fue breve debido a las objeciones de los pilotos estadounidenses que se negaron a luchar junto a él. Curiosamente, sus esfuerzos y habilidades como piloto de combate le valieron la condecoración militar francesa de la "Cruz de Guerra."[16]

2)  Lo que resultaba aún más significativo en aquel entonces era el hecho de que «era bastante inusual que un negro pilotara un avión, pero que una mujer negra lo hiciera, casi se convertía en un milagro» (Enoch P. Waters, editor de la sección local del Chicago Defender)[17]. Esta mujer era Bessie Coleman, quien en 1920 viajó a Francia e ingresó en la Escuela de Aviación de los Hermanos Caudron en Le Crotoy, en el Somme, en noviembre de ese mismo año. En 1921, obtuvo la codiciada licencia de la Federación Aeronáutica Internacional (FAI), que le otorgaba el derecho a volar en cualquier parte del mundo. Regresó a Estados Unidos en 1922 y participó en exhibiciones aéreas por todo el país.

3)  Además de Eugene Bullard y Bessie Coleman, hubo otros pilotos como John C. Robinson, quien fundó el primer club de vuelo afroamericano en Chicago. También construyó el primer dirigible en Robbins, Illinois, una ciudad de mayoría afroamericana, en 1933. Willa Beatrice

---

[15]  Departamento de Aviación de Metro-Dade, 1996; Afroamericanos en la Aviación, Miami, FL.

[16]  Afroamericanos en la Aviación, 1996, pág. 4.

[17]  Enoch P. Waters. Aviadores de Tuskegee. Chicago Defender (2000).

Brown Chappell, instructora de vuelo ligero certificada y experta en aviación y mecánica de motores, obtuvo su licencia de piloto el 23 de junio de 1938. En la década de 1930, J. Heiman Banning y Thomas C. Allen se convirtieron en los primeros aviadores afroamericanos en realizar un vuelo transcontinental. Conocidos como los "Vagabundos Voladores", tardaron 41 horas y 27 minutos en completar el vuelo (Blacks in Aviation, 1996, p. 9).

En 1933, el Dr. Albert E. Forsythe y C. Alfred "Chief" Anderson realizaron su vuelo transcontinental desde Atlantic City, Nueva Jersey, hasta Los Ángeles. En 1934, los primeros aviadores afroamericanos realizaron el primer vuelo panamericano para promover la armonía interracial y desmentir el mito del estudio del Army College de 1925 que concluía: "Los negros no pueden volar". El tramo inicial de Miami a Nassau fue el primer vuelo terrestre de la historia avión. Hasta ese momento, solo los hidroaviones hacían el viaje a Nassau, Bahamas.[18] Su viaje también hizo escalas en La Habana, Cuba, Jamaica, Haití, la República Dominicana, Puerto Rico, las Islas Vírgenes, Granada, Trinidad, Guyana (mi país de nacimiento ubicado en el extremo de Sudamérica y junto a Venezuela), Brasil, Surinam y la Guayana Francesa. Por lo tanto, esto fue una prueba más de que los afroamericanos eran capaces de pilotar aviones en los Estados Unidos, Europa y otras partes del mundo. Sin embargo, a pesar de esta evidencia contradictoria que demostraba que los afroamericanos podían volar, no hubo un rayo de esperanza hasta 1939, cuando varias universidades históricamente negras, incluido el Instituto Tuskegee, establecieron un Programa de Vuelo para Cadetes. No sería hasta el 19 de julio de 1941 que se formó el 99.º Escuadrón de Caza. La primera promoción de cadetes y ofi-

---

[18]    Afroamericanos en la Aviación, 1996, pág. 12.

ciales incluyó al capitán Benjamin O. Davis Jr., John C. Anderson Jr., Charles Brown, Frederick H. Moore, Ulysses S. Pannell, George S. Roberts, William Slade, Mac Ross y Roderick Williams.[19] Cabe destacar que los trece pilotos contaban con una licenciatura de cuatro años, incluido el capitán Benjamin O. Davis, quien se graduó en 1936 de la Academia Militar de los Estados Unidos en West Point, Nueva York.

Este grupo de pilotos brillantes y talentosos se distinguió en el vuelo y como pilotos valientes, capaces y competentes que demostraron su valía como pilotos de caza en la Segunda Guerra Mundial. Uno de estos pilotos graduados de la Escuela de Vuelo de Tuskegee fue el teniente coronel Hiram Mann, quien fue reconocido por su distinguido historial de vuelo y servicio al recibir uno de los más altos honores: el Certificado de Valor. Este premio, que se presenta en la página siguiente, fue otorgado al entonces Primer Teniente Hiram Mann en reconocimiento a su valeroso servicio en combate aéreo en marzo de 1945. Esta campaña formó parte de su asignación al 332.º Grupo de Caza. Mann realizó 48 misiones sobre territorio enemigo, incluyendo Europa, África y Oriente Medio, y recibió la Estrella de Bronce por las campañas de los Balcanes, Alemania, los Apeninos y el Valle del Po, pilotando un avión de combate monomotor. El certificado de valor fue acompañado de la concesión de medallas de campaña, a saber: "Medalla Aérea con tres hojas de roble".

---

[19]    Afroamericanos en la Aviación, 1996, pág. 17.

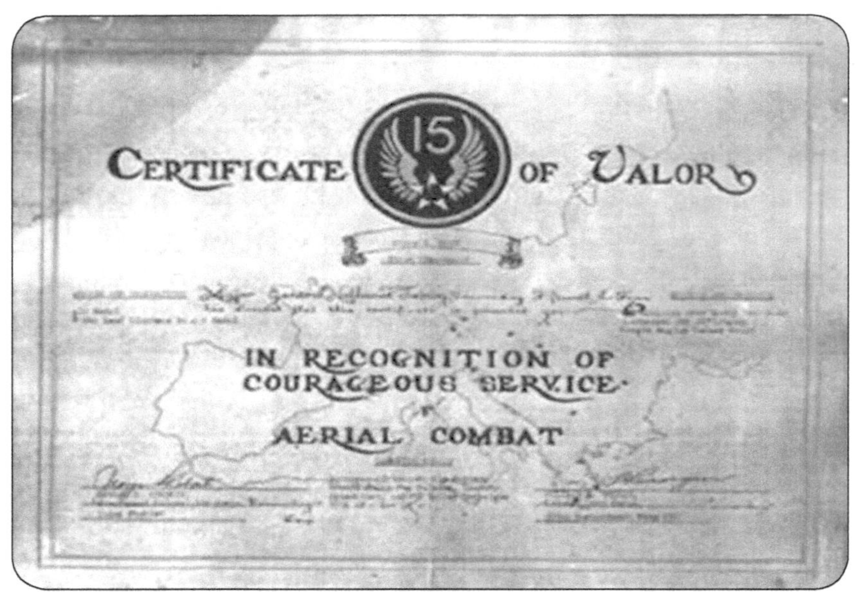


El 3 de septiembre de 1939, Alemania invadió Polonia, lo que provocó que Gran Bretaña y Francia declararan la guerra. Una vez que Estados Unidos decidió participar en los esfuerzos bélicos en el extranjero, se pusieron en marcha numerosos centros de entrenamiento. El West Virginia State College, la Universidad de Virginia Occidental, el North Carolina Technical College, la Universidad de Howard, la Universidad Estatal de Delaware, el Instituto Hampton y el Instituto Tuskegee son solo algunos de los primeros que se establecieron (Holway, 1997).[20] Por lo tanto, en 1941, se estableció el Programa Oficial de Entrenamiento de Pilotos de los Aviadores de Tuskegee en el Instituto Tuskegee. Los primeros pilotos afroamericanos en formación aterrizaron en Tuskegee, Alabama, para comenzar un extenso entrenamiento de aviación. Estos pioneros del combate iniciaron su camino para redefinir la relación de Estados Unidos con los hombres negros en la Fuerza Aérea. El presidente de la

---

[20]    Holway, 1997.

Operación de Entrenamiento de Tuskegee en ese momento era el Dr. Frederick Patterson, quien deseaba que sus hombres triunfaran. Si bien algunos consideraban esto un compromiso imperfecto, los pilotos afroamericanos en formación acogieron con agrado la oportunidad de demostrar su capacidad y compromiso con el esfuerzo bélico.[21] Para equiparlos de la mejor manera, el Dr. Patterson contrató a Charles Anderson, el primer afroamericano en obtener su licencia de piloto privado en Estados Unidos. Antes de él, todos los pilotos afroamericanos debían obtener su licencia en un país distinto a Estados Unidos, como Canadá o Inglaterra. Charles Anderson fue nombrado jefe de entrenamiento de vuelo y apodado "Jefe". Llegó al aeródromo militar de Tuskegee el 29 de julio de 1940 en un nuevo avión de 225 caballos de fuerza pintado de azul y amarillo. El jefe Charles Anderson y otros se enfrentaron a numerosos desafíos, entre ellos "instalaciones desiguales, un aeródromo incompleto y una institución superpoblada".[22] El primer entrenamiento de vuelo oficial comenzó el 25 de agosto de 1941. Los pilotos afroamericanos en formación dormían en habitaciones frías y largas con literas y una manta delgada. Se les permitía un baúl y debían guardar todas sus pertenencias en él. Sufrieron duras condiciones y fueron tratados injustamente por los oficiales blancos que supervisaban el entrenamiento.

Tuvieron que elegir volar para los Estados Unidos de América y dejar atrás a sus seres queridos. No solo los esposos e hijos tuvieron que sacrificarse por su país, sino también las madres y esposas. Poco imaginaban que algunos de sus amados hombres jamás regresarían a casa. Muchos de ellos sufrieron depresión al verse obligados a pres-

---

[21]    Aviadores de Tuskegee en Acción. http://www.ritesofpassage.org/mil_air.html

[22]    El Camino que Llevó al Cielo. http://www.afroam.org/history/tusk/creation.html

enciar la muerte o el fracaso de sus amigos en el intento de aprender a pilotar los aviones.[23] El segundo aeródromo, Moton Field, estaba en construcción; sin embargo, el Instituto Tuskegee tenía dificultades para financiarlo, por lo que los hombres solo podían usar el que se encontraba en la propiedad de entrenamiento de Tuskegee. Aproximadamente 150 hombres perdieron la vida durante el entrenamiento o en vuelos de combate.[24] Se esperaba que el escuadrón contara con 33 pilotos y 27 aeronaves. Los 278 hombres debían recibir entrenamiento en el Instituto Tuskegee en diversas funciones complementarias, como mecánica, meteorología y administración técnica.

## La Primera Dama Eleanor Roosevelt y su papel en 1941

Un punto de inflexión crucial para los pilotos de los Aviadores de Tuskegee fue la visita de la Sra. Eleanor Roosevelt, esposa del presidente Franklin D. Roosevelt. El 19 de abril de 1941, la Primera Dama, la Sra. Eleanor Roosevelt, llegó a Tuskegee y fue la responsable de dar a conocer al mundo que estos pilotos afroamericanos de Tuskegee sabían volar. Para sorpresa de muchos, y como se muestra en la película de HBO de 1995, la Sra. Roosevelt solicitó ser pasajera en un vuelo con pilotos entrenados de los Aviadores de Tuskegee. El jefe Charles Anderson accedió y la llevó a volar con seguridad. De esta manera, este vuelo demostró al mundo que los Aviadores de Tuskegee estaban bien entrenados, eran competentes y estaban listos para el combate en la Segunda Guerra Mundial.[25] Las acciones de la Sra. Roosevelt allanaron el camino para que los Aviadores de

---

[23]    George, 2001.

[24]    Holway, 1997.

[25]    Holway, 1997.

Tuskegee alcanzaran su objetivo final: volar misiones de combate como parte del Cuerpo Aéreo del Ejército. Tras la visita de la Sra. Roosevelt, el centro de entrenamiento recibió 175.000 dólares de los 200.000 necesarios para completar la otra pista de aterrizaje, procedentes del Fondo Rosenwald, conocido por donar dinero para ayudar a causas afroamericanas.

## Programa de Entrenamiento Aéreo del Instituto Tuskegee

El Programa de Entrenamiento Aéreo de Tuskegee incluía 480 horas de clases teóricas y más de 100 horas de vuelo. El equipo se mantenía en óptimas condiciones y la instrucción era de la más alta calidad, lo que infundió en los cadetes la confianza y el valor necesarios para demostrar al mundo su capacidad. El coronel Benjamin O. Davis Jr. afirmó: «El entrenamiento en la Base Aérea del Ejército de Tuskegee... era comparable al de cualquier otra escuela de vuelo del Cuerpo Aéreo del Ejército».[26] Cuando las fuerzas japonesas atacaron la base naval estadounidense de Pearl Harbor el 7 de diciembre de 1941, Estados Unidos decidió unirse a la guerra en lugar de limitarse a brindar asistencia militar. Por lo tanto, al día siguiente, Estados Unidos entró en la Segunda Guerra Mundial contra Alemania, Italia y Japón. A medida que la guerra se prolongaba, algunos oficiales superiores del Cuerpo Aéreo del Ejército no deseaban que los pilotos afroamericanos sirvieran en el ejército e intentaron desacreditarlos. Los pilotos de los Aviadores de Tuskegee continuaron su entrenamiento y se convirtieron en pilotos competentes. La primera promoción de pilotos de Tuskegee se graduó el 7 de marzo de 1942. Los cinco pilotos del Cuerpo Aéreo del Ejército fueron el Capitán Benjamin O. Davis, Jr., del Distrito de Columbia; Lemuel R. Curtis, de Connecticut; Charles Debow, Jr., de Indiana;

---

[26]   George, 2001.

George S. Roberts, de Virginia Occidental; y Mac Ross, de Ohio. Estos primeros pilotos pertenecían al 99.º Escuadrón de Caza, que sería utilizado para el combate en el norte de África. Junto con el 99.º Escuadrón de Caza volaba el 332nd. Grupo de Caza, con bases en Italia. Sus primeras misiones consistieron en patrullas costeras, ametrallamientos, bombardeos en picado y misiones de escolta en los aviones P-40 Warhawk, P-39 Aero Cobra, P-47 Thunderbolt y P-51 Mustang. Durante su entrenamiento de pilotos, volaron el Piper Cup J-3 En CTD, el PT-17 Stearman (algunas clases volaron el PT-Fairchild) en Entrenamiento Primario, el BT-13 Vultee Vibrator en Entrenamiento Básico, y el AT-Texan (también conocido como SNJ) en Entrenamiento Avanzado de Monomotor. Los pilotos de bombarderos medianos pasaron del BT-13 al AT-10, a un bombardero de entrenamiento B-25 Mitchell en Entrenamiento Avanzado, y luego al B-25.[27] propiamente dicho. Estos no eran aviones enormes. Apenas había espacio para girar en ellos. Estos pilotos tenían que saber qué había a cada lado no solo de su avión, sino también del avión que escoltaban. Se requirió mucho coraje y compromiso intelectual para que estos hombres terminaran en la escuela de vuelo del Instituto Tuskegee. En marzo de 1942, cinco hombres de Tuskegee recibieron alas de plata, lo que significaba que habían completado todas sus horas de clase y muchas horas de vuelo. Estos hombres fueron los primeros afroamericanos en recibir sus licencias de piloto del Cuerpo Aéreo del Ejército. Tanto los negros como los blancos quedaron asombrados por este logro de los Aviadores de Tuskegee, tanto en su país como en el extranjero. Recibieron el reconocimiento no solo de sus seres queridos, sino también del presidente Roosevelt y su esposa. Nunca antes ni después hemos visto hombres tan talentosos que se entregaron por completo a la lucha

---

[27]    Schultz, S. (1987). La Guerra Maverick: Chennault y los Tigres Voladores. Nueva York: St. Marin's Press.

por preservar la libertad del mundo libre. En agosto de 1941, doce reclutas negros comenzaron su entrenamiento de vuelo militar como Cadetes de Aviación de los Estados Unidos en el aeródromo segregado del Ejército de Tuskegee. Incluso en el norte de África, los Aviadores de Tuskegee fueron nuevamente segregados de los pilotos de caza blancos. En aquel entonces, los pilotos blancos sabían muy poco sobre los Aviadores de Tuskegee. Los pilotos de bombarderos no tenían idea de que sus escoltas eran pilotos de caza de los Aviadores de Tuskegee. El 2 de julio de 1943, el teniente Charles B. Hall fue el primer Aviador de Tuskegee en derribar un FW-190 y dañar un ME-109. Este no fue el primer ejemplo de la alta habilidad y entrenamiento de estos hombres, sino simplemente otra demostración de la pasión y determinación de los pilotos de Tuskegee para defender a su país. En septiembre de 1943, el Instituto Tuskegee, ubicado en Tuskegee, Alabama, implementó un programa de entrenamiento adicional. Sin embargo, la guerra terminó antes de que estos alumnos pudieran graduarse. Este es un claro ejemplo de la duración del proceso de entrenamiento. Estos pilotos de caza ya estaban cansados y físicamente agotados antes de ser transferidos a Italia o el norte de África, pero ciertamente no estaban agotados mentalmente. Otro cambio se produjo en octubre de 1943. La mitad del 99th. Escuadrón de Caza fue incorporada al 79th. Grupo de Caza de la 12. a División Aerotransportada Fuerza Aérea. Su éxito también quedó patente el 9 de octubre de 1943, cuando el 79.º Grupo de Caza fue retirado de sus funciones de escolta y asignado al bombardeo de las fortalezas alemanas. El 2 de julio de 1943, el 99.º Escuadrón de Caza se unió al 332.º Grupo de Caza. Se integraron con el 79.º Grupo Militar. La sorpresa llegó cuando los pilotos blancos descubrieron que eran afroamericanos quienes volaban como sus escoltas de caza. Si bien el prejuicio y el odio eran comunes en su propio país, también lo eran en el aire, donde la mayoría de la gente esperaba que la confianza y la colaboración fueran esenciales para sobrevivir. Los pilotos blancos se oponían a los escoltas de caza negros e intentaron que los retiraran porque creían que no tenían conocimientos de vuelo ni habilidades de combate. Pronto aprendieron que los pilotos de caza negros del 332.º Grupo de Caza los salvarían.[28] Los aviadores de Tuskegee nunca perdieron un solo bombardero, aunque sí perdieron 66 pilotos en la guerra y 32 hombres por el fuego enemigo de los nazis en Alemania. La última asignación para los escuadrones 99.º y 79.º, conocida como Operación Estrangulamiento, fue el 4 de julio de 1943. El 99.º Escuadrón de Caza se unió entonces a otros tres escuadrones: el 100.º, el 301.º y el 302.º, para formar lo que se conoce como el 332.º Grupo de Caza, que demostró tener el compromiso, la capacidad técnica y la determinación para llevar a cabo todas sus misiones militares. En agosto de 1944, el 332.º grupo ayudó a invadir el sur de Francia volando como escoltas. También participaron en el escolta de bombarderos y en la realización de ataques terrestres en varias misiones en Rumania y Checoslovaquia. Estos valientes soldados llevaron a cabo esta asombrosa hazaña de combate aéreo durante la guerra.[29]

El 10 de septiembre de 1944, la Cruz de Vuelo Distinguido fue otorgada a cuatro pilotos de Tuskegee del 332nd. Grupo de Caza. Esto marcó una nueva era de reconocimiento para los pilotos de Tuskegee durante un período de la historia estadounidense en el que la segregación y la discriminación racial eran rampantes en las Fuerzas Armadas de los Estados Unidos. Sin embargo, la mayoría de los pilotos de caza blancos aún desconocían la existencia de los pilotos de Tuskegee. Para junio de 1944, el coronel Benjamin O. Davis, Jr. fue nombrado comandante del 477th. Escuadrón de Caza Compuesto. Comenzaron su entrenamiento para el combate en el Teatro del Pacífico. Eran plenamente conscientes de los peligros de la guerra. "Nunca hubo una buena guerra ni una mala paz", dijo

---

[28]    George, 2001.

[29]    Holway, 1997.

Benjamin Franklin.[30] El 24 de marzo de 1945, el coronel Benjamin O. Davis Jr. lideró a cincuenta y cuatro pilotos en una misión de escolta a Berlín, Alemania. Ningún bombardero fue alcanzado ni se perdió ese día. El 332$^{nd}$. Grupo de Caza recibió la Mención Presidencial de Unidad por su profesionalismo y determinación en la misión. Esta fue una gran victoria para los pilotos, quienes se esforzaron tanto por demostrar su valía a su país. En la primavera de 1945, los pilotos de Tuskegee destruyeron 150 aviones enemigos y derribaron otros 111. En su mejor día, lograron derribar más de 13 aviones. Los últimos cuatro aviones enemigos fueron derribados sobre el Mediterráneo el 26 de abril. Los hombres de Tuskegee habían volado más de 200 misiones y nunca perdieron un solo bombardero[31].

## El desmantelamiento del 332.º Grupo de Caza

El 8 de mayo de 1945, el 332.º Grupo de Caza fue disuelto. Algunos de sus miembros finalmente comenzaron a regresar a sus hogares, a un país donde aún eran considerados ciudadanos de segunda clase. Estados Unidos estaba decidido a mantener a los afroamericanos segregados y discriminados en materia de vivienda, empleo, educación y otros ámbitos. Tras todo el reconocimiento que habían recibido como pilotos en el extranjero, les resultaba difícil creer que serían tratados tan mal. Afortunadamente para los aviadores de Tuskegee, el presidente Harry S. Truman quedó tan impresionado con el desempeño de los pilotos afroamericanos que prometió ayudarlos en Estados Unidos. Cumplió su palabra. El 26 de julio de 1948, el presidente Truman anunció la Orden Ejecutiva 9981, que

---

[30]    Biblioteca de Guerra Estadounidense. (2000). Armas de la Segunda Guerra Mundial. CA: Lucent Books.

[31]    Holway, 1997.

exigía igualdad de trato y oportunidades en las Fuerzas Armadas y en todo el ejército, independientemente de la raza. Este fue el comienzo del proceso que condujo al fin de la segregación, al menos, en las Fuerzas Armadas.

Estos valientes pilotos, conocidos como los Aviadores de Tuskegee, continuaron cosechando éxitos tanto en la vida militar como en la civil. El general Benjamin O. Davis Jr. continuó su labor militar, combatió en guerras posteriores y fue ascendido a general de cuatro estrellas por el presidente Bill Clinton en 1998. Charles McGee, uno de los Aviadores de Tuskegee originales y piloto de la Segunda Guerra Mundial, combatió en Corea y Vietnam. Logró el mayor número de misiones de combate en tres guerras que cualquier aviador de la Fuerza Aérea, con un total de 409 misiones. Desde 1998 hasta la actualidad, McGee ha ocupado puestos de liderazgo en Tuskegee Airmen, Incorporated, organización fundada originalmente en 1972.[32]

## Luchando contra la segregación racial

Es fundamental que el lector comprenda que las Fuerzas Armadas de los Estados Unidos de América estaban segregadas por ley desde el caso Plessy contra Ferguson en 1896, que dictaminó que «separados pero iguales es legítimo». Esto significaba que las fuentes de agua, escuelas, restaurantes, hoteles, colegios y universidades, así como las fuerzas armadas, estaban legalmente separadas para blancos, lo que resultó en que las personas negras fueran sometidas a la segregación con castigos severos, incluyendo el arresto. Por lo tanto, fue en este contexto que los afroamericanos comenzaron su entrenamiento de vuelo en el Aeródromo del Ejército de Tuskegee en Tuskegee, Alabama. A continuación se presenta una declaración

---

[32]    George, 2001.

sobre la política de segregación de las Fuerzas Armadas, publicada en 1940. Durante la década de 1900, Estados Unidos estaba segregado y las leyes de segregación racial ("Jim Crow") eran la norma en el Sur y, de hecho, también en las Fuerzas Armadas de los Estados Unidos.

## Segregación en las Fuerzas Armadas

Para no olvidarlo, es necesario señalar que las Fuerzas Armadas de los Estados Unidos de América estaban segregadas como política fundamental del gobierno federal. Esta segregación hacía aún más evidente la desigualdad en recursos y oportunidades. Por ejemplo, los afroamericanos no tenían la oportunidad de formarse como pilotos en el ejército.

1. The strength of the Negro personnel of the Army of the United States will be maintained on the general basis of the proportion of the population of the country.

2. Negro organizations will be established in each major branch of the service, combatant as well as noncombatant.

3. Negro reserve officers eligible for active duty will be assigned to Negro units officered by colored personnel.

4. When officer candidate schools are established, opportunity will be given to Negroes to qualify for reserve commissions.

5. Negroes are being given aviation training as pilots, mechanics and technical specialist. This training will be accelerated.

6. At arsenal and army posts Negro civilians are accorded equal opportunity for employment at work for which they are qualified by ability, education and experience.

7. *The policy of the War Department is not to intermingle colored and white enlisted personnel in the same regimental organizations. This policy has been proved satisfactory over a long period of years, and to make changes now would produce situations destructive to morale and detrimental to the preparation for national defense...*

Esta política de segregación sancionada por el Departamento de Guerra del Ejército de los Estados Unidos creó una situación discriminatoria que afectó tanto a personas negras como blancas que servían a su nación. Sin embargo, hubo varios líderes clave, entre ellos Truman, Roosevelt, McGovern y otros, que se opusieron a estas políticas segregacionistas en las fuerzas armadas.

La prensa negra y otros líderes presionaron al ejército y al gobierno federal para que implementaran prácticas justas y garantizaran un acceso equitativo a las distintas ramas de las fuerzas armadas. Tras mucha lucha y debate, y con la continua oposición de los sindicatos, las empresas y otros grupos, se llegó a la iniciativa política de compromiso descrita en el documento de 1940 titulado "Segregación de las Fuerzas Armadas". Al leer detenidamente esta política, se comprenderá claramente por qué la comunidad negra se sentía incómoda con el documento y continuó oponiéndose a la política de segregación de las Fuerzas Armadas, considerándola una política deliberada para socavar los derechos de los hombres y mujeres afroamericanos alistados, quienes creían que dicha política violaba la igualdad de derechos y libertades garantizada por la Constitución de los Estados Unidos de América.

## El senador George McGovern, expiloto de bombarderos

George McGovern, piloto de bombarderos y posteriormente senador en el Congreso de los Estados Unidos, declaró: «Era un espectáculo maravilloso ver a esos aviones de combate de escolta acercarse para protegernos, escoltarnos hasta los objetivos, recogernos tras el bombardeo y llevarnos de vuelta a casa. Eran pilotados por hombres con una habilidad y coordinación extraordinarias».

Los aviadores de Tuskegee demostraron al mundo su capacidad como pilotos, pero también demostraron que los afroamericanos eran tan inteligentes, trabajadores y leales a la bandera de los

Estados Unidos como los pilotos blancos. Estos hombres lucharon por un país al que amaban profundamente, un país que también apoyó el caso Plessy contra Ferguson (1896), la histórica sentencia de la Corte Suprema de los Estados Unidos que estableció que la segregación racial era el estándar de trato para los afroamericanos y otras minorías. Las leyes de Jim Crow y la discriminación flagrante persistieron hasta el caso Brown contra la Junta de Educación de Topeka, Kansas, en 1954, ante la Corte Suprema. La marcha en Washington en 1963 condujo a la aprobación de la Ley de Derechos Civiles de 1964, que puso fin a las formas de discriminación de Jim Crow contra los afroamericanos y otros ciudadanos. Los aviadores de Tuskegee recibieron cientos de premios, incluyendo una Estrella de Plata. El entonces Jefe de Estado Mayor de la Fuerza Aérea, el general Ronald R. Fogleman, afirmó: «En definitiva, la experiencia de los hombres y mujeres de los aviadores de Tuskegee rompió para siempre los mitos que permitieron la existencia de la segregación, la desigualdad y la injusticia...»[33] Estas grandes victorias allanaron el camino para que todos los ciudadanos de Estados Unidos tuvieran igualdad de derechos y oportunidades.

Aunque la experiencia del entrenamiento de pilotos de Tuskegee tuvo lugar hace más de 64 años, la discriminación racial y la resegregación siguen siendo problemas persistentes en Estados Unidos hoy en día. "No, no tenemos escuelas, baños ni bebederos separados, pero esta mentalidad sigue muy extendida en muchas comunidades de los Estados Unidos de América". Los afroamericanos aún sufren discriminación en materia de vivienda, igualdad salarial y otros ámbitos de la vida estadounidense, como la educación, el acceso a oportunidades de negocio, el acceso a la atención médica y otras oportunidades fundamentales en los Estados Unidos de América.

---

[33]    George, 2001.

Por lo tanto, es fundamental que revisemos, enseñemos y aprendamos sobre la Segunda Guerra Mundial. Debemos contarles a nuestros jóvenes las hazañas y logros heroicos de los Aviadores de Tuskegee. No solo se distinguieron como pilotos afroamericanos, sino que fueron ejemplares como pilotos alistados de la Fuerza Aérea de los Estados Unidos, quienes lograron ser condecorados como uno de los mejores grupos de pilotos que lucharon en cruentos combates contra los alemanes durante la Segunda Guerra Mundial.


7  Bailey, R. (1981). Prisoners of War. New York: Life Time Books.

8  Holway, J. (1997). Red Tails Black Wings. New Mexico: Yucca Tree Press.

9  Hershey, J. (1989). Into the Valley: A Skirmish of the Marines. New York: Schocken Books.

10  George, C. (2001). Tuskegee Airmen. New York: Children's Press.

11  Coggins, Patrick C. (2001) "The Tuskegee Airmen: Flying from the Ground Up" Unpublished manuscript, Deland, Florida: Multicultural Education Institute, Stetson University.

12  www.AllensCreations.com.Bafsol.html

13  Blacks in Aviation, p. 17.

14  Blacks in Aviation, p. 19.

15  Metro-Dade Aviation Department, 1996; Blacks in Aviation, Miami, FL.

16  Blacks in Aviation, 1996, p. 4.

17  Enoch P. Waters. Tuskegee Airmen. Chicago Defender (2000)

18  Blacks in Aviation, 1996, p. 12.

19  Blacks in Aviation, 1996, p. 17.

20  Holway, 1997.

21  Tuskegee Airmen in Action. http//www.ritesofpassage.org/mil_air.html

22  The Road That Led to the Sky. http://www.afroam.org/history/tusk/creation.html

23  George, 2001.

24  Holway, 1997.

25  Holway, 1997.

26  George. 2001.

27  Schultz, S. (1987). The Maverick War: Chennault and the Flying Tigers. New York: St. Marin's Press.

28  George, 2001.

29  Holway, 1997.

30  American War Library. (2000). Weapons of World War II. CA: Lucent Books.

31  Holway, 1997.

32  George, 2001.

33  George, 2001.

# CAPÍTULO IV

## Tres hechos cruciales que aclaran la experiencia de los aviadores de Tuskegee

### Entendiendo el contexto de los Aviadores de Tuskegee

DESDE 1999, HE TENIDO EL privilegio de pasar incontables horas con varios Aviadores de Tuskegee: pilotos, personal de tierra (tanto hombres como mujeres) y otro personal de apoyo que se entrenaron en el Campo Aéreo del Ejército de Tuskegee (TAAF) en Tuskegee, Alabama, y otras bases. Sin embargo, lo que me llamó la atención de estas conversaciones fue que nadie pudo aclarar, para las generaciones futuras, la incógnita de quién es un "Aviador de Tuskegee". No obstante, una cuestión aún más delicada es: ¿quién es un Aviador Original de Tuskegee? Mi investigación de campo, la lectura de varios libros y episodios no satisfizo mi indagación hasta que conocí y conversé extensamente con el Teniente Coronel retirado Hiram E. Mann y escuché atentamente su explicación sobre los tres hechos que se presentan a continuación. "Hay hechos esenciales que son cruciales para esclarecer la experiencia de los Aviadores de Tuskegee", según el Teniente Coronel retirado Hiram E. Mann.

## Definición del término "Aviador Original de Tuskegee"

Existen cinco categorías que definen a los Aviadores de Tuskegee: 1) Personas que sirvieron como pilotos, personal de apoyo u otro personal en la Experiencia de los Aviadores de Tuskegee; 2) Aviadores Asociados de Tuskegee (cualquier persona que no sea un "Aviador Original de Tuskegee"); 3) Miembros del Grupo del Patrimonio; 4) Miembros Honorarios de la Asociación de Aviadores de Tuskegee (TAI); y 5) Miembros Vitalicios, que pueden pertenecer a cualquiera de las cuatro categorías mencionadas. La siguiente información describe cada una de estas categorías de miembros.

## Términos: Aviadores de Tuskegee o Aviadores Originales de Tuskegee

La definición clara ofrecida por el Teniente Coronel Hiram E. Mann es que "cualquier persona, hombre o mujer, negra o blanca, militar o civil, que haya servido o trabajado al menos un día en la TAAF entre 1941, cuando comenzó la construcción del Campo Aéreo del Ejército de Tuskegee (TAAF), y 1948, cuando el TAAF cerró oficialmente, o en cualquier unidad asignada al TAAF. Además, esta definición abarca de manera particular a cualquier persona que haya estado asignada al Destacamento de Entrenamiento Universitario (CTD), al 99th. Escuadrón de Caza, al 332nd. Grupo de Caza o al 477th. Grupo de Bombardeo Medio, entre 1941, cuando comenzó la construcción del TAAF, y 1948, cuando el TAAF cerró oficialmente, puede ser considerada, o haber sido, un 'Aviador Original de Tuskegee'. Si alguien afirma ser un 'Aviador Original de Tuskegee', esa persona debe proporcionar documentación que pruebe la asignación específica y Participación activa en la Experiencia de los Aviadores de Tuskegee en el Campo Aéreo del Ejército de Tuskegee (TAAF), Tuskegee, Alabama, o en cualquier unidad asociada a la Experiencia de Tuskegee ubicada en otro lugar.

## Aviadores Asociados de Tuskegee

Un Aviador Asociado de Tuskegee es una persona que no participó ni fue un Aviador Original de Tuskegee. Sin embargo, está comprometido e interesado en apoyar a la Asociación de Aviadores de Tuskegee (TAI) en todas sus políticas y procedimientos para asegurar que las contribuciones de los Aviadores de Tuskegee se incorporen a la historia militar y a la historia estadounidense. El miembro asociado puede participar en todas las actividades de una sección local y de la organización nacional Asociación de Aviadores de Tuskegee (TAI).

## Miembros del Grupo de Patrimonio

Existen miembros del Grupo de Patrimonio que son cónyuges y descendientes de los miembros originales de TAI. La prueba fundamental consiste en demostrar que existe una estrecha relación familiar entre el personal original de la Fuerza Aérea de Tuskegee y los miembros del Grupo de Patrimonio. Este vínculo con la experiencia de Tuskegee se puede establecer mediante actas de nacimiento, fotografías o cualquier otra evidencia auténtica y documentos oficiales.

## Miembros Honorarios de TAI

Los miembros honorarios de TAI son personas invitadas a formar parte de Tuskegee Airmen Incorporated (TAI). Otros miembros de TAI recomiendan a estas personas porque se considera que poseen cualidades e intereses compatibles con los objetivos de TAI. Los miembros honorarios no pagan cuotas, pero pueden asistir a cualquier actividad nacional o local de TAI.

## Miembros Vitalicios

Cabe destacar que cualquier miembro de las cuatro categorías puede convertirse en Miembro Vitalicio pagando la Cuota de Miembro Vitalicio, sujeto a la aprobación de la organización nacional de Tuskegee Airmen Incorporated (TAI).

## Relevancia del término "Aviadores de Tuskegee" y "Aviadores de Tuskegee Incorporated" (TAI)

El término "Aviadores de Tuskegee" se usa a menudo de forma retrospectiva para referirse a los logros e incidentes de los grupos de pilotos afroamericanos que se entrenaron en la Base Aérea de Tuskegee (TAAF) en Alabama. Este término no se utilizó hasta 1972, unos 30 años después del fin de la Segunda Guerra Mundial. Por lo tanto, "Aviadores de Tuskegee" se usa retrospectivamente para identificar al personal alistado afroamericano que participó en la experiencia de vuelo de Tuskegee en la década de 1940, donde se entrenó a afroamericanos para volar y al personal de apoyo para el mantenimiento y la gestión de las operaciones de la base aérea del Ejército en Tuskegee, Alabama.

## Importancia del año 1972 y de Tuskegee Airmen Incorporated (TAI)

En 1972, inspirados por la experiencia de Tuskegee durante la Segunda Guerra Mundial, un grupo de pilotos de avionetas, todos miembros del legendario 332nd. Grupo de Caza, fundaron una organización en Detroit, Michigan. La denominaron "Tuskegee Airmen Incorporated".

Los objetivos principales de la organización eran dos: preservar el legado y documentar los logros militares de los pilotos afroamericanos que arriesgaron sus vidas combatiendo a los nazis en el norte de África y Europa. En aquel entonces, preocupaba a estos pilotos que no existiera un monumento nacional en reconocimiento a sus logros y, aún más importante, que la Fuerza Aérea y las demás ramas de las fuerzas armadas no dieran a conocer las hazañas de los aviadores de Tuskegee. El segundo objetivo y motivo de la creación de la organización en 1972 fue el profundo compromiso y deseo de informar a la juventud y a la comunidad sobre las oportunidades profesionales en la aviación.

## Requisitos de membresía de la Asociación de Aviadores de Tuskegee (TAI)

Como bien lo expresa el teniente coronel retirado Hiram Mann: "En 1972, e incluso antes, los pilotos y demás personal se debatían sobre cómo denominarse. Nadie quería ser conocido como los pilotos negros en una época en que la segregación racial era tan generalizada en este país. Como siempre he defendido, el otro nombre peor era el de 'Experimento Tuskegee', ya que tenía una connotación negativa con respecto al otro Experimento Tuskegee, que se centró en la experimentación con la sífilis, una enfermedad prevalente en

Tuskegee, Alabama, y en todo el país". La principal preocupación al respecto "es que el Experimento involucró a hombres que padecían sífilis, una enfermedad temida. Era importante aclarar la situación y evitar confusiones sobre la conexión con esta enfermedad que se estudiaba en Tuskegee, Alabama, en aquel entonces". (Véase el Apéndice 1 para consultar la lista de capítulos de TAI).

Lo esencial era que estos pilotos militares afroamericanos recibieron todo su entrenamiento de vuelo militar en el Campo Aéreo del Ejército de Tuskegee, en Tuskegee, Alabama. Por lo tanto, se llegó al consenso de que el mejor nombre para preservar su legado era el de Aviadores de Tuskegee. "Así, desde 1972 hasta hoy, se nos conoce como los Aviadores de Tuskegee". Como recuerda el teniente coronel Mann: "Como miembro de esta asociación inicial, la cuota era de 2 dólares". Hoy en día, la cuota de membresía en la TAI varía.

En algunos capítulos, la cuota anual es de 75 dólares. Aquí se muestra la tarjeta de membresía de Patrick C. Coggins, miembro asociado. Cualquier persona puede convertirse en miembro asociado de la TAI, cumpliendo así el sueño de los Aviadores de Tuskegee de que su legado sea recordado y celebrado por generaciones mucho después de su partida.

La organización fundadora se estableció inicialmente solo para los pilotos de caza. Posteriormente, en 1972, se decidió ampliar la membresía para incluir primero a los pilotos de bombarderos y, más tarde, al personal de apoyo, que comprendía al personal de tierra que operaba y daba servicio a los aviones, a los médicos, enfermeras y demás personal sanitario. También se incluyó al personal del Cuerpo de Abogados Militares, a los empleados del comedor (ahora llamado Comedor), al personal del parque automotor, a los directores de orquesta, al Cuerpo Auxiliar Femenino (WACS), al personal administrativo y a todos aquellos que realizaban tareas de mantenimiento o trabajaban en la Base Aérea del Ejército de Tuskegee (TAAF) en Tuskegee, Alabama.

El teniente coronel Hiram E. Mann apoyó la ampliación de la membresía debido a dos cuestiones particularmente importantes. Primero, «Los pilotos de bombarderos estaban bien entrenados para volar aviones, pero nunca se les permitió entrar en combate a pesar de sus probadas habilidades y su entrenamiento al mismo nivel de competencia que sus homólogos blancos y los pilotos de bombarderos. Esto me preocupó mucho y todavía me duele el dolor y el sufrimiento que estos pilotos tuvieron que soportar a manos de un Ejército y una Fuerza Aérea segregados que tenían dificultades para integrar las fuerzas armadas y permitir que los negros tuvieran acceso a todos los aspectos de la experiencia de combate, al igual que sus pilotos de bombarderos blancos».

El segundo grupo que realmente debería formar parte de la organización Tuskegee Airmen Incorporated (TAI) era el personal de tierra y de apoyo. "Sus esfuerzos también contribuyeron al éxito de los pilotos. Por lo tanto, juntos haremos todo lo posible para cuidar los aviones y mantenerlos en vuelo. En la jerga de los pilotos, decimos que 'se necesitaban unas 10 personas en tierra (personal de apoyo) para mantener un avión militar en el aire'". Otra realidad es que "solo quedan unos pocos de los Aviadores Originales de Tuskegee que podrán continuar con su legado". Así, el teniente coronel Mann afirmó: "Somos muy pocos los que vivimos y todos los que estamos vivos tenemos más de 80 años. La mayoría ronda los 80 y algunos los 90. Cuando nos miran, ven rostros que ya no son jóvenes. Sin embargo, bajo las miradas y las sonrisas se esconde el corazón y la determinación de cada uno de nosotros para contar la historia de cómo nos convertimos en Aviadores Originales de Tuskegee". Así, según el teniente coronel Hiram Mann, un Aviador Original de Tuskegee es:

> *"Cualquier persona, hombre o mujer, negra o blanca, militar o civil, que haya prestado servicio o trabajado al menos un día en el Campo Aéreo del Ejército de Tuskegee (TAAF), en el Destacamento de Entrenamiento del Instituto Universitario de Tuskegee (CTD) o en cualquier programa derivado o relacionado con la Experiencia de Tuskegee, entre los años 1941 y 1948, es, por designación, un Aviador Original de Tuskegee".*

Tenga en cuenta que esta definición no solo incluye a los pilotos que se graduaron del Programa de Vuelo de los Aviadores de Tuskegee (es decir, pilotos de caza y de bombarderos), sino que también abarca a aquellos pilotos en formación que fueron admitidos al programa de entrenamiento de vuelo y que, o bien lo abandonaron voluntariamente, o fueron oficialmente excluidos y nunca recibieron sus alas. Este punto es crucial para las numerosas personas que han presentado y seguirán presentando fotografías con uniforme de vuelo y documentos que indican que fueron admitidas en la Escuela de Vuelo de los Aviadores de Tuskegee en la década de 1940. Sin embargo, la cuestión crucial es si realmente se graduaron de la Escuela de Entrenamiento Avanzado de Vuelo del Campo Aéreo del Ejército de Tuskegee. Según mi investigación y los testimonios de muchos aviadores de Tuskegee entrevistados para este libro, aproximadamente 992 pilotos se graduaron y recibieron sus alas de la Escuela de

Vuelo del Campo Aéreo del Ejército de Tuskegee. Si bien no existe un recuento exacto del número total de personas que ingresaron a la escuela de vuelo, se estima que esta cifra representaba un tercio (el porcentaje de abandono fue mucho mayor) de quienes completaron el programa, lo que significa que dos tercios no lo lograron. De los 992 pilotos entrenados, 450 eran pilotos de caza monomotor que fueron enviados al extranjero, 66 murieron en combate y 32 fueron derribados y se convirtieron en prisioneros de guerra.

## Cómo saber quién es un Aviador Original de Tuskegee

Otro tema controvertido es que muchas personas afirman haber formado parte de la experiencia de los Aviadores de Tuskegee y haber sido pilotos de caza, tanto en Tuskegee Airmen como en los famosos "Red Tails", que alcanzaron un éxito fenomenal como pilotos de combate. Estos pilotos eran temidos por los alemanes y venerados por sus homólogos estadounidenses, tanto blancos como negros. Según la representación visual en el especial de HBO sobre los Aviadores de Tuskegee y también a partir de mis entrevistas con muchos de los pilotos de caza originales de Tuskegee Airmen, incluyendo al Teniente Coronel retirado Hiram E. Mann de la Fuerza Aérea de EE. UU., el Teniente Coronel Leo R. Gray, el Capitán Charles Hill y el Teniente John B. Turner, a quienes conocí personalmente, escuché sus afirmaciones y verifiqué su estatus oficial revisando la lista publicada en el libro de Lynn Homan y Thomas Reilly (2001), que consta de 42 páginas y enumera a los Aviadores Originales de Tuskegee que completaron satisfactoriamente su formación. El Programa de Entrenamiento de Vuelo Militar en el Aeródromo de Tuskegee (TAAF), Tuskegee, Alabama.

El teniente coronel Hiram E. Mann declaró que "uno de nuestros miembros ha recopilado una base de datos en un disco compacto con más de 14.900 nombres de personas que estaban cualificadas para ser, o podrían haber sido, aviadores de Tuskegee. También había otras personas que no estaban directamente relacionadas con el vuelo, como personal hospitalario, médicos, enfermeros, dentistas, personal de armamento y de mantenimiento de vehículos, personal de alojamiento, músicos y personal administrativo necesario para el funcionamiento de una instalación militar. Esta lista de personas también incluye a los oficiales blancos y empleados civiles que nos entrenaron para pilotar los aviones y desempeñaron algunas de las funciones mencionadas anteriormente". El teniente coronel Hiram E. Mann afirmó que, según esta definición, "el coronel Frederick Von Kimble, segundo comandante de la TAAF y firme defensor de la segregación racial, aún podría ser considerado un "Aviador Original de Tuskegee". El coronel Noel F. Parrish, tercer y último comandante de la TAAF, fue un líder militar que nos brindó su apoyo y demostró respeto, tanto en público como en privado, por las habilidades y destrezas de vuelo de los pilotos negros. Creo que, en parte gracias a su insistencia y apoyo, pudimos participar en combate aéreo durante la Segunda Guerra Mundial. Incluso después de finalizada la guerra, se unió a nuestra organización nacional de Aviadores de Tuskegee y fue uno de los primeros Aviadores Originales de Tuskegee de raza caucásica/blanca. Su viuda, la Dra. Florence Parrish St. John, continúa asistiendo a las convenciones nacionales de la TAI, incluso después del fallecimiento del coronel Noel F. Parrish en 1987 y su posterior matrimonio con el general St. John".

## Formación de las Secciones Locales de la Organización Nacional

La organización nacional se formó en 1972 para asegurar que el legado de este logro perdure en la memoria de las futuras generaciones. Además, esta organización buscaba motivar a los jóvenes, especialmente a los pertenecientes a minorías, para que aprendieran de nuestros logros y vieran que pueden tener una carrera exitosa en el ámbito de la aviación. Por lo tanto, se aprobaron las siguientes categorías de miembros: 1) Los primeros aviadores de Tuskegee, o "Aviadores Originales", que cumplen con la definición establecida en este libro. Esto significa que estas personas, directa o indirectamente, estuvieron involucradas durante uno o más días en el aprendizaje de vuelo como pilotos, o estuvieron involucradas en una o más tareas de apoyo como personal de tierra o servicios administrativos como servicios médicos, servicios de oficina o técnicos, 2) El "Aviador Asociado de Tuskegee" es una persona que no participó en o no fue un "Aviador Original de Tuskegee", pero alguien que está comprometido a apoyar a Tuskegee Airmen Incorporated (TAI) en todos sus esfuerzos para perpetuar la valiosa historia afroamericana, que fue una parte integral de la historia militar y estadounidense. El miembro "Asociado" puede involucrarse en el capítulo local en su ciudad natal y en la organización nacional en la realización de programas educativos que celebran la rica historia de los Aviadores de Tuskegee. La viuda del Coronel Parrish, la Dra. Florence Parrish St. John, se volvió a casar y se casó con el General retirado St. John. Ambos se unieron como Miembros Asociados y actualmente participan en la asociación. 3) Existe una tercera categoría de membresía: "Aviadores Honorarios de Tuskegee". Esta categoría se otorga a quienes han apoyado a la organización. Según el teniente coronel Mann, de la USAF (retirado), entre los miembros honorarios se encuentran Lena Horne, la fallecida Ella Fitzgerald, Joe Lewis y los presidentes Ronald Reagan, William Clinton, George Bush y George W. Bush, quienes han sido designados Aviadores Honorarios de Tuskegee. Este grupo especial de miembros valida y reconoce el legado de los Aviadores de Tuskegee.

La cuarta categoría de membresía corresponde al "Grupo de Patrimonio", cuyo propósito es perpetuar el legado de los "Aviadores Originales de Tuskegee". Estas personas son descendientes directos de los Aviadores de Tuskegee. La organización nacional espera

que este grupo se comprometa con el mantenimiento de la historia de los Aviadores de Tuskegee debido a su cercanía con ellos. Es
importante que este "Grupo de Patrimonio" considere oportuno
continuar el legado militar que sus familiares lograron durante la
Segunda Guerra Mundial. Como dijo el Teniente Coronel retirado
Hiram Mann: "Este 'Grupo de Patrimonio' puede mantener vivo
el legado de los Aviadores de Tuskegee mediante charlas, asistencia
a reuniones y actividades nacionales y locales, entre otras cosas". El
quinto grupo son los Miembros Vitalicios, quienes son elegibles tras
el pago de las cuotas requeridas y la aprobación de la organización
nacional. La tarjeta de membresía de 2007 acredita que el Teniente
Coronel Hiram E. Mann, USAF, retirado, es miembro activo de
Tuskegee Airmen International Incorporated (TAI). Esto significa
que el Teniente Coronel Hiram E. Mann puede participar en todas
las deliberaciones de reuniones y convenciones, aportar ideas y sugerencias a la organización nacional y representar a la sección local y a
la organización nacional cuando sea necesario. Se incluye una copia
del diseño reciente de la tarjeta de membresía nacional del Teniente
Coronel Hiram Mann, la cual indica que es miembro de la Sección
General Daniel "Chappie" James.

En el Apéndice I se incluye una lista completa de las secciones de TAI en todo Estados Unidos.

Es importante destacar que este autor es miembro asociado. Este capítulo incluye tanto la tarjeta de membresía de un "Aviador Original de Tuskegee" como la de un miembro asociado. Se recomienda que historiadores, exmilitares y personas de todos los grupos étnicos se unan a la Asociación Nacional de Aviadores de Tuskegee (TAI). Incluso jamaicanos, haitianos y ciudadanos de otros países enviaron pilotos en formación al Campo Aéreo del Ejército de Tuskegee, en Tuskegee, Alabama (TAAF), para aprender a pilotar aviones de combate. Entre los miembros que fueron "Aviadores Originales de Tuskegee", "deseamos que todas las personas de buena voluntad de todas las razas de nuestra nación se unan para celebrar y perpetuar el legado de los Aviadores de Tuskegee, sean o no miembros afiliados".

## La confusión sobre quiénes fueron los aviadores originales de Tuskegee que fueron entrenados como parte de los aviadores de Tuskegee

Ret. El teniente coronel Mann lo explica bien cuando dice: "Ha llegado el momento de aclarar la historia de los pilotos. Existían: 1) Los pilotos de cazas monomotor, entrenados en los siguientes aviones: Piper Cub J-3, Stearman PT-17, Vultee BT-13 y North American AT-6. Estos aviones se utilizaron durante la Segunda Guerra Mundial para diversas misiones. 2) Luego estaban los pilotos de bombarderos medianos o multimotor, entrenados en el North American AT-10. 3) El personal de apoyo para cada uno de los aviones, tanto monomotor como multimotor, hacía todo lo posible para mantenerlos en el aire con la máxima eficiencia y mantenimiento. Eran los ojos y los oídos del piloto, tanto dentro como fuera del avión, en relación con los diversos sistemas. Se necesitaban aproximadamente 10 personas en tierra para dar servicio y mantener un solo avión en funcionamiento. (Esta cifra incluye a todo el personal, incluyendo mecánicos, personal de mantenimiento, técnicos médicos, enfermeros, paramédicos y demás). Los pilotos siempre los respetarán y les agradecerán su eficiente trabajo en tierra".

## Medalla de Oro del Congreso en 2007

Es importante destacar que el Congreso de los Estados Unidos de América y el Presidente George W. Bush aprobaron y otorgaron a los Aviadores Originales de Tuskegee uno de los más altos honores y reconocimientos que puede recibir un ciudadano: la Medalla de Oro del Congreso. La ceremonia tuvo lugar el 29 de marzo de 2007 en la Rotonda del Capitolio en Washington, D.C. El Presidente Bush estuvo acompañado por líderes del Congreso de ambos partidos y otras personalidades, incluido el General retirado del Ejército Colin Powell, para entregar la Medalla de Oro del Congreso a los Aviadores de Tuskegee: el Coronel Charles E. McGee, el Teniente Coronel Lee Archer, el Teniente Coronel Alexander Jefferson, el Teniente Coronel Harry T. Stewart, el Teniente Coronel Woodie Crockett, el Capitán Roscoe C. Brown, Jr. y el Teniente Coronel Hiram E. Mann. Alrededor de 300 Aviadores Originales de Tuskegee y sus invitados asistieron a la ceremonia. El capitán Brown aceptó la medalla en nombre de los Aviadores de Tuskegee (TAI). La medalla original se exhibirá permanentemente en el Instituto Smithsonian. Cada Aviador Original de Tuskegee (OTA) presente recibió una réplica de la medalla. El capitán retirado Roscoe Brown Jr. dijo: "Hoy estamos rebosantes de alegría y orgullo, y creo que Estados Unidos también lo está". El presidente Bush dijo: "Por todos los saludos no correspondidos y las indignidades imperdonables... les rindo homenaje por su servicio a los Estados Unidos de América". Este tributo y honor se otorga en nombre de los miles de hombres y mujeres afroamericanos que participaron en la Experiencia de los

Aviadores de Tuskegee en el Campo Aéreo del Ejército de Tuskegee en Tuskegee, Alabama, a principios de la década de 1940.

Fue el presidente Franklin D. Roosevelt quien desautorizó a sus generales de alto rango y ordenó que se iniciara un programa de entrenamiento de pilotos negros en el Instituto Tuskegee en Tuskegee, Alabama. Durante la Segunda Guerra Mundial, estos pilotos de Tuskegee se distinguieron por pintar las colas de sus aviones de rojo. Por lo tanto, muchos de los pilotos blancos, los enemigos alemanes y las fuerzas aliadas conocían a los pilotos de Tuskegee solo como las "Colas Rojas".

Cientos de estos Aviadores de Tuskegee tuvieron que superar el racismo y la discriminación flagrantes de comandantes y personal militar blancos que persistían en la percepción de que no poseían la inteligencia, el coraje ni el patriotismo necesarios para hacer lo que se les pedía, incluyendo volar un avión y luchar contra el temido enemigo del mundo libre, los nazis alemanes. Sí, de hecho, como dijo el expresidente Roosevelt. El teniente coronel Hiram Mann declaró: «Cientos de aviadores de Tuskegee participaron en intensos combates por toda Europa, el Mediterráneo y el norte de África, en misiones que incluían la eliminación de objetivos enemigos y el escolta de bombarderos para destruirlos.

Los registros muestran que menos de 100 murieron en combate, otros fueron capturados como prisioneros de guerra y otros resultaron heridos defendiendo la bandera de los Estados Unidos de América y la libertad del mundo. Sin embargo, un mensaje significativo resonó en este glorioso día del 29 de marzo de 2007, cuando el general retirado del Ejército Colin Powell agradeció a los aviadores de Tuskegee por "allanar el camino para su carrera". "Ustedes hicieron que Estados Unidos se mirara en el espejo de su alma y le demostraron que no había nada que una persona negra no pudiera lograr".» Desde el final de la Segunda Guerra Mundial, los aviadores de Tuskegee consideraron que su logro merecía un reconocimiento especial por parte del Congreso y las fuerzas armadas de los Estados Unidos.

El profundo dolor que sentían los pilotos de Tuskegee era evidente: sabían que incluso los miembros del gobierno estadounidense, incluido el Congreso, mostraban una actitud ambivalente respecto al entrenamiento de afroamericanos como pilotos de combate en la Fuerza Aérea del Ejército de los Estados Unidos durante la década de 1940. Los rumores sobre la concesión de la Medalla de Oro del Congreso comenzaron durante la presidencia de William Clinton. La Medalla de Oro del Congreso se otorgó en 2007 como un importante reconocimiento nacional para todos los pilotos y el personal de tierra que participaron en la Experiencia de los Aviadores de Tuskegee, entre 1939 y 1948, en el Campo Aéreo del Ejército de Tuskegee (TAAF) en Tuskegee, Alabama.

# CAPÍTULO V

## La experiencia de los aviadores de Tuskegee en la década de 1940

### ¿Cómo comenzó la Experiencia de los Aviadores de Tuskegee?

LA EXPERIENCIA DE LOS AVIADORES de Tuskegee comenzó en la década de 1940 como un programa financiado por el gobierno para demostrar que los afroamericanos no podían pilotar aviones. Es importante contextualizar esta experiencia en un período de la historia de Estados Unidos marcado por la segregación racial, tanto en el país como en el ejército, donde los afroamericanos intentaban ingresar al Cuerpo Aéreo del Ejército desde la Primera Guerra Mundial. Los senadores Harry Swartz de Wyoming y Styles Bridges de Nuevo Hampshire fueron algunos de los congresistas que defendieron la causa de los afroamericanos interesados en servir como pilotos en el Cuerpo Aéreo del Ejército.

En 1939, dos pilotos de la Asociación Nacional de Aviadores, integrada por pilotos afroamericanos, se reunieron con el senador Harry Truman de Misuri y lo convencieron de patrocinar un proyecto de ley que permitía a los pilotos afroamericanos que cumplieran los requisitos participar en el Programa de Entrenamiento de Pilotos Civiles. El 3 de abril de 1939, el senador Truman, junto con otros senadores que lo apoyaban, aprobó la Ley Pública 18, que contemplaba una expansión a gran escala del Cuerpo Aéreo del Ejército. Una sección de la ley autorizaba el establecimiento de programas de capacitación en universidades para personas negras, así como la contratación de personas negras en diversas áreas de los servicios del Cuerpo Aéreo del Ejército. (Comité de Comunicación, Cuartel General del Ejército, SACC, Pentágono, Washington, D.C., 1989). El Instituto Tuskegee, en Tuskegee, Alabama, fue designado como centro de entrenamiento para pilotos negros. El Cuerpo Aéreo del Ejército presentó al Departamento de Guerra un plan para una "Experiencia" que consistía en un escuadrón de pilotos de caza compuesto exclusivamente por pilotos negros, de aproximadamente treinta y tres pilotos. El Departamento de Guerra aceptó la intención general del plan y su ubicación en el Instituto Tuskegee, en Tuskegee, Alabama.

## Formación del 99th. Escuadrón de Caza

El 16 de enero de 1941, el Departamento de Guerra de los Estados Unidos anunció la formación de una unidad compuesta exclusivamente por soldados afroamericanos, el 99.º Escuadrón de Caza, que se entrenaría en el Instituto Tuskegee, en Tuskegee, Alabama. Tras la selección de los primeros hombres, el entrenamiento comenzó formalmente. Sin embargo, existían dos problemas clave: primero, la falta de un aeródromo en el Instituto Tuskegee, Alabama, y segundo, el proceso de desarrollo de un programa de entrenamiento para los aviadores de Tuskegee. Así, más de 400 hombres del 99th. Escuadrón de Caza llegaron al Instituto Tuskegee y dedicaron gran parte de su energía a la construcción del aeródromo. La fotografía que se muestra a continuación ilustra la construcción inicial del aeródromo de Tuskegee en Tuskegee, Alabama. La construcción de este aeródromo fue un hito esencial en el entrenamiento exitoso de los afroamericanos que se estaban convirtiendo en pilotos de combate como parte de las Fuerzas Armadas de los Estados Unidos de América.

*Aeródromo de Tuskegee, Tuskegee, Alabama*

## Construcción del Aeródromo de Tuskegee

La fotografía aérea superior muestra el emplazamiento original donde se construyó el Aeródromo del Ejército de Tuskegee. Este aeródromo se convirtió en el centro de entrenamiento de los "Aviadores Originales de Tuskegee", quienes se formaron como pilotos y participaron en la Segunda Guerra Mundial. Posteriormente, este aeródromo pasó a llamarse Aeródromo del Ejército de Tuskegee, en Tuskegee, Alabama. Por supuesto, estas instalaciones se convirtieron en uno de los principales lugares de entrenamiento de los cadetes afroamericanos, conocidos posteriormente como los Aviadores de Tuskegee. La fotografía inferior muestra la ceremonia de colocación de la primera piedra y a los comandantes blancos del Aeródromo del Ejército de Tuskegee, quienes proporcionaron la formación inicial y el liderazgo, no solo para la construcción del aeródromo, sino también para el entrenamiento de los "Pilotos de Tuskegee". Como solían afirmar los pilotos de Tuskegee: "Estas instalaciones fueron la prueba de fuego para comprobar si los afroamericanos podían pilotar aviones. A pesar de algunos retrasos, la ceremonia de colocación de la primera piedra finalmente se llevó a cabo".

*Ceremonia de colocación de la primera piedra en el*
*Aeródromo de Tuskegee, Tuskegee, Alabama.*

# Inauguración del Aeródromo de Tuskegee

El principal problema que enfrentaban los hombres del Programa de Entrenamiento de Pilotos de Tuskegee era recibir una formación adecuada. La ausencia de oficiales negros de alto rango para entrenarlos preocupaba a los nuevos reclutas. Esto significaba que debían ser entrenados por oficiales blancos en los programas de entrenamiento de vuelo del Cuerpo Aéreo. De hecho, once oficiales blancos de alto rango fueron asignados para entrenar a los 429 reclutas y 47 oficiales como parte de esta primera Escuela Militar de Vuelo para Afroamericanos en el Instituto Tuskegee, Tuskegee, Alabama.

*Asistentes a la ceremonia de colocación de la primera piedra en Tuskegee, Alabama*

La fotografía anterior muestra a las personas que asistieron a la ceremonia de colocación de la primera piedra del Campo Aéreo del Ejército de Tuskegee en Tuskegee, Alabama. Cabe destacar que hubo fuertes protestas por parte de los blancos que vivían cerca de Tuskegee, Alabama. Para muchos blancos, este nuevo campo aéreo atraía una gran concentración de afroamericanos que vivirían en la base, así como en las comunidades cercanas.

## Primera Ceremonia de Graduación y Ascenso del Primer Capitán

El ejército se mostró sensible a la preocupación de los aviadores de Tuskegee, quienes impulsaron el ascenso del Capitán Benjamin O.

Davis, Jr., quien podía relacionarse de manera respetuosa y comprensiva con el personal alistado afroamericano. Además, el 7 de marzo de 1942, se celebró la primera ceremonia de graduación del 99th. Escuadrón de Caza y el Ejército ascendió al Capitán Benjamin O. Davis, Jr. a Teniente Coronel. Había demostrado su valía como persona capaz y competente, y dirigió el programa de entrenamiento de vuelo con distinción. Este ascenso fue aclamado como un paso positivo para demostrar a la comunidad afroamericana que sus reclutas eran talentosos y estaban cualificados. La información que sigue describe las difíciles circunstancias que vivió el personal durante la Experiencia de los Aviadores de Tuskegee, tal como se plasmó en el 99th. Escuadrón de Caza y el destacamento de la base aérea.

*Promoción de 1942 de los Aviadores de Tuskegee*

## Promoción de 1942 de los Aviadores de Tuskegee

Tras la graduación de la promoción en marzo de 1942, la fotografía muestra la euforia que reinaba cuando estos hombres afroamericanos obtuvieron sus alas de piloto. Esto representó el segundo paso para romper la barrera racial al ser aceptados en el Cuerpo Aéreo del Ejército y completar su entrenamiento como pilotos de caza. Así, las "Águilas Negras", como las llamaban los pilotos negros, se convirtieron en realidad cuando, el 24 de agosto de 1942, el teniente coronel Benjamin Davis Jr. asumió el mando del 99th. Escuadrón de Caza, poniendo fin al liderazgo exclusivo de oficiales blancos sobre dicho escuadrón. Esta transferencia de poder y liderazgo se llevó a cabo con pocos o ningún incidente. Este fue otro hito en la ruptura de la barrera racial en el ejército. El 15 de abril de 1943, la emoción se palpaba en el ambiente, pero no todo iba bien; La unidad segregada de pilotos negros, bajo el mando del teniente coronel Benjamin Davis, Jr., se dirigió a la zona de guerra en Europa. Cabe destacar que este escuadrón de pilotos de caza negros llegó al norte de África ese mismo mes y posteriormente sirvió en Europa.

## La reivindicación definitiva para la raza y los aviadores de Tuskegee

"El 99.º Escuadrón de Caza, que más tarde fue asignado al 332nd. Grupo de Caza, combatió en todo el Mediterráneo y en países europeos, convirtiéndose en pilotos respetados. Si hubiéramos fracasado, se habría cancelado el programa de entrenamiento de pilotos. Si los 187 soldados y los cinco cadetes hubieran fracasado, el Departamento de Guerra, los senadores escépticos y la nación entera nos habrían criticado duramente por ser incapaces de pilotar aviones. Habíamos demostrado que el gobierno y otros estaban equivocados". La reivindicación definitiva llegó el día en que el teniente Charles B. Hall se convirtió en el primer piloto negro en derribar un avión enemigo, el 21 de julio de 1943.

*Charles B. Hall*

El 21 de julio de 1943, mientras escoltaba un bombardero B-25 sobre Italia en su octava misión, el teniente Hall avistó dos Focke-Wulf (Fw 190) que se aproximaban tras el lanzamiento de sus bombas sobre el objetivo enemigo en el aeródromo de Castelvetrano, Sicilia, Italia.

Con gran rapidez, maniobró entre los bombarderos y los cazas enemigos, desviando a los Fw 190. Hall abrió fuego contra los Fw 190, logrando un impacto directo y derribando uno de los aviones. Esta extraordinaria hazaña de vuelo le valió el respeto de los pilotos blancos y de sus compañeros de escuadrón por su destreza y audacia. El teniente Charles B. Hall fue uno de los primeros pilotos de Tuskegee en recibir la Cruz de Vuelo Distinguido por ser el primer piloto negro en derribar un avión alemán. Este logro representó el tercer paso para romper los arraigados prejuicios y estereotipos existentes en la Fuerza Aérea del Ejército y en las fuerzas armadas en general. Como relató el teniente coronel Hiram E.

Mann: "Convencimos a todo el mundo, y por lo tanto, se puede ver que el fracaso de esta experiencia de vuelo habría tenido consecuencias de gran alcance para la lucha por la justicia igualitaria para los afroamericanos (negros)".

Es evidente que, al examinar la lucha por la igualdad y la libertad de discriminación que sufren los afroamericanos, el éxito de la experiencia de los aviadores de Tuskegee envió un mensaje claro a la sociedad blanca y a la estructura de poder blanca en el ejército: no puede haber ninguna razón racional para discriminar a los pilotos y soldados afroamericanos. Tuvieron muchas misiones exitosas protegiendo a los bombarderos. El mito de que los afroamericanos no pueden volar quedó demostrado como insostenible. Como dijo el teniente coronel Hiram E. Mann: "No perdimos ningún bombardero que escoltáramos a aviones enemigos. Éramos demasiado buenos para el enemigo. Estábamos muy bien preparados como pilotos de caza". Estas palabras representan la esencia del carácter de los aviadores de Tuskegee, quienes tenían un verdadero sentido de propósito, una vívida determinación de triunfar, junto con un profundo sentido de valentía en el cumplimiento de su deber militar.

¿Cuál era la diferencia entre el 99.º Escuadrón de Caza y el 332nd. Grupo de Caza? En agosto de 1943, el teniente coronel Benjamin O. Davis Jr. partió del 99th. Escuadrón de Caza para asumir el mando del recién formado 332.º Grupo de Caza. Esta unidad, compuesta exclusivamente por pilotos y militares afroamericanos, provenía de los escuadrones de caza 99th., 100th., 301st. y 302nd., que conformaron el 332nd. Grupo de Caza. El teniente coronel Hiram E. Mann afirmó que el 332nd. Grupo de Caza se formó gracias a la excelente destreza de vuelo del 99th. Escuadrón de Caza, que demostró que los pilotos afroamericanos podían volar bien. Muchos soldados afroamericanos fueron enviados a la Base Aérea de Selfridge, en Michigan, mientras que otros fueron destinados a la Base Aérea de Tuskegee, en Tuskegee, Alabama. "Teníamos que desempeñar diferentes funciones porque éramos muy pocos;

sin embargo, en 1943 comenzaron a permitir que se entrenara a más cadetes". Este impulso para incorporar más pilotos negros dio como resultado la formación del 332nd. Grupo de Caza. "Creo que el Ejército de los Estados Unidos comenzó a aceptar a más personas negras en el 99.th. Escuadrón de Caza de la Experiencia de los Aviadores de Tuskegee. Demostraron que podían volar y operar en el aeródromo con la misma eficiencia que sus compañeros pilotos blancos y personal de apoyo en tierra".

*Teniente Hiram E. Mann con uniforme de vuelo.*

Según el teniente coronel retirado Hiram E. Mann: «Este era un día típico en el Teatro Europeo mientras estábamos destinados en Ramitelli, Italia, en 1945. La expresión de mi rostro no refleja preocupación, sino la intensidad y la reflexión sobre cada misión de vuelo y los numerosos detalles que debía recordar sobre los objetivos y el terreno enemigo».

# Reflexiones sobre la formación del 332nd. Grupo de Caza

Es importante reflexionar sobre la formación del 332 **nd**. Grupo de Caza, que se activó el 13 de octubre de 1942 en el aeródromo de Tuskegee, Tuskegee, Alabama, de acuerdo con una carta de la Oficina del Ayudante General en Washington, D.C. El teniente coronel Hiram E. Mann declaró: «El 332nd. Grupo de Caza estaba compuesto por el 100th. Escuadrón de Caza, el 301st. Escuadrón de Caza y el 302nd. Escuadrón de Caza. Para asegurar que el 332nd. contara con su dotación completa, se incorporó personal adicional del 318th. Escuadrón de Base Aérea de Tuskegee, Alabama, y del 8th. Escuadrón de Aviación de McDill Field, Tampa, Florida. El 19 de octubre de 1942, el 332nd. Grupo de Caza quedó plenamente constituido y se convirtió en el segundo "Grupo de Caza Afroamericano" oficial, después del 99th. Escuadrón de Persecución, que se organizó y activó el 21 de marzo de 1941. El 99th. Escuadrón de Persecución operó como unidad independiente hasta el 29 de junio de 1944, fecha en la que se transfirió, se fusionó y se integró completamente en el 332nd. Grupo de Caza. El 30 de noviembre de 1942, el teniente coronel Sam Westbrook fue nombrado comandante.» Al mando del 332nd. Grupo de Caza, el número de personal alistado alcanzó los 948 efectivos. Así, el 27 de marzo de 1943, el 332nd. Grupo de Caza partió del Campo Aéreo del Ejército de Tuskegee hacia su nueva base en Selfridge Field, Michigan. Tras establecerse completamente en Selfridge Field, aproximadamente un mes después, el 13 de abril de 1943, el 100th. Escuadrón de Caza y el 301st. fueron trasladados a Oscoda, Michigan. El coronel Robert R. Selway sucedió al teniente coronel Sam Westbrook como comandante.[34]

---

[34]   George, p.41

Durante estos cambios, el 332$^{nd}$. Grupo de Caza continuó su entrenamiento intensivo de combate en previsión de su envío al extranjero para misiones de combate en la Segunda Guerra Mundial. En el punto álgido de este entrenamiento, se tomó la crucial decisión de reemplazar a los oficiales blancos con el primer oficial negro, el coronel Benjamin O. Davis, Jr., quien asumió el mando del 332$^{nd}$. Grupo de Caza el 7 de octubre de 1943. El grupo pudo beneficiarse de la experiencia en el extranjero que el coronel Benjamin O. Davis, Jr. tenía con el 99$^{th}$. Escuadrón de Caza, que estaba combatiendo en el extranjero desde el 2 de abril de 1943, como parte de la 12.ª Fuerza Aérea en el Teatro de Operaciones del Mediterráneo.

El 3 de enero de 1944, durante una ola de frío intenso, el 332$^{nd}$. Grupo de Caza partió de Estados Unidos rumbo a Europa. "Recuerdo el 29 de enero de 1944, cuando el primer barco que transportaba a los pilotos de Tuskegee y demás personal, junto conmigo, llegó a Tarento, Italia. Ese mismo día presencié el primer campamento con otro personal durante la Segunda Guerra Mundial.

Estar en la zona de combate fue una alegría para todos nosotros, que nos habíamos entrenado arduamente para desempeñarnos bien como pilotos de caza y demás personal de apoyo. Sí, extrañábamos nuestro hogar, pero no había tiempo para pensar en eso; teníamos que ponernos manos a la obra para prepararnos para las sesiones informativas y demás requisitos para el combate, dondequiera que nos enviaran los oficiales al mando".

*Pilotos de Tuskegee en el aeródromo militar de Walterboro. De izquierda a derecha: Rupert Johnson, Robert Murdic, Hiram Mann, George Lynch y Lincoln Hudson.*

"Esta foto es importante para mí", dijo el teniente coronel Mann, "ya que aparezco en el centro, flanqueado por dos pilotos de caza a mi derecha e izquierda. Este fue uno de los muchos momentos en que comprendí que mi supervivencia, mi eficacia y mis logros como piloto estaban intrínsecamente ligados a la valía, la experiencia y la eficiencia mutua de mis compañeros pilotos. Sabía que mi éxito dependía de la confianza y la fiabilidad de la experiencia y las relaciones que mantenía con mis compañeros pilotos y el personal de tierra».

## Historial de combate distinguido de los "Aviadores de Tuskegee"

El análisis de los pilotos de Tuskegee estaría incompleto sin una documentación detallada de su historial de combate durante la Segunda Guerra Mundial. Si bien existen numerosas cifras y relatos disponibles, los proporcionados por Charles E. Francis (1988) constituyen la mejor documentación de los logros de los pilotos negros de Tuskegee.[35]. Los registros de Francis (1988) son generalmente aceptados, según mi entrevista con doce miembros del personal de Tuskegee Air que participaron en la Experiencia de Vuelo de Tuskegee. Las aeronaves utilizadas en combate fueron P-39, P-40, P-47 y P-51. Cabe destacar que estos aviones eran muy eficientes y fiables para realizar maniobras en territorio enemigo. (Black Knights de Homan y Reilly, 1997).[36] Como dijo el teniente coronel Hiram Mann, "La razón del logro, si bien espectacular, no debe quedar eclipsada por el hecho crucial de que los "Pilotos Originales de Tuskegee" fueron bien entrenados por los mejores instructores que a menudo nos decían que estábamos bien preparados con largas horas de vuelo. El resto del proceso es una ejecución basada en la eficiencia, siguiendo los procedimientos establecidos que enfrentábamos en ese momento en Europa y utilizando las habilidades que Dios nos dio para ganar las batallas contra el enemigo que enfrentábamos en ese momento en Europa" (Charles Frances, 1988). El historial de combate que sigue es una evidencia clara y convincente de las extraordinarias habilidades de vuelo y experiencia de combate que los "Red Tails" demostraron en el campo de batalla a miles de millas de sus hogares en los Estados Unidos de América.

---

[35]    Charles E. Francis, The Tuskegee Airmen, (1988)

[36]    Homan and Reilly, Black Knights, (1997)

## HISTORIAL DE COMBATE DE LOS AVIADORES NEGROS (9 de junio de 1945) *

| | Destroyed | Damaged | Total |
|---|---|---|---|
| Aircraft Aerial | 111 | 25 | 136 |
| Aircraft (ground) | 150 | 123 | 273 |
| Barges and Boats | 16 | 24 | 40 |
| Boxcars and Other Rolling Stock | 58 | 561 | 619 |
| Building & Factories | 0 | 23 | 23 |
| Gun Emplacements | 3 | 0 | 3 |
| Destroyers | 1 | 0 | 1 |
| Horse drawn Vehicles | 15 | 100 | 115 |
| Motor transports | 6 | 81 | 87 |
| Power Transformers | 3 | 2 | 5 |
| Locomotives | 57 | 69 | 126 |
| Radar Installations | 1 | 8 | 9 |
| Tanks to flat cars | 0 | 7 | 7 |
| Oil & ammunitions Damps | 2 | 0 | 2 |
| **Total** | 423 | 1023 | 1446 |

El gráfico anterior muestra una pequeña muestra de los logros de los pilotos de Tuskegee. Los pilotos de Tuskegee destruyeron o dañaron más de 1446 objetivos militares.

## OTROS LOGROS*

| | | |
|---|---|---|
| Total Missions | 12th Air Force | 1,267 |
| Total Missions | 15th Air Force | 311 |
| Total Sorties | 12th Air Force | 6,381 |
| Total Sorties | 15th Air Force | 9,152 |
| Grand Total Missions | | 1,578 |
| Grand Total Sorties | | 15,533 |
| Total number of pilots sent overseas | | 450 |
| Total number of pilots graduated at Tuskegee | | 992 |

Estos otros logros indican que los aviadores de Tuskegee participaron activamente en la Segunda Guerra Mundial y lucharon contra los alemanes y otros enemigos. Los datos también sugieren que los aviadores de Tuskegee combatieron en diversos frentes de la guerra en Europa durante la Segunda Guerra Mundial. Las condecoraciones que se muestran en la tabla a continuación demuestran que los aviadores de Tuskegee, también conocidos como los "Red Tails", fueron una unidad aérea muy condecorada, con la Legión al Mérito, la Estrella de Plata, la Medalla del Soldado, al menos 8 Corazones Púrpura, 95 Cruces de Vuelo Distinguido, 14 Medallas de Bronce y 744 Medallas y Condecoraciones Aéreas.

## PREMIOS*

| | |
|---|---|
| Legion of Merit | 1 |
| Silver Star | 1 |
| Soldier Medal | 2 |
| Purple Heart | 8 |
| Distinguished Flying Cross | 95 |
| Bronze Medal | 14 |
| Air Medals and Clusters | 744 |

*(Número de Cruces de Vuelo Distinguido y otras medallas otorgadas a pilotos negros, según Charles E. Francis, Los Aviadores de Tuskegee, 1988)[37]

Las cifras anteriores demuestran por qué las Fuerzas Armadas de Estados Unidos no tuvieron más remedio que integrarse. Romper la barrera racial en el ejército fue un proceso lento, pero el éxito de los Aviadores de Tuskegee impulsó la iniciativa "Camino al Marrón" en 1954 y las marchas por los derechos civiles de las décadas de 1950

---

[37]    Francis, (1988)

y 1960. El nombramiento de Colin Powell como Jefe de Estado Mayor de las Fuerzas Armadas de Estados Unidos representó una reivindicación definitiva para las personas de ascendencia africana en el país. Al igual que los pilotos y el personal de Tuskegee, había demostrado ser capaz, competente y un ferviente defensor de la bandera de los Estados Unidos de América.

## Mención Especial del 332.º Grupo de Caza

Esta mención especial, otorgada por el Cuartel General de la Decimoquinta Fuerza Aérea del Ejército de los Estados Unidos, data del 9 de agosto de 1945. El texto que sigue describe la importancia y el alcance del reconocimiento al 332.º Grupo de Caza, integrado por los pilotos originales de los Aviadores de Tuskegee de la Segunda Guerra Mundial.

<u>**RESTRICTED**</u>

hEADQUARTERS FIFTEENTH AIR FORCE
APO  520                        US ARMY

     ˉˉꞌCERS )                                      9 August 1945

NUMBER     3674

CITATION OF UNIT

     Under the provisions of Circular No. 333, War Department, 1943
and Circular No. 73, MPO, 12 May 1945, the following unit is cited for
outstanding performance of duty in armed conflict with the enemy.

     <u>332<sup>ND</sup> FIGHTER GROUP</u>. For outstanding performance of duty in armed
conflict with the enemy.  On 23 March 1945, the group was assigned the
mission of escorting heavy bombardment type aircraft attacking the
vital Daimler-Banz Tank Assembly Plant at Berlin, Germany.  Realizing
the strategic importance of the and fully cognizant of the amount of
enemy resistance to be expected and the long range to be covered, the
ground crews worked tirelessly and with enthusiasm to have their
aircraft at the peak of mechanical condition to insure the success of
the operation.  On 24 March 1945, fifty-nine (59) P-51 type aircraft
were airborne and set course for the rendezvous with the bomber
formation.  Through superior navigation and maintenance of strict
flight discipline the group formation reached the bomber formation at
the designated time and place.  Nearing the target, approximately
twenty-five (25) enemy aircraft were encountered which included
ME-262's, which launched relentless attacks in a desperate effort to
break up and destroy the bomber formation.  Displaying outstanding
courage, aggressiveness and combat technique, the group immediately
engaged the enemy formation in aerial combat.  In the ensuing
engagement that continued over the target area, the gallant pilots of
the 332nd Fighter Group battled against the enemy fighters to pervent
the break up of the bomber formation and thus jeopardizing the
successul completion of this vitally important mission.  Through their
superior skill and determination, the group destroyed three (3) enemy
aircraft, probably destroyed three (3)and damaged three (3).  Among
their claims were eight (8) of the highly rated enemy jet propelled
aircraft with no losses sustained by the 332nd Fighter Group.  Leaving
the target area and enroute to base after completion of the primary
task, aircraft of the group conducted strafing attacks against enemy
ground installations and transportation with outstanding success.  By
the conspicuous gallantry, professional skill and determination of the
pilots, together with the technical skill and devotion to duty of the
ground personnel, the 332nd Fighter Group has reflected great credit
upon itself and the Armed Forces of the United States of America.

La Mención Presidencial a la Unidad, otorgada por el Departamento de Guerra el 8 de agosto de 1945, fue de suma importancia, ya que pretendía ser un reconocimiento especial para todo el 332.º Grupo de Caza, que se distinguió como un grupo de pilotos de caza excepcionales durante la Segunda Guerra Mundial. Esta mención, si bien fue especial para el 332.º Grupo de Caza, también fue importante para la nación, pues destacó las contribuciones de otros afroamericanos que sirvieron en otras ramas de las fuerzas armadas de los Estados Unidos de América.[38]

## Orden Ejecutiva del Presidente Truman

La Experiencia de los Aviadores de Tuskegee proporcionó evidencia que expuso la profunda huella del racismo en los Estados Unidos. Representó la prueba contundente de que, para los hombres y mujeres negros, servir y defender la bandera no era suficiente para obtener igualdad de trato y protección en el ejército y en su ciudad natal. A pesar de la discriminación manifiesta en una sociedad impregnada de racismo institucional, los Aviadores de Tuskegee y otros militares que participaron en la Experiencia encontraron la manera de marcar la diferencia en sus vidas, mientras defendían a los Estados Unidos de América. Como dijo el teniente coronel Hiram Mann: "Comprendimos que el fracaso no era una opción; trabajamos arduamente ayudándonos mutuamente y seguimos luchando cada día por la igualdad de trato como personal militar alistado". Los logros de los aviadores de Tuskegee se produjeron en un momento crucial de la historia de Estados Unidos. Fue uno de los muchos esfuerzos demostrativos de los afroamericanos en las fuerzas armadas, lo que llevó al presidente Truman en 1948 a declarar que las fuerzas armadas debían integrarse. El presidente Truman afirmó:

---

[38]    A. Russell Buchanan (1977) p.13

"Ninguna persona que sirva en las fuerzas armadas debe ser discriminada por su raza u origen nacional". Así, vemos el primer gran impulso institucional a favor de la igualdad en las fuerzas armadas de Estados Unidos.

La Orden Ejecutiva 9981 del presidente Truman sentó las bases para cambios más profundos en los derechos civiles de los afroamericanos en otras áreas e instituciones de Estados Unidos. Como dijo el teniente coronel Benjamin O. Davis Jr.: "Las contribuciones de los aviadores de Tuskegee están empezando a influir en la población general de este país para que comprenda cómo revolucionaron las operaciones y las relaciones militares". La orden de Truman prohibía la discriminación contra los afroamericanos y otros grupos basada únicamente en la raza y el origen étnico.

"Los aviadores de Tuskegee fueron especiales porque sabían luchar por ser estadounidenses. Sabían lo que significaba luchar para ser tratados con dignidad y con las mismas capacidades que quienes eran conocidos por pilotar aviones. Los aviadores de Tuskegee son la personificación del sueño americano. Sus sueños infantiles de volar se transformaron en héroes de guerra estadounidenses, lo que cambió la historia mundial."

Como Mann solía decir: "Los logros de los aviadores de Tuskegee no son simplemente logros de afroamericanos que merecen ser mencionados en notas a pie de página de la historia afroamericana. De hecho, estos logros son parte integral de la historia militar estadounidense, la historia de Estados Unidos y la historia mundial". Al narrar la historia de los logros de los aviadores de Tuskegee, se garantiza que la historia y las contribuciones de todos los estadounidenses se incluyan en los libros de historia, incluido el análisis de la Segunda Guerra Mundial. Esta inclusión de las contribuciones de los aviadores de Tuskegee asegurará que la historia no sea fragmentada, sino que, por el contrario, incluya relatos y eventos que sean verídicos e históricamente precisos en todo momento. El punto clave de controversia radica en la idea fundamental de que la historia afroamericana es historia estadounidense. Por lo tanto, la inclusión de los logros de los aviadores de Tuskegee en la Segunda Guerra Mundial también forma parte de la historia de los Estados Unidos de América en la década de 1940 y durante la Segunda Guerra Mundial.

# CAPÍTULO VI

## La vida del teniente coronel retirado Hiram E. Mann antes y después de su servicio militar

### El sueño de servir en el ejército

AUNQUE LA VIDA MILITAR NO siempre fue fácil para el teniente coronel retirado Mann, su elección fue voluntaria. Como se narra en este libro, el teniente coronel retirado Mann tenía varias opciones en la vida, pero decidió unirse al ejército para poder volar por su país en medio de la Segunda Guerra Mundial y los terribles conflictos en Europa. El teniente coronel Mann comentó: "Cuando Hitler se apoderaba de varias partes de Europa, no quería que viniera a Estados Unidos". Añadió: "No podía imaginar que mi esposa, mi madre o mi abuela quisieran que me uniera al ejército". Además, "estaba convencido de que no quería estar en tierra como soldado de infantería, ni tampoco quería ser marinero. Recuerdo haber tenido numerosas discusiones con mi esposa, quien se oponía a que volara, y déjenme decirles que sus objeciones eran muy fuertes. Tenía que seguir mi instinto y perseguir el sueño que tenía desde niño: pilotar un avión. Al recordar aquellos días difíciles y cruciales de mi vida, me debatía entre mi decisión y la de mi futuro. Como en aquel entonces no existía el servicio militar obligatorio, significaba que me ofrecía como voluntario. Estaba convencido de que la mejor manera de servir a mi país era unirme al programa de entrenamiento de pilotos del ejército". Cómo afrontar el rechazo Para llevar a cabo mi decisión, investigué, encontré la dirección adecuada y escribí una carta al Departamento de Guerra solicitando información sobre cómo podía ingresar al programa de entrenamiento de vuelo militar. Estaba muy emocionado por recibir una respuesta del Departamento de Guerra. Sin embargo, no imaginaba que las noticias no serían buenas. Abrí el sobre de inmediato y, tras leer unas pocas líneas, me di cuenta de que era una carta de rechazo. La carta decía, y cito: *"No existían instalaciones para entrenar a personas negras como pilotos en ninguna rama de las fuerzas armadas".*

Lo cierto es que, antes de que comenzara la guerra a principios de 1941, no existían centros militares para el entrenamiento de los soldados negros que deseaban convertirse en pilotos. Como dijo el teniente coronel retirado Hiram Mann: "Estaba enfadado, decepcionado y preocupado por qué hacer, así que lo primero que hice fue arrugar la carta y tirarla. Pasaron algunos meses y, hablando con unos amigos, me enteré de que se iba a crear un programa de entrenamiento especial para preparar a los afroamericanos para volar en el Instituto Tuskegee, en Tuskegee, Alabama. Tras investigar, pude confirmar que se establecería dicho programa para entrenar a personas negras en aviación (para demostrar que las personas negras no podían volar)". Me alegré mucho con la noticia y decidí presentar mi solicitud por segunda vez. Tras recibir la primera carta de rechazo, no me di cuenta de que uno de los requisitos era ser graduado universitario. En ese momento solo tenía el diploma de bachillerato. Así que revisé los requisitos originales y confirmé que, además de rechazarme, la carta también decía: *"Para ingresar a un programa de entrenamiento de vuelo, se debe haber completado un mínimo de dos años de universidad y ser soltero"*. Estaba desconcertado y tuve una larga conversación con mi familia y otros miembros de la comunidad. Para mi sorpresa, ellos también coincidieron en que quizás una de las razones de mi rechazo era que estaba casado y no era graduado universitario. Con el avance de la guerra, eliminaron las dos restricciones clave: 1) El solicitante debía haber completado un mínimo de dos años de universidad, y 2) Ser soltero. Para mí, el mayor obstáculo era que cualquiera que superara el riguroso examen físico y mental podía ingresar al programa. Estaba convencido de que podía superar las exigentes pruebas físicas, mentales y de inteligencia que requerían. para ingresar a la escuela de entrenamiento de pilotos del Instituto Tuskegee. Luego volví a presentar mi solicitud y esta vez fue aceptada para la escuela de entrenamiento de vuelo del Instituto Tuskegee, en Tuskegee, Alabama.

## Ingreso al Ejército

"Mi solicitud fue recibida y, dieciocho meses después, me ordenaron presentarme para jurar lealtad al Cuerpo Aéreo del Ejército de los Estados Unidos. El procedimiento para los afroamericanos era diferente al de los blancos, ya que muchos de ellos ingresaban directamente al servicio en una o dos semanas. Los afroamericanos juramentaban y eran asignados al Cuerpo de Reserva de Soldados Alistados del Ejército. Mi servicio militar comenzó el 14 de diciembre de 1942. No entré en servicio activo hasta el 22 de marzo de 1943."

## Primeros años de Hiram E. Mann

Entonces, cabe preguntarse: ¿Quién era Hiram E. Mann antes de su carrera militar? Hiram Eugene Mann nació el 23 de mayo de 1921 en la ciudad de Nueva York y se crio en Cleveland, Ohio. "Nací durante la Gran Depresión y fui hijo único de Carrie Ann Matthews Mann y John Wesley Mann. Mi padre murió en 1931, cuando yo tenía solo 9 años. Por lo tanto, fui criado por una madre soltera cristiana y devota. Mi madre trabajó en varios empleos para mantenernos, incluyendo empleada doméstica, obrera en una fábrica de cajas y cualquier otro trabajo humilde. Esta realidad económica llevó a mi madre a alquilar una habitación con cocina, ya que no podíamos permitirnos un apartamento más grande ni una casa. Como mis padres me contaban a menudo, dejamos Athens, Alabama, para escapar de la opresión y la dominación del sur en busca de una mejor vida económica, de igualdad y dignidad. Cuando tenía solo dos años, mis padres se mudaron a Cleveland, Ohio, para estar cerca de otros amigos. Comencé el jardín de infancia en 1926 en la escuela primaria Bolton y más tarde asistí a las escuelas secundarias Fairmont y Rawlings. Un punto de inflexión crucial en mi vida fue cuando comencé a tomar lecciones de trompeta durante el octavo grado en la escuela secundaria Rawlings. Este amor por la música y por tocar instrumentos me valió el puesto de primer trompetista. En la banda y la orquesta de la escuela. Toqué la trompeta en la banda de jazz (de baile) de Adolph Brandon durante mi último año de instituto. Lamentablemente, tuve que dejar la banda porque en 1939 conseguí un trabajo de botones en el Hotel Cleveland. Estaba muy contento Cuando mi consejero escolar me dijo que podría graduarme medio año antes que mi clase, la realidad de graduarme de la Escuela Secundaria Central llegó en enero de 1939.

"Continué trabajando como botones en el Hotel Cleveland en febrero de 1939. El sueldo neto en ese entonces era de $3.86 por semana (y se me retenían 4 centavos [1%] para la seguridad social). Estaba feliz de trabajar y ayudar a mi madre y a mí mismo, ya que contemplaba la posibilidad de ir a la universidad en el futuro. Pero fue ese mismo año, 1939, cuando mi madre se casó con mi padrastro, cuyo nombre era James Blanton Simmons. Esta boda tuvo lugar solo unos meses antes de que me fuera de casa para asistir al Philander Smith College en Little Rock, Arkansas.

"Renuncié al trabajo de botones en Cleveland, Ohio, para ir a la universidad en el Philander Smith College en Little Rock, Arkansas. Logré completar mi primer año en Philander Smith College, pero mis calificaciones no fueron de mi agrado. Una de las razones fue que esta fue mi primera experiencia de verdadera libertad, de estar solo y lejos de casa. Mi mejor amigo del instituto, Thomas Reese, me lo recordó, quien indirectamente influyó en que yo fuera al Philander Smith College. Él era un año mayor que yo. Se graduó en Central High en 1938, un año antes que yo, y asistió al Philander Smith College. Una de las razones fue que su primo era el marqués Lafayette Harris, presidente del Philander Smith College. Así, gracias a su insistencia, solicité y obtuve una beca de permiso de trabajo. Tras un tiempo allí, ascendí al puesto de ayudante de un profesor de francés. El profesor me comentó que había estudiado francés avanzado en el instituto de Cleveland. Me seleccionó para escribir y dirigir la obra de teatro de 1939/40 para las representaciones de primer año, "A Wedding in Swing", y la obra francesa "Le Medcin Malgre Lui" de Molière. También tuve la suerte de ser seleccionado para formar parte del Ohio Club de 1939/40. El Club de Ohio estaba integrado por siete miembros, entre profesores y estudiantes. Estas experiencias reforzaron mi interés por especializarme en lenguas romances.

## Mi relación con mi esposa, Kathadaza

Kathadaza Marie Henderson nació en Nueva Orleans. Se crió en Chicago, Illinois. En 1939, se trasladó al Philander Smith College como estudiante de tercer año, procedente del Chicago Junior College de Chicago, Illinois. Obtuvo una beca de trabajo y trabajó en la biblioteca de la universidad.

Nuestra relación comenzó como la de hermanos. Recuerda, yo no tenía hermanos. Así que, al principio, ella se convirtió en mi hermana. Escuchaba mis quejas sobre mi novia y mis dificultades con los estudios y el trabajo. No recuerdo las circunstancias exactas en que Kathadaza y yo dejamos de ser hermanos y pasamos a ser novios. Tras finalizar el curso escolar en mayo de 1940, Kathadaza regresó a Chicago y yo a Cleveland. Empecé a escribirle cada vez con más frecuencia, diciéndole con pasión cuánto la echaba de menos y que quería estar con ella el resto de nuestras vidas. Sus respuestas eran igualmente estimulantes y mostraban interés mutuo. En los tres meses entre mayo y septiembre, cuando se suponía que se reanudarían las clases, decidimos fugarnos en lugar de volver al Philander Smith College. Así pues, el 3 de septiembre de 1940, Kathadaza y yo nos casamos después de dos semestres de mi primer año. Este matrimonio no fue obligatorio. Fue un cuento de hadas al estilo de Romeo y Julieta, que aún perdura. Por supuesto, entre nuestros compañeros y amigos corrió el rumor de que nuestro matrimonio había sido precipitado. Sin embargo, con el tiempo, ese rumor resultó ser falso, ya que no teníamos hijos después de varios meses. De hecho, nuestro primer y único hijo no nació hasta 1949, nueve años después de casarnos.

La vida como pareja casada fue un desafío económico para nosotros. Volví a trabajar como botones para mantener a mi esposa y a mí hasta que me alisté en el ejército dos años después, en 1943. Cuando partí en 1944, Kathadaza regresó al Philander Smith

College y se graduó en mayo de 1945 con su licenciatura. No pude asistir a su graduación porque estaba destinado en Italia en plena Segunda Guerra Mundial. Después de graduarse, Kathadaza consiguió un trabajo como maestra en Cleveland, Ohio, y se incorporó al Sistema de Jubilación de Maestros del Estado de Ohio el 1 de agosto de 1974.

## El reclutamiento militar

Justo antes de que Estados Unidos entrara en la Segunda Guerra Mundial, el país comenzó a reclutar a hombres aptos para el servicio militar de entre 18 y 37 años para lo que se suponía que sería un único período de servicio activo, con el fin de establecer una fuerza militar de reserva como fuente inmediata para disuadir la agresión en sus costas. "No me reclutaron de inmediato porque estaba casado. Más tarde me ofrecí como voluntario para el entrenamiento de piloto para cumplir mi deseo de la infancia de volar aviones militares para mi país. Se pensaba que trabajar en las fábricas de defensa sería una causa para aplazar el reclutamiento. Por lo tanto, dejé el hotel para trabajar en American Steel and Wire, en la planta de coque, como obrero. No me gustaba palear cenizas de los hornos de coque y me fui a Wellman Bronze and Aluminum como cincelador. Desbastaba los bordes ásperos de las ruedas de aluminio recién fundidas de los aviones después de que las sacudían de sus moldes de arena. Realmente no me gustaba ese trabajo porque era demasiado sucio para mí. Recordé mi trabajo anterior, que requería que usara un uniforme de botones limpio y bien arreglado y una camisa blanca reluciente. Por lo tanto, solicité trabajo en diferentes hoteles. Aunque no pude recuperar mi trabajo en el Hotel Cleveland, sí tuve la oportunidad de trabajar en el Hotel Holland, una vez más, como botones. Luego, mientras trabajaba allí, finalmente hice la transición para participar en el Tuskegee Programa de entrenamiento de pilotos en la base aérea del ejército de Tuskegee. Así que dejé a mi familia y me dirigí a Tuskegee, Alabama.

"Después de ser dado de baja del servicio militar en 1947, regresé a la universidad gracias a la Ley de Reajuste para Veteranos (GI Bill), que me pagaba 90 dólares al mes. Asistí a la universidad a tiempo completo hasta que tuve que buscar un trabajo a tiempo completo en la Administración Pública Federal, en el Centro Financiero de la Administración de Veteranos, en el nivel más bajo de la escala salarial, entonces CAF 2 (la escala salarial federal cambió a Servicio General (GS) poco después de que comencé).

"Ocupé varios otros puestos a lo largo de los años, como auxiliar administrativo en la Administración de Veteranos, contable fiscal en la Oficina de Enlace de la Academia de la Fuerza Aérea, la Oficina de Estabilización de Precios y la Dirección de Armamento del Ejército, que más tarde se convirtió en la Agencia de Suministros de Defensa, GS 4 a GS 13, desde contable de propiedades hasta que obtuve un puesto como Analista Supervisor de Programas (Analista de Gestión). Cuando comencé a trabajar a tiempo completo, asistía a clases por la noche y logré mi objetivo de toda la vida, que incluía mi licenciatura en Fenn College en Cleveland, Ohio, en 1953. En 1957, después de mucho esfuerzo, obtuve mi maestría en la Universidad John Carroll, en Cleveland, Ohio.

Sin embargo, Puedo decir que mi sueño de recibir un doctorado se hizo realidad el 23 de febrero de 2006, cuando la Universidad de Tuskegee otorgó el título honorífico de Doctor en Administración Pública a los pilotos de combate de la Segunda Guerra Mundial, miembros de los famosos Aviadores de Tuskegee. Fue un día conmovedor para mi familia y para mí. Para mí, fue muy nostálgico recorrer el campus de la Universidad de Tuskegee e imaginar mi primera graduación en 1944 como cadete y piloto en el Programa de Entrenamiento de Pilotos del Instituto Tuskegee. Mi regreso a la Universidad de Tuskegee esta vez fue más feliz y gratificante al saber que yo y otros pilotos afroamericanos habíamos logrado volar; habíamos logrado completar la escuela de vuelo en los Estados Unidos de América. Al igual que todos los demás pilotos de Tuskegee, nos unimos a la Reserva del Cuerpo Aéreo del Ejército y tuvimos un desempeño admirable como pilotos de combate en varios frentes de Europa y el norte de África durante la Segunda Guerra Mundial.

# CAPÍTULO VII

## Experiencia militar del teniente coronel Hiram E. Mann

### Mi carta de aceptación en 1941

EL SUEÑO Y ANHELO PERSISTENTE de Hiram Mann era convertirse en piloto del Cuerpo Aéreo del Ejército. Sin embargo, el camino hacia el Instituto Tuskegee fue accidentado al principio. «En respuesta a los requisitos del entrenamiento de pilotos de Tuskegee, estaba decidido a presentar mi primera solicitud de alistamiento el 18 de junio de 1941. Experimenté la cruda realidad de un rechazo real cuando, el 19 de junio de 1941, el teniente primero W.L. Blum, oficial de personal del Cuerpo Aéreo, me escribió (véase el Apéndice II), a mí, el Sr. Hiram E. Mann, residente en 2484 E. 84th Street, Cleveland, Ohio, y me dijo:

*Hemos recibido su carta del 18 de junio de 1941 solicitando su ingreso en el 99.º Escuadrón de Caza. Lamentamos informarle que el cupo se ha cubierto hace tiempo. Sin embargo, conservaremos su solicitud en nuestros archivos y, en caso de que surja alguna vacante en el futuro, le avisaremos oportunamente.*

(Teniente primero W.L. Blum,
19 de junio de 1941)

Instituto Tuskegee,
Tuskegee, Alabama

Fue un momento de dolor y revés para mí y mi familia, quienes me apoyaron en mi solicitud para ingresar al programa de entrenamiento de pilotos. Después de hablar con mi esposa y mi familia, decidí que debía perseguir mi objetivo de ingresar al Programa de Entrenamiento de Pilotos de Tuskegee. Con este objetivo en mente, revisé cuidadosamente una vez más los requisitos del programa de entrenamiento de pilotos de Tuskegee, que indicaban:

## Requisitos para Pilotos

12 de mayo de 1941
División de Aeronáutica
Instituto Tuskegee, Tuskegee, Alabama

## Resumen

"El Instituto Tuskegee desea aceptar estudiantes de otras instituciones para personas negras que no cuenten con un Programa de Entrenamiento de Pilotos Civiles, con el fin de que la mayor cantidad posible de jóvenes pueda aprovechar esta oportunidad. Es posible que en su institución haya uno o dos estudiantes que deseen dedicarse a la aviación, y les extendemos una invitación para participar en nuestro curso privado de verano del Programa de Entrenamiento de Pilotos Civiles. El curso de verano comenzará aproximadamente el 15 de junio de 1941. Les invitamos a publicar este aviso y seleccionar hasta dos candidatos de entre sus estudiantes. El costo de manutención (alojamiento, comida y lavandería) en el Instituto Tuskegee será de aproximadamente $100.00 durante el curso. Los estudiantes que cumplan con los requisitos o estén preparados para recibir entrenamiento, y aquellos que sean aceptados, deberán presentarse para el entrenamiento aproximadamente el 15 de junio. Las solicitudes deben enviarse al Instituto Tuskegee a la atención de: G.L. Washington, Coordinador del CPT, Instituto Tuskegee, Alabama, a más tardar el 1 de junio de 1941.

Los requisitos que debía cumplir el solicitante incluían los siguientes:

## Requisitos

1. Quienes cumplan con los requisitos a continuación deberán presentarse primero ante el médico examinador de la C.A.A. más cercano para someterse a un examen físico y obtener el certificado de piloto estudiante de grado CPT. (Este examen tiene un costo de $5.00. Comuníquese con el Instituto Tuskegee, División de Aeronáutica, para obtener la ubicación del médico examinador más cercano y los formularios de solicitud, si es necesario).

2. Deben ser ciudadanos de los Estados Unidos.

3. Deben haber cumplido diecinueve años, pero no veintiséis, antes del 1 de julio de 1941.

4.  No deben poseer ni haber poseído un certificado de piloto privado o superior.

5.  Los solicitantes que aún sean estudiantes universitarios deben estar matriculados en un programa de grado en la institución participante y haber completado satisfactoriamente al menos un año académico completo en una institución acreditada y aceptable para la institución patrocinadora.

6.  Quienes ya no estén matriculados en la universidad deben haber completado satisfactoriamente al menos dos años académicos completos en una institución acreditada y aceptable para la institución participante. Los estudiantes que ingresen a la Institución Tuskegee y planeen cursar solo un período parcial o ningún horario de clases pueden acogerse a esta disposición.

7.  Deben cumplir con el requisito físico para la Certificación de Piloto Estudiante de Capitán Comercial (CPT). El grado es determinado por un médico examinador aeronáutico civil designado.

8.  Si son menores de 21 años, deben contar con el consentimiento por escrito de sus padres o tutor legal para realizar la capacitación.

9.  No deben haber sido excluidos del Programa de Entrenamiento de Pilotos Civiles por decisión de la junta asesora. (Política de Admisión de la Institución Tuskegee, mayo de 1941)

De hecho, los requisitos cinco y seis me parecían relevantes. Sin embargo, el requisito seis se ajustaba mucho mejor a mi perfil, ya que había completado dos años de universidad. Estaba preparado y cualificado. Por lo tanto, presenté otra solicitud al Programa de Entrenamiento de Pilotos de Tuskegee.

# Un día de alegría al ser aceptado en el Programa de Entrenamiento de Pilotos

El 7 de diciembre de 1942, recibió una carta del Mayor David C. Hale, que decía:

> *En relación con su solicitud de ingreso a la aviación, se le informa que ha sido considerado apto para la Escuela de Entrenamiento de Caza de la Escuela de Vuelo del Ejército en Tuskegee, Alabama. Su alistamiento en la Reserva de la Fuerza Aérea ha sido recomendado al Ayudante General en esta fecha, y su oficial de reclutamiento más cercano le indicará cuándo debe presentarse para dicho alistamiento. Espere al menos cinco días antes de consultar con el oficial de reclutamiento sobre su alistamiento... Posteriormente, la oficina del ayudante general solicitará las órdenes para su incorporación al servicio activo, su nombramiento como cadete de aviación y su asignación a una clase...*
>
> *Firmado:*
> *David C. Hale, Mayor del Cuerpo Aéreo del Ejército*
> *Jefe Adjunto, Sección de Cadetes de Aviación, División de Personal Militar, O.D.P.*

Así, las Fuerzas Aéreas del Ejército de los Estados Unidos me notificaron que había sido aceptado en la Escuela de Vuelo del Ejército, en el Aeródromo de Tuskegee, Alabama. De esta manera, mi sueño de toda la vida se cumplió al ser asignado al 99.º Escuadrón de Caza. Sin embargo, juré lealtad a la reserva el 14 de diciembre de 1942 en Cleveland, Ohio, para el Programa de Entrenamiento de Pilotos de Tuskegee. El 14 de diciembre de 1942, recibí la orden especial n.º 85 con mi asignación al 99.º Escuadrón de Caza en el Instituto Tuskegee, Alabama. Viajé en tren y llegué al Instituto Tuskegee el 16 de diciembre de 1942. Participé en el entrenamiento de pilotos en la Base Aérea de Tuskegee, lo que culminó con mi graduación en el 99.º Escuadrón de Caza el 18 de septiembre de 1943. Pero lo que recuerdo como importante es que la Junta se reunió el 22 de mayo de 1944, integrada por el Coronel: Noel F. Parrish 019992 AC; Presidente; Mayor Donald G. McPherson 0395259 AC; Mayor Gabe C. Hawkins 0376771 AC; Capitán Harold D. Martin 0904648 AC; Teniente Thomas J. Collins 0565072 AC; Teniente George E. Burton 0577036 AC; Secretario. Los miembros de esta junta recomendaron que yo era elegible para graduarme del Programa de Entrenamiento de Pilotos de Tuskegee en 1943, junto con una lista de otras personas.

## Lo que significó esta graduación

"Ver mi nombre entre el distinguido grupo de cadetes de aviación el 18 de septiembre de 1943 me llenó de orgullo y satisfacción. Me emocionó aún más recibir mis alas y mi primer nombramiento como subteniente del Cuerpo Aéreo del Ejército de los Estados Unidos, y ser designado oficial de vuelo del Cuerpo Aéreo del Ejército de los Estados Unidos de América. Además, me sentí muy feliz al recibir la designación de «piloto calificado», efectiva a partir de mi graduación, alrededor del 27 de junio de 1944."

## Promoción 44-F de pilotos de Tuskegee

La fotografía oficial de la promoción 44-F que aparece a continuación muestra a Hiram E. Mann sentado en la primera fila, de izquierda a derecha.

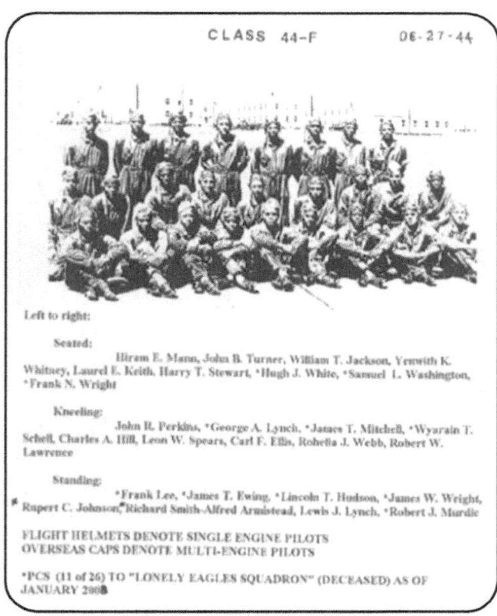


Left to right:

Seated:

Hiram E. Mann, John B. Turner, William T. Jackson, Yenwith K. Whitney, Laurel E. Keith, Harry T. Stewart, *Hugh J. White, *Samuel L. Washington, *Frank N. Wright

Kneeling:

John R. Perkins, *George A. Lynch, *James T. Mitchell, *Wysrain T. Schell, Charles A. Hill, Leon W. Spears, Carl F. Ellis, Rohelia J. Webb, Robert W. Lawrence

Standing:

*Frank Lee, *James T. Ewing, *Lincoln T. Hudson, *James W. Wright, Rupert C. Johnson, *Richard Smith-Alfred Armistead, Lewis J. Lynch, *Robert J. Murdic

FLIGHT HELMETS DENOTE SINGLE ENGINE PILOTS
OVERSEAS CAPS DENOTE MULTI-ENGINE PILOTS

*PCS (11 of 26) TO "LONELY EAGLES SQUADRON" (DECEASED) AS OF JANUARY 2008

# Órdenes para el Combate en el Extranjero

El 18 de septiembre de 1943, tras un intenso entrenamiento como piloto de caza, Hiram Eugene Mann AC 15134652 pasó de ser alumno graduado del Destacamento de Entrenamiento Universitario a ser cadete de aviación de la Clase SE-44-F. El 27 de junio de 1944, Mann fue ascendido a subteniente del Cuerpo Aéreo del Ejército de los Estados Unidos y obtuvo la calificación de piloto (véase el Certificado AAF Formulario no. 8). Esto significaba que el subteniente Hiram E. Mann podía ser desplegado en cualquier momento para combatir en el frente de la Segunda Guerra Mundial en Europa y el norte de África.

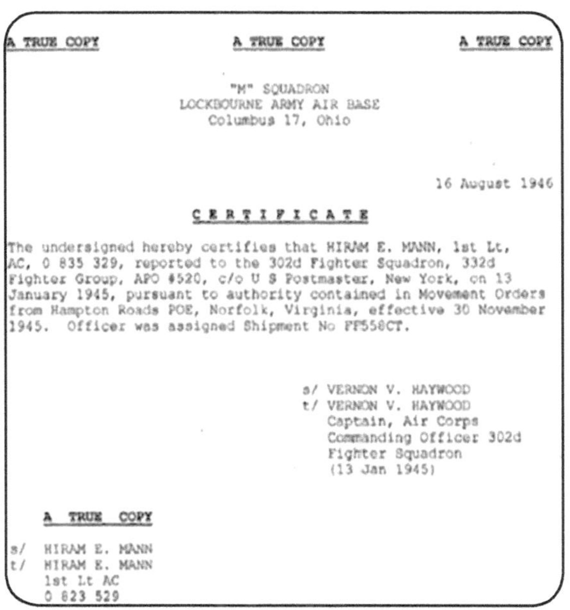



Esta es la evidencia de que el Teniente Hiram E. Mann, AC 0835329, se presentó en el 302.º Escuadrón de Caza, 332.º Grupo de Caza, APO no. 520. El 13 de enero, Vernon V. Haywood,

Comandante del 302.º Escuadrón de Caza, aprobó esta orden para su asignación en el extranjero. La carta anterior deja claro el significado y la esencia de la orden para convertirse en miembro activo del grupo de pilotos de caza en el extranjero.

## Un éxito de los "Red Tails": Ascenso a Capitán

Es fundamental comprender que el Teniente Hiram E. Mann estaba decidido a ascender en el escalafón militar. Convertirse en Capitán era importante, ya que demostraba sus habilidades de vuelo y su experiencia en combate. El Certificado de nombramiento como Capitán del Cuerpo Aéreo se muestra en el documento adjunto.

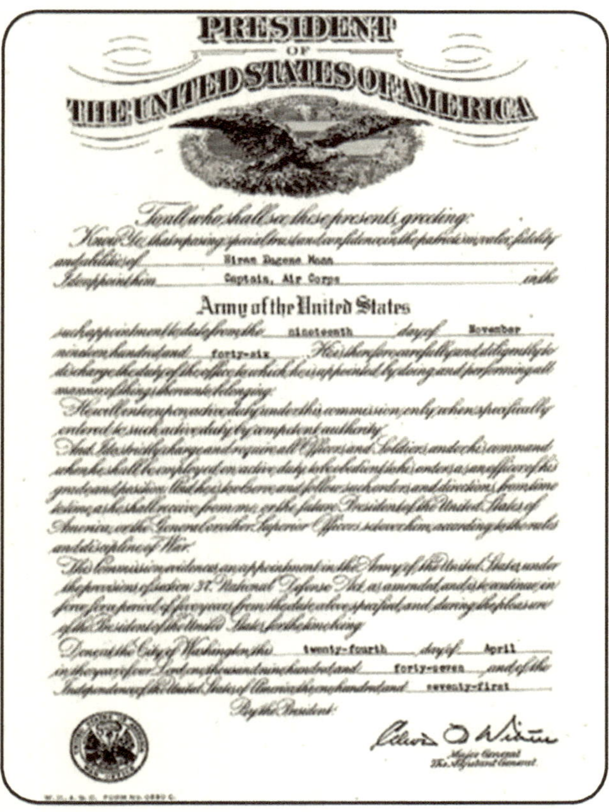

El 19 de noviembre de 1946, tuve el honor de ser ascendido a Capitán en el Cuerpo Aéreo del Ejército de los Estados Unidos (Párrafo 3, WD Cir IAQ, 1946). Este logro fue muy valioso y me inspiró a continuar mis estudios y a esforzarme al máximo como miembro del Cuerpo Aéreo del Ejército.

## Premio de las Fuerzas Aéreas del Ejército

Para obtener este premio, el Capitán Hiram E. Mann tuvo que demostrar su eficiencia y eficacia como piloto en el desempeño de todas sus funciones durante la guerra. La mención honorífica indica que era considerado un piloto y miembro del servicio eficiente en las Fuerzas Aéreas del Ejército de los Estados Unidos.

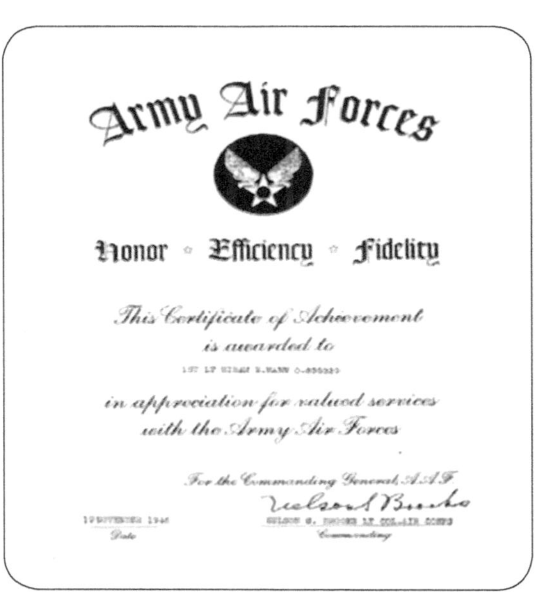


El 19 de noviembre de 1946, el Capitán Hiram E. Mann (0-835329) recibió el prestigioso premio "Honor of Efficiency of Fidelity Achievement Award" de las Fuerzas Aéreas del Ejército, en reconocimiento a sus valiosos servicios prestados en dichas fuerzas. Este premio premia el honor, la eficiencia y el servicio ejemplar como piloto y suboficial durante la Segunda Guerra Mundial.

## Certificado de Servicio

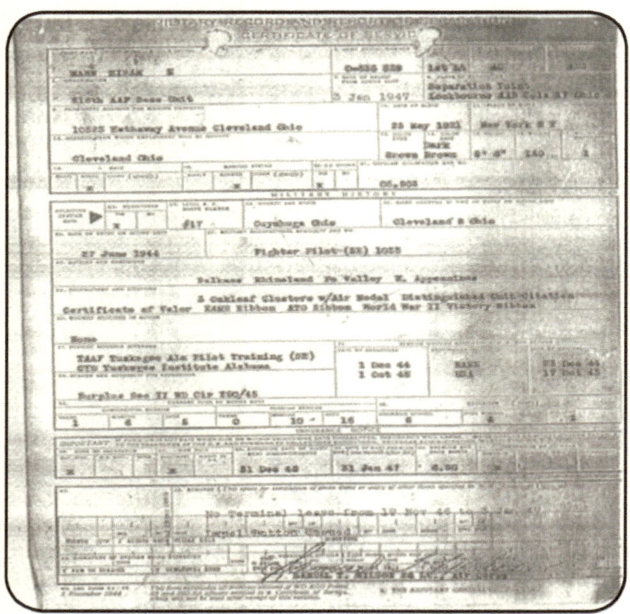

El Ejército de los Estados Unidos otorgó el 3 de enero de 1947 al Teniente Hiram Eugene Mann (0835329), perteneciente a la 318.ª Unidad Base de la Fuerza Aérea del Ejército, el «Certificado de Servicio por su honorable servicio activo en el Ejército de los Estados Unidos hasta el 27 de junio de 1947». Un examen minucioso de este certificado revela que el Teniente Coronel Hiram Eugene Mann fue condecorado con tres Hojas de Roble con la Medalla Aérea, un Certificado de Valor por Mención de Unidad Distinguida, la Cinta EAME, la Cinta ATO y la Cinta de la Victoria de la Segunda Guerra Mundial.

## Baja Honorable

El objetivo y deseo de todo miembro de la Experiencia de los Aviadores de Tuskegee era recibir una baja honorable. Por lo tanto, era esencial que, tras el intenso entrenamiento de pilotos y las peligrosas pero desafiantes experiencias de vuelo durante la Segunda Guerra Mundial, la baja fuera honorable. El Teniente Hiram E. Mann recibió una baja honorable el 3 de enero de 1947.

Tras haber servido con distinción desde el 27 de junio de 1944 hasta el 3 de enero de 1947, como afirmó el teniente coronel retirado Hiram Mann: "Este certificado de servicio en el Ejército de los Estados Unidos representa un triunfo sobre las dudas, la realización de un sueño de toda la vida de pilotar un avión y la materialización de mi especial deseo de ser piloto de combate en el Cuerpo Aéreo del Ejército de los Estados Unidos". Por lo tanto, graduarse de la Escuela de Vuelo de los Aviadores de Tuskegee en 1944 fue "un logro que me llenó de alegría y, a la vez, fue un momento sumamente gratificante para mi familia y mis compañeros pilotos, quienes me brindaron su apoyo".

## Aún con la pasión por lo militar

"Como muchos de los pilotos de los Aviadores de Tuskegee, servir en el Cuerpo de Oficiales de la Reserva del Ejército de los Estados Unidos era una prioridad para mí. Vi en esta oportunidad, como oficial de la reserva, la posibilidad de continuar con mi formación: pilotar aviones o enseñar a volar a jóvenes. Si bien no me preocupaba asumir la responsabilidad de un oficial del Cuerpo de la Reserva en las Fuerzas Armadas de los Estados Unidos, sí me inquietaba un poco la acogida que recibiría tanto de la tropa como de otros oficiales". Sin embargo, "debía perseguir mis aspiraciones profesionales, permanecer en el ejército y ascender al rango más alto que me fuera posible en aquel momento. Hay que tener en cuenta que era una época de continua lucha por los derechos civiles, donde aún existían numerosos focos de discriminación y segregación flagrantes en cada ciudad, condado y estado de los Estados Unidos. No me malinterpreten, el ejército estaba integrado, pero eso no significaba que fuera fácil para los afroamericanos ascender a puestos clave de gestión y liderazgo".

SQUADRON "K"
318TH AAF BASE UNIT (SEPARATE OR POINT)
LOCKBOURNE ARMY AIR BASE
COLUMBUS 17, OHIO                    18 November 1946

SUBJECT: Appointment under Section 37,          A. Captain Air Reserve
         National Defense Act, as amended

TO   Capt Eugene H Mann                          B. O-835 329
     10525 Hathaway Ave. Cleveland Ohio

1. The Secretary of War has directed me to inform you that by direction of the President, you are tendered appointment in the Officers' Reserve Corps Army of the United States, effective this date, in the grade and section shown after A above. Your serial number is shown after B above.

2. There is inclosed herewith a form for oath of office, which you are requested to execute and return promptly to the agency from which it was received by you. The execution and return of the required oath of office constitute an acceptance of your appointment. No other evidence of acceptance is required. Upon receipt in the War Department of the Oath of Office, properly executed, a commission evidencing your appointment will be sent to you.

3. Prompt action is requested since the regulations require cancellation of the tender of appointment if acceptance is not received within a reasonable time.

4. You will not perform the duties of an officer under this appointment until specifically so directed by competent orders.

5. Whenever your permanent address is changed, it is important that you notify all concerned, using the inclosed Personal Report form.

NELSON S BROOKS
Lt Colonel, Air Corps
Commanding

Inclosures:
  Form for Oath of Office
  Personal Report form.


  I certify that;
        Captain  Eugene H. Mann      O-835329   )
                   and                           )   Are one in the same.
        Captain  Hiram E. Mann       O-835329   )

                                         Hiram Eugene Mann
                                         O-835329
                                         Captain, Air Corps

Por lo tanto, el Capitán Mann, impulsado por un fervor patriótico por servir a su país, decidió reincorporarse a la Reserva Aérea y el 18 de noviembre de 1946 recibió su nombramiento. Este nombramiento como oficial de la Reserva en la Fuerza Aérea de los Estados Unidos fue crucial. Fue destinado al 318.º Escuadrón de la Unidad Base "K" de la Fuerza Aérea del Ejército en la Base Aérea Lockbourne, en Columbus, Ohio. "Al reflexionar sobre este nombramiento, observo que hubo un cambio significativo entre ser capitán en la Reserva Aérea del Ejército y ser capitán y oficial en la recién formada Fuerza Aérea de los Estados Unidos. Esta diferencia significó que, por primera vez, tenía un rango en una Fuerza

Aérea recién formada, en una era de integración militar. Sentí un profundo alivio al servir en una rama de las fuerzas armadas donde ya no existían, como antes, los cuarteles de oficiales exclusivos para blancos". Esta fotografía es importante porque el capitán Hiram E. Mann, al igual que otros militares, tuvo que compaginar su lealtad al servicio militar con sus compromisos con su esposa y su familia. Este reto era difícil en 1946, y aún más para los militares casados de los Estados Unidos de América.

En 1946, la Segunda Guerra Mundial terminó y todos los pilotos, blancos y negros, pudimos regresar a casa. La expresión positiva y afectuosa de mi esposa Kathadaza reflejaba su alegría por que Dios me hubiera salvado la vida a pesar de haber volado y combatido en la guerra en Europa. Aun así, me alisté como oficial de la reserva en la Fuerza Aérea de los Estados Unidos.

# Entrenamiento en la Escuela de Comando y Estado Mayor Aéreo

En 1956, el acceso a la Escuela de Comando y Estado Mayor Aéreo estaba limitado a un número reducido de personas. Por ello, me propuse hacer todo lo posible para que mi solicitud fuera aceptada por el ejército. Esta escuela formaba a oficiales militares de más de 24 países aliados.

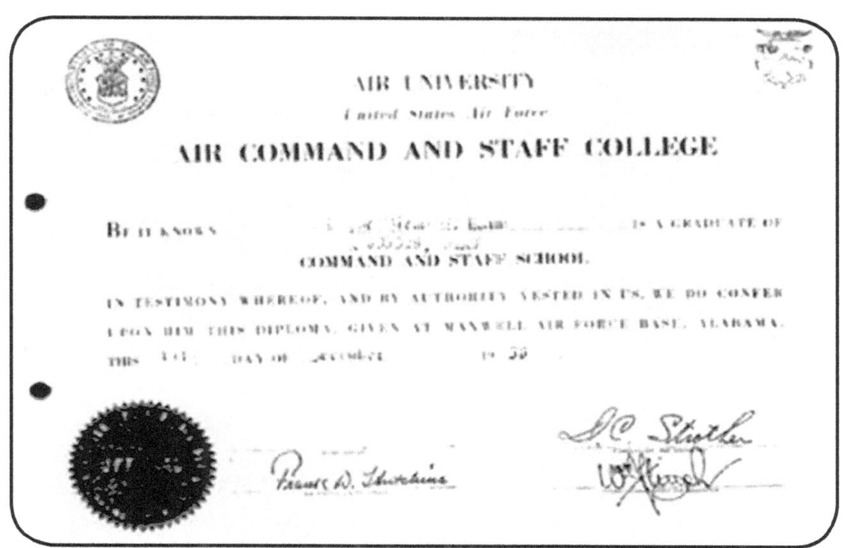

HEADQUARTERS
AIR COMMAND AND STAFF COLLEGE
Maxwell Air Force Base, Alabama

ACPD-PP                                                    12 March 1956

SUBJECT:  Reporting Instructions


TO:       Each Officer Scheduled to Attend Class 57,
          Command and Staff School


1.  Orders on officers scheduled to attend Class 57, Command and Staff School normally will direct them to report during the period 0800, 28 August 1956 to 1600, 31 August 1956. Authority has been delegated to this headquarters to establish the specific date and hour within this four day period that each officer will report for processing and duty.

2.  Processing must be programed carefully and controlled on a very strict schedule. During the period students are enrolling, peak workloads develop which could result in great inconveniences to the individual student officer. Deviations from the schedule for the convenience of an individual cannot be approved.

3.  You are scheduled to report to the Personnel and Processing Division, Room 278, Building 1401, at the time and date shown below:

<u>Reporting Time</u>                                  <u>Reporting Date</u>

1400                                                29 AUG 56

4.  It is requested that you bring the following items with you when you report for processing:

a.  At least <u>five copies of your orders</u> and all amendments reassigning you to the College. If you are arriving from overseas, also bring all orders and amendments issued in connection with your reassignment and travel from your permanent overseas station to the ZI.

b.  All <u>Field Personnel Records</u> which are in your possession. These include your Unit Personnel Records, Health Records, and Individual Flight Records (if on flying status).

c.  <u>Military Pay Record</u> (DD Form 113).

d.  Your copy of all UNCLASSIFIED <u>Air Force Manuals</u> in the 1-series (Air Doctrine) which by now should have been issued to you

Hq AC&SC ACPD-PP  Subject:  Reporting Instructions

through normal supply channels.  Authority for this distribution is in the Foreword of each manual and paragraph 6a (2), Air Force Regulation 5-22.

    c.  A copy of this letter.

    5.  Attached is your copy of our booklet titled "Student Orientation."  This booklet contains complete, detailed, current information and will provide answers to most of your questions concerning the Air Command and Staff College, Maxwell Air Force Base, and the city of Montgomery.

    6.  It is strongly requested that you have your personnel records, particularly Form 66, adjusted if necessary and brought up to date prior to departure from your present command.  Special attention should be given to the AFSCs listed in Item 24 of your Form 66.  While attending Command and Staff School you will be shown as performing duty in your primary AFSC as it is indicated on your Form 66 (paragraph 13c (2) (c), Chapter 4, Air Force Manual 36-1).  CLASSIFICATION ACTION CHANGING THE PRIMARY, AWARDING OR UPGRADING AN AFSC WILL NOT BE TAKEN WHILE YOU ARE ATTENDING COMMAND AND STAFF SCHOOL.  Therefore, the AFSCs you hold when you depart your present command will be the ones used in reporting you for reassignment upon graduation.

    7.  You will be "signed-in" for duty at this base when processed.  Do not sign-in on any other registers located at this base.

    FOR THE COMMANDANT:

1 Incl  
  Student Orientation Booklet

      H. H. GOURLEY  
      Lt Colonel, USAF  
      Director of Military Personnel

Con un ferviente deseo de perfeccionar sus habilidades militares y de vuelo, Hiram se matriculó en la Universidad del Aire de la Fuerza Aérea de los Estados Unidos, en la Escuela de Comando y Estado Mayor Aéreo, donde completó con éxito el entrenamiento VARTUS entre el 11 de enero de 1952 y el 14 de diciembre de 1956, impartido en la Base Aérea de Tuskegee, Alabama. El alcance de este entrenamiento abarcó un análisis exhaustivo de las dimensiones administrativas y políticas de las tácticas del Comando Aéreo que afectaban a los Estados Unidos y a regiones estratégicas del mundo.

## Nombramiento como Mayor

La experiencia del programa de formación de oficiales en la Escuela de Comando y Estado Mayor Aéreo le permitió contactar con oficiales tanto de los Estados Unidos como de diversas partes del mundo. El Capitán Hiram E. Mann fue ascendido a Mayor el 1 de julio de 1955, rango que ostentó hasta el 27 de junio de 1965.

Este rango lo obtuvo tras su exitosa participación en el curso de formación del Colegio de Comando y Estado Mayor Aéreo en 1956. Participaron 51 oficiales de 24 países aliados, entre ellos Brasil, Chile, China, Colombia, Dinamarca, Ecuador, Alemania, Grecia, Irán, Italia, Japón, México, Países Bajos, Nicaragua, Nigeria,

Noruega, Pakistán, Perú, Filipinas, Corea del Sur, España, Tailandia, Turquía y Venezuela. "Éramos cuatro afroamericanos, incluyendo a Daniel "Chappie" James, otros dos y yo, con el rango de Mayor. Sentí que mi meta profesional se había cumplido con el ascenso a Mayor. Soñaba con alcanzar este rango, pero jamás imaginé que se haría realidad, dadas las dificultades que los afroamericanos enfrentábamos al vivir en una sociedad segregada que discriminaba a las personas negras. Lo irónico es que, a pesar de la integración militar, aún existían importantes focos de discriminación flagrante en el Sur".

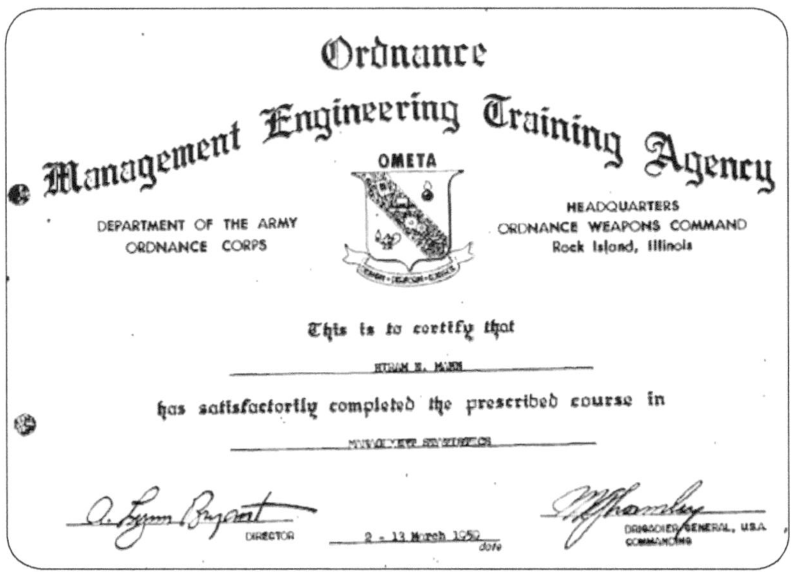



## Agencia de Formación en Ingeniería de Gestión de Artillería

Entre el 2 y el 13 de marzo de 1959, el mayor Hiram E. Mann completó con éxito un curso intensivo de dos semanas sobre estadística de gestión, impartido por la Agencia de Capacitación en Ingeniería de Gestión de Artillería del Cuerpo de Artillería del Ejército, en el Cuartel General del Comando de Armamento de Rock Island, Illinois.

"Este curso me proporcionó conocimientos y habilidades en diversas áreas".

## Escuela de Instructores de la Fuerza Aérea

Según el Teniente Coronel Mann: "Mi formación académica me había proporcionado las habilidades y competencias necesarias para ser instructor en las escuelas públicas o universidades de mi comunidad. Sin embargo, tenía un gran deseo de ser instructor en las escuelas militares, así que me matriculé en el Instituto de Cursos de Extensión de la Universidad del Aire, en la base aérea Gunter de Montgomery, Alabama. Completé con éxito el "Curso de Instructor Académico" n.° 7521 y recibí el certificado el 23 de mayo de 1962".

"Este curso me proporcionó las habilidades y competencias esenciales que me permitieron ser un instructor eficaz. Comprendí que para ser un instructor académico eficaz se requería formación y estudios avanzados adicionales que condujeran a una maestría u otros títulos de posgrado. En aquel momento, creía que la meta de los estudios avanzados era alcanzable y estaba a mi alcance. Recordando esa época, me vino a la mente el consejo y el aliento de mis padres y familiares, quienes a menudo decían que la educación y la formación en habilidades con demanda en el mercado laboral facilitarían la competencia y asegurarían las futuras oportunidades profesionales".

EXTENSION COURSE INSTITUTE
AIR UNIVERSITY
GUNTER AIR FORCE BASE, ALABAMA

**Certificate**

THIS IS TO CERTIFY THAT     Date 23 MAY 1962

MAJ H E MANN     AO0035329     has successfully completed

ACADEMIC INSTRUCTOR     Course No. 7521

through correspondence with the

**EXTENSION COURSE INSTITUTE, USAF**

Officers, Airmen and U. S. Civil Service employees are authorized entry in appropriate qualification or personnel records.

WILFRED W. WAGNER
Lt. Colonel, USAF
Commandant

Active duty Air Force personnel and U. S. Civil Service employees submit this certificate to their base education office for coordination prior to entry in qualification or personnel records.

EDUCATION OFFICER

## Certificación en Eliminación de Bienes

Según consta en los registros, el Mayor Mann estaba comprometido con su formación continua para mantener una ventaja competitiva. En sus propias palabras: "Seguiría interesado en aprender los métodos utilizados para la eliminación de material militar. Había leído artículos sobre material excedente y la eliminación de bienes militares sobrantes. Así pues, el 30 de diciembre de 1965, aprobé con éxito el examen del subcurso ALM 61, Métodos de Eliminación de Bienes, y obtuve una calificación de excelente. Consideré la posibilidad de dedicarme a la eliminación de residuos militares, así como trabajar en una empresa civil dedicada a la gestión de residuos".

DEPARTMENT OF THE ARMY
HEADQUARTERS
UNITED STATES ARMY LOGISTICS MANAGEMENT CENTER
FORT LEE, VIRGINIA 23001

30 December 1965

Lt Colonel Hiram E. Mann
332 East 140th Street
Cleveland, Ohio  44120

Dear Colonel Mann:

You received a rating of Excellent on your examination to Subcourse ALM 61, Property Disposal Methods. Your records have been referred to our Processing Section for issuance of a letter of subcourse completion and diploma for successful completion of the Defense Property Disposal Management Extension Course. Inclosed is a copy of letter of subcourse completion for Subcourse 60 for use by your IDO.

We do not return examination papers to the student, but I am happy to state that you did a very fine job.

Sincerely,

JOHN F. FARRO .
Instructor
Nonresident Instruction Department

JFF/co
1 Incl
Copy of S/C Comp Ltr
S/C 60

## Ascenso a Teniente Coronel

Ser Teniente Coronel en el ejército era un rango prestigioso. Este rango demostraba que había adquirido las habilidades y los conocimientos necesarios para seguir los pasos de mi mentor y modelo a seguir, el General Benjamin O. Davis, Jr., quien alcanzó el rango de Teniente Coronel cuando yo formaba parte del Entrenamiento de Pilotos de los Aviadores de Tuskegee en 1944. Como mi modelo a seguir, siempre aspiré a seguir, en parte, sus pasos. Aprendí de él que para tener éxito en el ejército, uno debe rendir al máximo cada día. Por lo tanto, mi ascenso a Teniente Coronel fue un reconocimiento y una promesa personal de alcanzar el codiciado rango de Teniente Coronel.

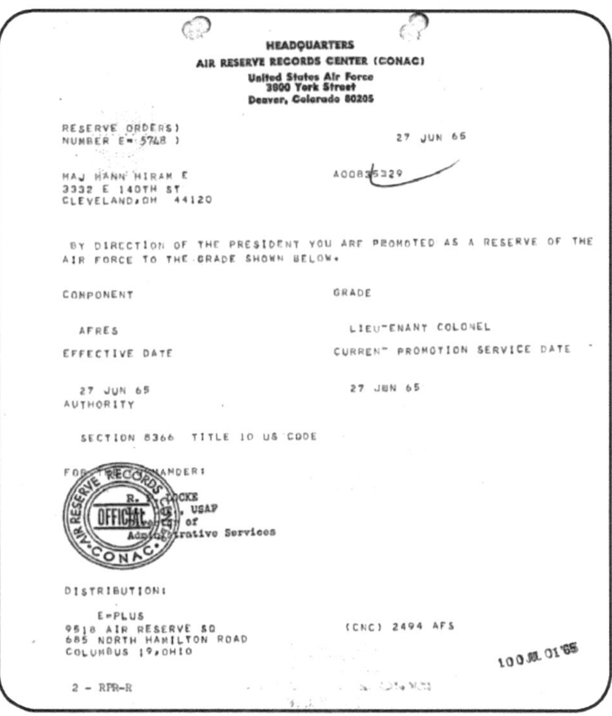

Mi deseo era retirarme del ejército con el rango de Coronel. Había trabajado arduamente y ascendí en la jerarquía militar con un historial sobresaliente como piloto y oficial. Por lo tanto, el 27 de junio de 1965, recibí la notificación de mi ascenso a oficial de la reserva de la Fuerza Aérea, al grado que se indica a continuación.

Componente: AFRES Grado: Teniente Coronel
Fecha de ascenso: 27 de junio de 1965
Autoridad: Sección 8366, Título 10 del Código de los Estados Unidos
Debido a este ascenso a Teniente Coronel, fui asignado como Oficial de Enlace de la Academia de la Fuerza Aérea de los Estados Unidos en Colorado.

## Oficial de Enlace de la Academia de la USAF

"Este puesto de Oficial de Enlace de la Academia de la Fuerza Aérea de los Estados Unidos (USAF) requirió mi traslado del Escuadrón de Reserva Aérea 9023 al Escuadrón de Reserva Aérea 9767 (ARPC/RPR-S) (CONAC), en Denver, Colorado. El 6 de enero de 1966, fui asignado al Escuadrón de Reserva Aérea 9767, en Denver, Colorado, como Oficial de Enlace de la Academia de la USAF, con número de control de puesto CNX 00802A, grado de Teniente Coronel. Mis responsabilidades incluían el reclutamiento, el asesoramiento, la orientación y la realización de diversos talleres para aspirantes sobre los requisitos y las expectativas de quienes fueran seleccionados como cadetes en la Academia. Permanecí en este puesto hasta 1972. Cabe destacar que muy pocos afroamericanos y otros grupos minoritarios conocían las posibilidades que tenían para solicitar y ser seleccionados para la Academia. Yo, al igual que otros afroamericanos, creía que, a menos que estuviéramos preparados para competir en todos los niveles de las ramas militares, como grupo, no tendríamos éxito." Las personas no podrían progresar significativamente ni alcanzar puestos de mayor responsabilidad con influencia y mejores salarios. Para mí, lo fundamental era que, al asumir el cargo de Oficial de Enlace con la Academia de la Fuerza Aérea de los Estados Unidos (USAFA), podría influir en decisiones que beneficiarían a nuestra comunidad afroamericana, especialmente a los jóvenes. Al ser aceptado como Oficial de Enlace de la USAFA, sentí una verdadera satisfacción al ver cumplido un sueño, no solo para mí, sino también para otros afroamericanos que aspiraban a ascender a puestos superiores en las fuerzas armadas de los Estados Unidos.

*Teniente Coronel Hiram E. Mann, Oficial de Enlace de la USAF*

La decisión de convertirme en Oficial de Enlace de la Academia de la Fuerza Aérea de los Estados Unidos en 1966 fue un verdadero desafío. Comprendí que esta oportunidad me permitiría desempeñar un papel fundamental en el proceso de reclutamiento, selección y admisión a la Academia de la Fuerza Aérea de los Estados Unidos en Denver, Colorado. En aquel entonces, creía que en todas nuestras ciudades había jóvenes talentosos que podían ser identificados y seleccionados para la Academia de la Fuerza Aérea en Colorado. También creía que se trataba de una oportunidad única en la vida, a la que muy pocos afroamericanos habían tenido acceso hasta entonces. Permanecí en este puesto de reclutador para la Academia de la Fuerza Aérea hasta mi jubilación obligatoria en 1972.

En retrospectiva, este puesto como Oficial de Enlace de la Academia de la USAF requirió mi traslado de Columbus, Ohio, al Escuadrón de Reserva Aérea 9767 (ARPC/RPR-S) (CONAC) en Denver, Colorado, como Oficial de Enlace de la Academia de la USAF, con número de control de puesto CNX 00802A y rango de Teniente Coronel. Mis responsabilidades incluían el reclutamiento de jóvenes para la Academia de la USAF y la realización de presentaciones a estos jóvenes y a sus padres sobre las oportunidades profesionales en las fuerzas armadas. Además, tuve la oportunidad de dirigirme a estudiantes y padres pertenecientes a minorías que también necesitaban conocer las numerosas oportunidades disponibles en la Academia de la Fuerza Aérea de los Estados Unidos y, en general, en la Fuerza Aérea de los Estados Unidos.

# Curso Final de Abastecimiento de Defensa

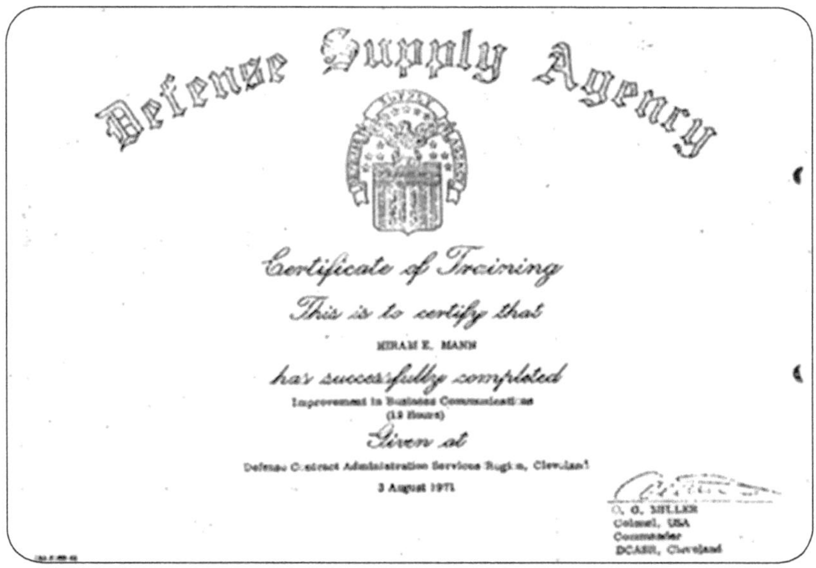

El certificado de finalización que se muestra arriba indica que "Completé mi último curso de capacitación militar el 3 de agosto de 1971. El Certificado de Capacitación de la Agencia de Suministros de Defensa en 'Mejora en Comunicaciones Empresariales (12 horas)' fue impartido en la Región del Servicio de Administración de Contratos de Defensa, Cleveland, Ohio. Este curso me brindó conocimientos sobre las siguientes áreas: comunicaciones efectivas, tanto orales como escritas, la psicología de la motivación de las personas, habilidades para la resolución de conflictos y administración general de oficinas.

# Ejemplo de evaluación de mi historial de servicio

El siguiente informe es un ejemplo de evaluación de mi desempeño como oficial de enlace de la Academia de la Fuerza Aérea de los Estados Unidos.

V. OVER-ALL EVALUATION (Compare officer ONLY with officers of the same grade)

VI. PROMOTION POTENTIAL

VII. COMMENTS

FACTS AND SPECIFIC ACHIEVEMENTS: Lt Col Mann is one of our most active Liaison Officers in Northeast Ohio, assigned as counselor to 22 schools, he has traveled 740 miles to counsel individually 20 candidates, 4 nominees and 2 appointees to the USAF Academy. Being our only black LO in the area, Lt Col Mann has voluntarily taken on the added task of contacting all the minority groups and organizations as well as the predominantly black schools to reach all underprivileged or disadvantaged young men who might be encouraged to apply for nomination. His daily association as advisor to youth in the Junior Achievement enterprises has provided him with additional opportunities to bring young men into the Air Force from marginal environmental situations. STRENGTHS: Lt Col Mann has a masters degree in guidance counseling which gives him a superior edge over most liaison officers and qualifies him as a professional in the field. He has the rare combination of ability and desire to help young people which makes him an outstanding LO. OTHER COMMENTS: Lt Col Mann is a Federal employee assigned as Cost Reduction Coordinator and Zero Defects Administrator for the Cleveland Region of the Defense Supply Agency. He directs the activities of 31 employees. Lt Col Mann is active in the Mount Pleasant Community Council, masons, "Gallon Club" (donated 3 gal. of blood), the NAACP, United Torch Drive, Red Cross, Federal Employees Assn of Cleveland, and Foreman of the jury for two cases in June 71. During July 71, he completed a 12-hour course in Improvement in Business Communications with the Defense Supply Agency. Every effort should be made to retain and promote this deserving officer in order to retain his unusual abilities, talent, and capabilities.

VIII. REPORTING OFFICIAL

GLENN E. BOWEN, Colonel — Duty Title: Deputy LOC — Aero Rating: Non Rated — Date: 20 February 1972
0011292707FV
9001st ARS

IX. REVIEW BY INDORSING OFFICIAL

I agree with the findings on Lt Col Mann. If I were in combat, I would have full confidence in him and would seek to have him on my staff. He is a survivor of 38 combat missions as a fighter pilot, knows what it is to face danger and knows how to carry out his duty. I have worked with him for several years. He merits eagles.

ALBERT E. PRUDENCE Colonel — Duty Title: Liaison Officer Coordinator — Aero Rating: Non Rated — Date: 23 Feb 1972
2950598035FV
9001st ARS

Es importante compartir una evaluación de su servicio, habilidades y competencias, tanto como piloto como oficial, quien sobrevivió a 48 misiones de combate defendiendo a los bombarderos estadounidenses durante la Segunda Guerra Mundial. Su distinción como Oficial de Enlace de la Academia para Afroamericanos en el Noreste de Ohio le valió grandes elogios por asesorar a veinte candidatos: cuatro nominados y dos admitidos a la Academia de la Fuerza Aérea de los Estados Unidos. Su maestría en orientación y consejería, obtenida en 1961 en la Universidad John Carroll mientras prestaba servicio militar, se identificó como un factor clave en su éxito como Oficial de Enlace de la Academia y como militar.

Un análisis más detallado del documento de evaluación revela que el Teniente Coronel Mann fue reconocido como uno de los Oficiales de Enlace de la Academia más activos. Supervisó a varios empleados y viajó más de 740 millas para asesorar a 20 candidatos. Como único oficial de enlace afroamericano en la Academia, asumió voluntariamente la tarea adicional de contactar a grupos y organizaciones minoritarias, así como a las universidades y colegios predominantemente negros, con el fin de llegar a todos los jóvenes desfavorecidos que pudieran ser alentados a solicitar su ingreso a la Academia. También fue elogiado por sus actividades comunitarias, que incluyeron su participación en el Consejo Comunitario de Mt. Pleasant, la logia masónica, la Cruz Roja, la Asociación de Empleados Federales, la NAACP, la Campaña de la Antorcha Unida y otras organizaciones durante 1971-72.

## Viaje final: momento de la jubilación

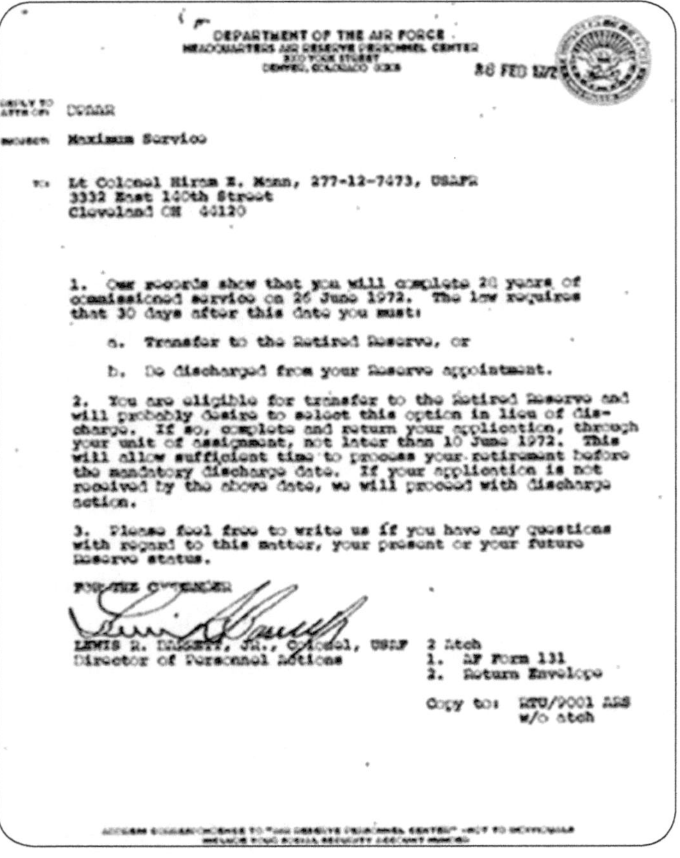

DEPARTMENT OF THE AIR FORCE
HEADQUARTERS AIR RESERVE PERSONNEL CENTER
3800 YORK STREET
DENVER, COLORADO 80205

26 FEB 1972

REPLY TO
ATTN OF: DPMAR

SUBJECT: Maximum Service

TO: Lt Colonel Hiram E. Mann, 277-12-7473, USAFR
3332 East 140th Street
Cleveland OH 44120

1. Our records show that you will complete 20 years of commissioned service on 26 June 1972. The law requires that 30 days after this date you must:

   a. Transfer to the Retired Reserve, or

   b. Be discharged from your Reserve appointment.

2. You are eligible for transfer to the Retired Reserve and will probably desire to select this option in lieu of discharge. If so, complete and return your application, through your unit of assignment, not later than 10 June 1972. This will allow sufficient time to process your retirement before the mandatory discharge date. If your application is not received by the above date, we will proceed with discharge action.

3. Please feel free to write us if you have any questions with regard to this matter, your present or your future Reserve status.

FOR THE COMMANDER

LEWIS R. DAGGETT, Jr., Colonel, USAF
Director of Personnel Actions

2 Atch
1. AF Form 131
2. Return Envelope

Copy to: ARTU/9001 ARS
w/o atch

ADDRESS CORRESPONDENCE TO "AIR RESERVE PERSONNEL CENTER" NOT TO INDIVIDUAL

En febrero de 1972, recibí una carta del Departamento de la Fuerza Aérea, Centro de Personal de la Reserva Aérea, informándome que debía prepararme para transferirme a la Reserva Retirada o ser dado de baja de mi puesto en la Reserva. Tras analizar las opciones con mi esposa, Kathadaza M. Mann, decidí que lo mejor para mí sería la transferencia. Por lo tanto, el 26 de julio de 1972 solicité mi clasificación como miembro de la Reserva Retirada. El Departamento de la Fuerza Aérea de los Estados Unidos de América aprobó mi solicitud. Debo decir que tenía sentimientos encontrados respecto a la jubilación.

Sin embargo, también sentí que debía ser realista y aceptar el final de mi carrera militar. No me arrepiento de nada, ya que he alcanzado todas mis metas, incluyendo la de pilotar un avión de combate y ascender al rango de teniente coronel. Estas reflexiones en este capítulo indican que la trayectoria del Teniente Coronel retirado Mann desde su ingreso al ejército el 14 de diciembre de 1942 incluyó una exitosa carrera militar que lo llevó desde el rango de Soldado raso ("Buck"), pasando por Estudiante de Aviación, Cadete de Aviación en el Campo Aéreo del Ejército de Tuskegee, Alabama, hasta Segundo Teniente, Primer Teniente, Capitán, Mayor y, finalmente, Teniente Coronel, rango con el que se retiró del ejército. Se comparten varias ideas con los lectores, especialmente con los jóvenes:

1) "Establecer metas era esencial para mí y para todos mis compañeros en la Experiencia de los Aviadores de Tuskegee: creía en aquel entonces, en la década de 1940, que cada uno de nosotros tenía una meta en mente: ser el mejor piloto y piloto de caza en el servicio militar de los Estados Unidos de América".

2) Como solía decir el Teniente Coronel Hiram E. Mann: "El fracaso no era una opción; Cada uno de los pilotos y el personal de Tuskegee comprendía la importancia de la lucha, pues sabíamos que, por cada fracaso, la oportunidad de volar un avión sería más difícil para los afroamericanos en los Estados Unidos de América. Como miembro del 332.º Grupo de Caza, liderado por el teniente general Benjamin O. Davis, Jr., el primer general afroamericano escoltó bombarderos en numerosas misiones de combate aéreo sobre Europa, enfrentándose a algunas de las defen-

sas más tenaces de la Luftwaffe nazi (Martin Weil, The Washington Post, 2002).[39]

3) "Me enorgullece haber sido un piloto de caza que logró completar 48 de esas extenuantes misiones que pusieron a prueba todos mis sentidos. Sin embargo, el objetivo más importante que alcanzamos como pilotos de los Aviadores de Tuskegee fue un logro colectivo: que ninguno de los bombarderos que los "Red Tails" escoltaron y protegieron fue derribado por un caza enemigo". Este logro sin precedentes se debió en parte a la excelente formación académica de los pilotos y a las extraordinarias habilidades de entrenamiento que recibieron en el Programa de Entrenamiento de Pilotos de Tuskegee. Además, es fundamental atribuir nuestro éxito al liderazgo ejemplar del Teniente General Benjamin O. Davis Jr., quien les inculcó a cada uno de ellos la idea de que "debemos fijarnos metas, creer que podemos alcanzarlas y luego poner en práctica nuestros talentos y habilidades para lograrlas". Les aseguro que este consejo fue puesto en práctica por mí y por los demás pilotos en cada momento y cada día de nuestra participación en los teatros de operaciones europeos y durante nuestro servicio militar.

4) "El factor adicional que influyó en nuestra determinación y éxito como pilotos fue la temprana comprensión por parte de cada uno de nosotros de que nuestra participación en la Experiencia de los Aviadores de Tuskegee implicaba la conciencia y la comprensión de que teníamos una responsabilidad suprema con la comunidad afroamericana que nos apoyó en cada fase de nuestras pruebas y

---

[39]   Martin Weil, "Benjamin O. Davis Jr.: The First Black General in Air Force" The Washington Post. July 6 (2002) p. 87.

tribulaciones como parte del Programa de Entrenamiento de Pilotos de Tuskegee. La prensa negra insistió en que se nos diera la misma oportunidad de volar aviones militares que a nuestros compañeros blancos. Personas como la Dra. Mary McLeod Bethune, presidenta del Bethune-Cookman College, la Sra. Eleanor Roosevelt y otras argumentaron que a los pilotos afroamericanos se les debía brindar no solo la misma oportunidad de volar, sino también de participar en misiones de combate en el extranjero como defensores de la libertad de la que gozaba el mundo libre en ese momento (Martin Weil, "¿Cuántos Aviadores de Tuskegee?", The Washington Post, 2002).[40]

## Historial de combate y vuelo individual

El historial de vuelo individual del teniente Hiram E. Mann es fascinante, ya que, al examinarlo detenidamente, revela que voló aviones P-51B, C y D en combate durante la Segunda Guerra Mundial. Los registros de vuelo del Apéndice V proporcionan información adicional sobre su distinguido historial de combate. Estos informes indican que el teniente coronel Mann fue un piloto de Tuskegee muy activo y altamente capacitado, cuyo historial de combate incluyó el pilotaje y la destrucción de diversos tipos de aviones de combate y objetivos. Al igual que otros pilotos de Tuskegee, estuvo a punto de sufrir varios accidentes que podrían haberle costado la vida y, posiblemente, la pérdida de su avión. Estas peripecias se analizan más adelante en el capítulo sobre las epístolas. Este emocionante relato de su avión, «Boss Lady, no. 26", se perdió en combate cuando otro piloto, en un día determinado, utilizó su avión, pero fue derribado, perdiéndose para siempre tanto el avión como la vida del piloto.

---

[40]    Weil, (2002)

Como afirma el coronel Mann: "Solo por la gracia de Dios no fui yo quien sufrió esta pérdida".

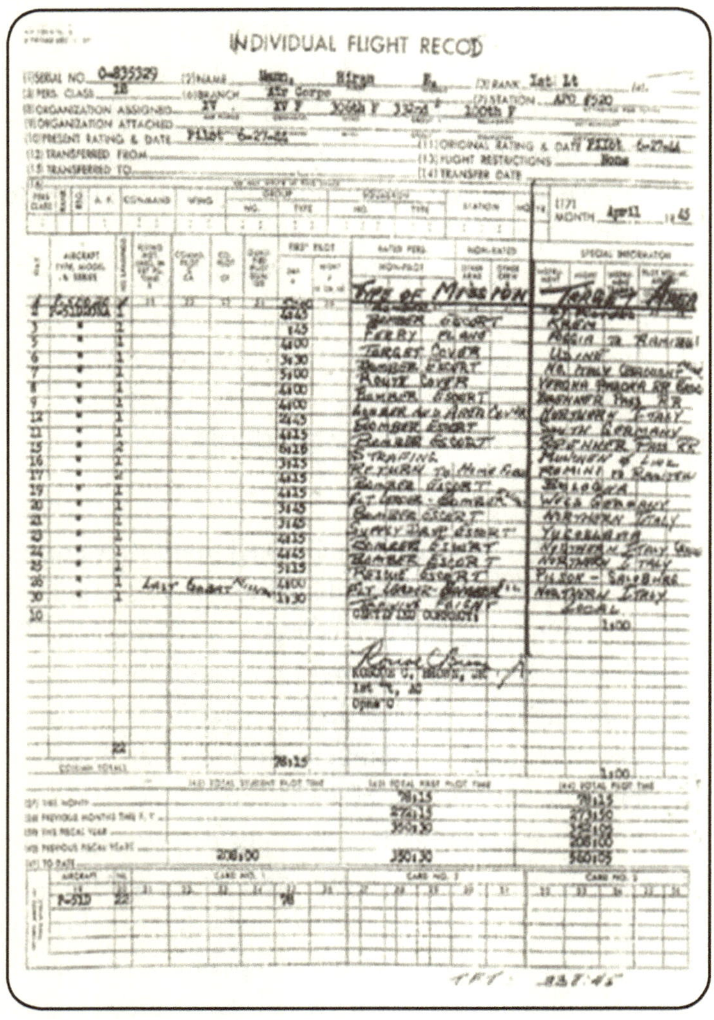

Los registros de vuelo también indican que el teniente Hiram E. Mann voló 48 misiones de combate utilizando diversos P-51 y otras aeronaves. Los tipos de misiones como parte de los escuadrones 302, 332 y 100 incluyeron: 1) Escolta de bombarderos, 2)

Ametrallamiento, 3) Escolta de lanzamiento de suministros, 4) Pruebas de vuelo y 5) Otras asignaciones de vuelo. Estas misiones de combate aéreo se dirigieron a objetivos en Prana, Linz, Múnich, Viena, Zagreb, el norte de Yugoslavia, el norte de Italia, el paso del Brenner, el punto de aborto de Engles, Múnich-Linz, Geoggnitz (Alemania), St. Profens, Múnich-Ratisbona y Wels, entre otros. Véase el Apéndice V para obtener registros de vuelo adicionales.

## Una trayectoria militar bien aprovechada

Como sargento Lorenzo D. Harris, aviador y redactor, en su artículo "Mucho coraje, poca gloria", dejó constancia de que el teniente coronel Samuel Wade Watts Jr. dijo: "Justo antes de la guerra y en sus inicios, la mayoría de los negros en el ejército estaban en organizaciones de apoyo, como ingeniería civil de suministros o servicios de alimentación". La esencia de este punto era que la comunidad negra era plenamente consciente de que el éxito de los aviadores de Tuskegee como pilotos tendría un impacto positivo en la integración militar y aumentaría el respeto de los blancos por las habilidades innatas de los afroamericanos.

*Hiram y Kathadaza Mann en la reunión de la Asociación de Pilotos del P-51 Mustang, Metairie, Luisiana, agosto de 2005.*

## La vida después de una carrera militar plena y exitosa

Mann expresó sus vínculos actuales y futuros con la comunidad: "Debemos ser los primeros en dar un ejemplo positivo a los jóvenes que buscan carreras en la industria aeroespacial y la aviación". El segundo vínculo con la comunidad es la creación de Tuskegee Airmen Incorporated, una organización nacional con capítulos locales que se dedica a otorgar becas a estudiantes, ofrecer conferencias y establecer contactos con organizaciones comunitarias, así como con conferencias regionales y nacionales abiertas a toda la comunidad. El teniente coronel Hiram E. Mann es el historiador y miembro fundador del Capítulo General Daniel "Chappie" James. Dedica su tiempo a compartir la historia de la experiencia de los Aviadores de Tuskegee con organizaciones cívicas, escuelas públicas y privadas, y universidades. El enfoque comunitario del legado de los Aviadores de Tuskegee para el futuro se expresa mejor a través de su esposa, Kathadaza "Kitty" Mann, maestra jubilada que reside en Titusville, Florida. Ella dijo: "A pesar del aspecto negativo de la segregación, la aceptaron porque eran hombres orgullosos, incluido mi esposo, que quería aprender a volar y luchar por Estados Unidos. Pero, sobre todo, querían erradicar el mito de que los afroamericanos no eran lo suficientemente inteligentes como para pilotar y mantener aviones. No buscábamos la gloria, pero creíamos que los logros de los aviadores de Tuskegee debían ser reconocidos y celebrados no solo en la comunidad negra, sino también en todas las comunidades de los Estados Unidos de América" (Francis, 1985).[41]

---

[41]   Charles E. Francis, "Tuskegee Airmen," (1985) pp 28-31

"La vida después del servicio militar ha sido placentera y llena de alegría junto a mi familia. El 10 de agosto de 1980, disfrutamos de una reunión familiar muy especial. En la foto aparezco yo, mi esposa Kathadaza, mi nieta mayor Cheryl, sentada, y mi hijo Eugene con su esposa Linda, quien sostiene a mi nieta menor, Krista."

*El teniente coronel Hiram Mann disfruta de un momento festivo con su esposa Kathadaza y su hijo Eugene.*

Siempre es un espectáculo hermoso ver a los aviadores de Tuskegee, como el teniente coronel retirado Mann, luciendo sus medallas y sus chaquetas de oficial con un sentimiento de orgullo, unido a un toque especial de la historia afroamericana y militar de los Estados Unidos de América.

*Fotografía tomada en 2003 en la Conferencia TAI.*

Como dijo el teniente coronel retirado Hiram E. Mann: «Sigo participando activamente en labores cívicas, educando a todos sobre los desafíos raciales únicos que superaron los pilotos afroamericanos que formaron parte de la Experiencia de los Aviadores de Tuskegee en la década de 1940. Quiero dejar claro que nunca le ordené ni coaccioné a mi hijo para que se uniera al ejército. La decisión de ingresar en las Fuerzas Armadas fue completamente voluntaria».

*Su hijo Eugene, que se unió al Cuerpo de Marines*

Es importante mencionar que mi esposa Kathadaza y yo animamos a nuestro hijo y a nuestros nietos a unirse a las fuerzas armadas. Sin embargo, mi hijo Eugene se unió al Cuerpo de Marines y prestó servicio militar entre 1968 y 1970. Decidió no hacer carrera militar, como su padre. Se sentía satisfecho con su decisión. Sus padres lo apoyaron incondicionalmente. No obstante, su padre comentó en varias ocasiones: "Ojalá hubiera intentado ingresar a la Academia de la Fuerza Aérea de los Estados Unidos, ya que yo era oficial de enlace allí".

Sin embargo, algo era evidente: Eugene siempre admiró los logros militares de su padre, especialmente el hecho de que fuera uno de los Aviadores Originales de Tuskegee, con un distinguido historial de vuelo que incluía combates y vuelos en el Teatro Europeo como miembro de la Fuerza Aérea de los Estados Unidos. Eugene ha participado activamente en todas las actividades del Capítulo General Daniel "Chappie" James, ubicado en Florida Central.

*Un nieto se unió al Cuerpo de Entrenamiento de Oficiales de la
Reserva Juvenil de la Marina en la escuela secundaria.*

Al examinar la vida del teniente coronel retirado Hiram
Mann, se puede apreciar una familia militar muy unida, cuya
historia comenzó cuando Hiram Mann ingresó al Programa de
Entrenamiento de Pilotos de Tuskegee, en el Instituto Tuskegee,
Alabama, en 1942, con el apoyo de su esposa Kathadaza Mann,
como se muestra en las fotografías a continuación. Estas fotografías
también ofrecen una visión de los estrechos lazos familiares de Mann
y su constante dedicación a apoyar las carreras individuales de sus
nietos, de quienes habla con gran cariño en cada conversación sobre
su familia. Hiram y Kathadaza Mann se aseguraron de participar
activamente en la vida de su hijo y nietos, incluyendo su decisión de
unirse a las fuerzas armadas.

La idea de que una nieta ingresara en una de las ramas militares jamás se nos pasó por la cabeza. Tras su graduación en 1999, Krista se unió a la Marina el 18 de junio de ese mismo año. Tuve el honor de estar presente y jurarle lealtad a la Marina de los Estados Unidos. Fue un momento conmovedor, lleno de alegría y orgullo. Sin embargo, debo admitir que me preocupaba que participara en una guerra o un conflicto internacional.

Krista Mann sirvió en las fuerzas armadas desde junio de 1999 hasta noviembre de 2006. Su experiencia le permitió desarrollar sus habilidades de liderazgo y su confianza en sí misma. Como suele decir, sabe que puede lograr cualquier cosa que se proponga y por la que trabaje duro. Dejó el servicio militar y consiguió un puesto como técnica informática en Maryland. «La regañé por no haberse transferido a la Fuerza Aérea de los Estados Unidos".

"Nuestra nieta mayor, Cheryl, se unió al Ejército en 1997 y sirvió con honor durante diez años. Dejó el servicio militar y aceptó un puesto como radióloga en Maryland".

En caso de que el lector se pregunte por qué a Kathadaza la llaman "Kadoka" y también "Princesa Hawaiana", como se muestra en esta fotografía de la primavera de 1942: Se la llama "Princesa Hawaiana" porque, como dice Hiram, "Parecía hawaiana con su largo y hermoso cabello adornado con flores". Obviamente, estas palabras eran de cariño expresadas por Hiram Mann al describir a su esposa Kathadaza: "El éxito que alcancé en el ejército estuvo directamente relacionado con el amor y el apoyo incondicional que recibí de mi esposa Kathadaza Mann y de los demás miembros de mi familia". Esta fotografía que sigue, donde aparecen Kathadaza y Hiram Mann, ilustra aún más el apoyo inquebrantable que su esposa Kathadaza le brindó a su esposo, quien compaginaba su tiempo entre ser piloto en el Cuerpo Aéreo del Ejército y ser un esposo responsable y comprensivo. Como dice Hiram, "Ella también tenía que compaginar sus estudios con su trabajo en la administración pública". A pesar de los desafíos que enfrentaba como madre y esposa de un militar, nunca flaqueó en su inquebrantable compromiso con Hiram para asegurar que lograra su objetivo de convertirse en piloto de combate y cumpliera su sueño de la infancia de volar algún día un avión.

Esta foto muestra el apoyo que recibí de mi esposa Kathadaza, quien vestía una chaqueta de piloto durante su visita a la Base Aérea de Tuskegee, Alabama. "En 1942, cuando era cadete del aire, me inscribí en el Programa de Entrenamiento Aéreo y de Pilotos del Ejército de Tuskegee, en el Instituto de Tuskegee, Alabama". Por si no queda claro, debo confesar que mi éxito se debió en parte al apoyo incondicional y desinteresado de mi esposa Kathadaza a mi carrera militar. Finalmente, ella renunció a su trabajo en la administración pública del Departamento del Tesoro y vino a acompañarme a la Base Aérea del Ejército de Tuskegee.

*"La vida militar como cadete. Kathadaza siempre estuvo ahí
para mí, en cada paso y fase de mi entrenamiento."*

La vida militar como cadete fue, en general, excelente para mí. Kathadaza siempre me apoyó en cada etapa de mi entrenamiento. Puedo afirmar con seguridad que todos mis éxitos se debieron a las bendiciones de Dios Todopoderoso, quien me cuidó mientras volaba y luchaba en la Segunda Guerra Mundial. Sin embargo, también conté con el apoyo personal, especialmente de mi esposa, Kathadaza, mi hijo Eugene y todos los demás miembros de mi familia, tanto la cercana como la extendida. Quiero reiterar que mi éxito como piloto estuvo intrínsecamente ligado a mis compañeros pilotos que volaban a mi lado y siempre velaban por mí. Además, estoy profundamente agradecido al personal de tierra y a todo el personal de apoyo, cuyo arduo trabajo mantuvo nuestros aviones y el aeródromo en óptimas condiciones.

A diferencia de muchos de mis compañeros en el Programa de Entrenamiento de Pilotos del Aeródromo del Ejército del Instituto Tuskegee, yo estaba casado, con la responsabilidad añadida de cuidar de mi esposa. Cabe destacar que muy pocos estudiantes y cadetes del aire de Tuskegee estaban casados. La mayoría, si no más del 95%, eran hombres solteros. De hecho, los criterios de admisión al Programa de Entrenamiento de Pilotos del Instituto Tuskegee enfatizaban que ser soltero era un requisito fundamental para cada aspirante al programa de entrenamiento de vuelo.

# CAPÍTULO VIII

## Cronología de la experiencia de los aviadores de Tuskegee

Estas cronologías ofrecen un vistazo rápido a los eventos clave que narran la historia de la Experiencia de los Aviadores de Tuskegee durante la Segunda Guerra Mundial. La información contará la historia y brindará una perspectiva de los eventos cruciales que moldearon las vidas de los hombres involucrados en la Experiencia de los Aviadores de Tuskegee en el Instituto Tuskegee, Tuskegee, Alabama. Otros afroamericanos libraron una dura lucha por la justicia y la igualdad como personal alistado en las fuerzas armadas de los Estados Unidos. Las cronologías también narrarán los eventos ocurridos durante la Experiencia de los Aviadores de Tuskegee y los eventos posteriores a su finalización durante la Segunda Guerra Mundial. La información también proporcionará al lector eventos que impulsarán una investigación más profunda que satisfaga su curiosidad y sed de conocimiento sobre uno de los períodos más importantes de la historia afroamericana en los Estados Unidos de América. Estos hombres afroamericanos lucharon valientemente para proteger la bandera de los Estados Unidos y defender la libertad del mundo, especialmente de Europa, que estaba bajo el asedio de la Alemania nazi y Hitler en las décadas de 1930 y 1940. El hecho irónico es que estos afroamericanos Los hombres sabían que, al regresar a Estados Unidos, no tendrían derechos legales ni civiles. Regresaban a la era de las leyes de segregación racial, a una sociedad cuyo modus operandi era la segregación racial en viviendas, lugares públicos, fuentes de agua, hospitales, escuelas, universidades y el ejército, por mencionar solo algunos aspectos de la vida estadounidense. De hecho, todos ellos se alistaron y lucharon en las Fuerzas Armadas segregadas de Estados Unidos en la década de 1940. Todos se enfrentaron a la realidad de combatir a un enemigo en el extranjero, mientras eran segregados y discriminados en el Cuerpo Aéreo del Ejército de Estados Unidos.

## Acontecimientos que llevaron a la fundación del Instituto Tuskegee y los logros de los aviadores de Tuskegee

> » Guerra Civil (1861-1865): Los afroamericanos representaban el 12 % (178.895) del Ejército de la Unión y el 25 % (30.000) de la Armada de la Unión. Miles más sirvieron como obreros en las diversas unidades militares. Alrededor de 2.751 afroamericanos murieron en combate; otros 65.427 fallecieron por enfermedades y otras causas.
>
> » 1866-1891: Más de 5.000 afroamericanos sirvieron en los regimientos de caballería 9.º y 10.º, compuestos exclusivamente por afroamericanos, y en los regimientos de infantería 24.º y 25.º de los Buffalo Soldiers. Los

afroamericanos constituían aproximadamente el 10 % del total de las tropas que custodiaban la frontera occidental.

## Disposiciones Constitucionales de los Estados Unidos

» 1863 – Emancipación de la Esclavitud por Lincoln: Orden Ejecutiva y Proclamación que liberó a los afroamericanos de la esclavitud.

» 1865 – Juneteenth: en referencia al 19 de junio de 1865, día en que el Mayor General Gordon Granger ordenó la aplicación definitiva de la Proclamación de Emancipación en Texas al final de la Guerra Civil Estadounidense.

» 1865 – Abolición de la esclavitud en la Enmienda XIII: esta enmienda otorgó a las personas africanas esclavizadas el derecho legal y constitucional a ser libres de la esclavitud y/o la servidumbre involuntaria.

» 1868 – Enmienda XIV: protección de la igualdad de derechos y el debido proceso para todas las personas nacidas o naturalizadas en los Estados Unidos como ciudadanos de los Estados Unidos y del estado en el que residen.

» 1870 – Enmienda XV – El derecho de los ciudadanos de los Estados Unidos a votar no será negado ni restringido por los Estados Unidos ni por un estado por motivos de raza, color o condición previa de servidumbre.

## Fundación del Instituto Tuskegee

» 1881 (4 de julio) – Booker T. Washington inaugura el Instituto Tuskegee tras la concesión de su estatuto por parte de la legislatura estatal. Washington fue elegido primer director del Instituto Tuskegee, una escuela segregada. Se fundaron otras universidades históricamente negras en todo Estados Unidos para satisfacer la necesidad de educar a los afroamericanos en instituciones segregadas.

» Entre 1890 y la década de 1920: Los afroamericanos establecieron una red de aproximadamente 200 hospitales y escuelas de enfermería para personas negras.

» 1895: Booker T. Washington pronuncia su famoso discurso en la Exposición de Atlanta y publica su autobiografía «De la esclavitud a la libertad».

» 1896: La Corte Suprema de los Estados Unidos dictamina que la doctrina de "separados pero iguales" es legal en el trato a las personas negras y otros grupos. Esto implicaba instalaciones, escuelas y, por supuesto, unidades militares separadas para personas negras. Este famoso caso fue Plessy contra Ferguson (163 US. 537, 16 S. Ct. 1138, 1896).

## Guerras en las que participaron personas negras

» 1898 – Guerra Hispano-Estadounidense – Cuatro regimientos regulares negros combatieron en Cuba. Estos regimientos representaban el 12% de las fuerzas en la isla. Otros 2000 hombres, o el 7,65%, eran marineros de la Armada.

» 1899 – Guerra de Filipinas – Si bien las cifras no son exactas, cuatro regimientos regulares afroamericanos, además de dos regimientos de voluntarios negros, combatieron en esta campaña colonial en Filipinas.

## Fundación de organizaciones nacionales de defensa de derechos

» 1909 – Se fundó la Asociación Nacional para el Progreso de las Personas de Color (NAACP) para defender los derechos legales y civiles de los afroamericanos y las personas marginadas.

» 1910 – Marcus Garvey, tras regresar a Jamaica, fundó la Asociación Nacional para el Mejoramiento del Negro.

» 1911 – Se fundó la Liga Urbana Nacional como entidad de desarrollo educativo y económico para los afroamericanos.

» 1915 – Fallece Booker T. Washington; el consejo directivo elige a Robert Russa Moton como director. Moton fue comandante de cadetes en Hampton durante 25 años. Sus ideologías eran diferentes a las de Washington; se consideraba a sí mismo "ocasionalmente un líder racial, y solo rara vez un líder político".

» 1915 – El Instituto Tuskegee se consolida como una escuela de formación profesional para maestros, artesanos y agricultores, además de ofrecer cursos de nivel postsecundario.

## Fundador de la Semana/Mes de la Historia Negra

» 1915 – Carter G. Woodson funda la Asociación para el Estudio de la «Vida y la Historia Negra».

» 1916 – Expedición Punitiva Mexicana – El 10.º Regimiento de Caballería, compuesto exclusivamente por soldados negros, representaba el 12 % de las Fuerzas Armadas que persiguieron a Pancho Villa en la famosa expedición por el desierto, como se muestra en el video titulado «Buffalo Soldiers».

» 1917 – W.E.B. Du Bois organiza el Congreso Panafricano para defender los derechos y la unidad de los africanos en la diáspora.

## Primera Guerra Mundial

» 1917-1918 – Primera Guerra Mundial – Más de 200 000 soldados negros llegaron a Francia, lo que equivalía al 9,2 % de las Fuerzas Armadas estadounidenses. Los soldados negros estaban limitados a unidades de apoyo. Las unidades de infantería 92.ª y 93.ª, compuestas exclusivamente por soldados negros, tuvieron 773 muertos en combate y 4408 heridos.

» 1918 – Dieciocho enfermeras negras ingresaron al Cuerpo de Enfermeras del Ejército tras el armisticio de la Primera Guerra Mundial y fueron asignadas a Camp Sherman, Ohio y Camp Grant, Illinois.

» 1920 – Moton introdujo cursos universitarios, aunque no se otorgaron títulos en el Instituto Tuskegee.

## Instituto Tuskegee

» 1925 – Moton consigue diez millones de dólares mediante una campaña conjunta de recaudación de fondos con Hampton; esto permitió la construcción de edificios para una nueva división universitaria.

## Primera Semana de la Historia Afroamericana

» 1926 – El Dr. Carter organizó la Primera Semana de la Historia Afroamericana, patrocinada por G. Woodson. Esta semana fue la precursora del Mes de la Historia Afroamericana que se celebra hoy en día.

» 1927 – Moton organizó cursos y especializaciones a nivel universitario. Los cursos incluían temas de educación, agricultura y economía doméstica. Argumentó que estos cambios eran necesarios para capacitar a los futuros graduados para la docencia y el trabajo en un mercado laboral competitivo.

## Aeródromo del Ejército de Tuskegee

» 1934 (22 de mayo) – El primer avión aterriza en un aeródromo en Tuskegee, Alabama.

» 1934 (septiembre) – Moton y la administración respaldan los planes para que dos aviadores negros realicen una gira aérea (Pan American). Un avión usado recibe el nombre de Booker T. Washington. Por primera vez, el Instituto Tuskegee se vincula públicamente con una importante iniciativa de aviación.

» 1935 – Moton se jubila y Frederick Douglas Patterson se convierte en el tercer presidente de Tuskegee. A diferencia de sus predecesores, graduados de Hampton, Patterson aportó credenciales profesionales y académicas.

## El Instituto Tuskegee ofrece cursos de aviación

» 1936 – Los periódicos anuncian que Tuskegee planeaba ofrecer cursos de aviación. Tuskegee se consideraba un lugar ideal para la formación aeronáutica por muchas razones: su ubicación en el sur profundo, un clima excelente para volar durante todo el año y su entorno rural que ofrecía amplios terrenos sin urbanizar para un aeródromo.

La aviación complementaba el énfasis tradicional de la escuela en la educación vocacional orientada a tareas. La credibilidad del Instituto Tuskegee facilitó el acceso a un campo en el que muchos blancos creían que las personas negras no podían dominar el pilotaje de un avión.

## Primera Integración de las Fuerzas Armadas

» 1939 (3 de abril) – El Congreso aprobó la Ley Pública 18. Esta ley preveía la expansión a gran escala del Cuerpo Aéreo del Ejército, y una sección de la misma autorizaba el establecimiento de programas de entrenamiento de vuelo en universidades para afroamericanos, con el fin de emplear a personal de diversas áreas de los servicios de apoyo del Cuerpo Aéreo del Ejército. El Instituto Tuskegee fue una de estas universidades designadas como centro de entrenamiento para pilotos y personal de apoyo afroamericanos. La raza y el color representaron obstáculos, ya que existían elementos de integración racial debido a que los instructores no eran afroamericanos.

» 1939: El Congreso de los Estados Unidos promulgó legislación para expandir el Cuerpo Aéreo del Ejército y entrenar a miles de personas en aviación. Se introdujeron enmiendas a la Ley Pública 18, que permitieron la expansión del Cuerpo Aéreo del Ejército para incluir a afroamericanos como personal regular.

» 1939: Aproximadamente 20 pilotos afroamericanos se unieron y formaron la Asociación Nacional de Aviadores. Su objetivo era cambiar las políticas que limitaban sus opciones como pilotos, atrayendo la atención pública hacia la lucha por la igualdad de trato.

» 1939 (Mayo) : La Asociación Nacional de Aviadores patrocinó una gira por diez ciudades para Chauncey Spencer y Dale White. Durante su estancia en Washington D.C., los pilotos conocieron al senador de Misuri, Harry S. Truman, quien se convirtió en su aliado. Truman impulsó una ley que permitía la creación de un Programa de Entrenamiento para Pilotos Afroamericanos.

» 1939 (Agosto) : El Dr. Frederick Patterson, presidente del Instituto Tuskegee, recibió la autorización para solicitar a la Autoridad de Aeronáutica Civil su participación en el programa de Entrenamiento de Pilotos Civiles (CPT) del Instituto Tuskegee.

» 1939 (Septiembre) : El Instituto Tuskegee comenzó a dar a conocer el programa de Entrenamiento de Pilotos Civiles (CPT).

» 1939: El Instituto Tuskegee estableció el curso de aviación. Este curso fue resultado directo de la lucha de la comunidad afroamericana por su inclusión en las fuerzas armadas del país. Un componente clave de la cruzada fue la admisión de personas negras en el Cuerpo Aéreo. Ulysses Lee describe la amplia campaña de presión.

» 1940 (enero) – Roundtree es nombrado Director de Desarrollo de Aeródromos de la Comisión de Aviación de Alabama.

## Construcción del Aeródromo del Ejército de Tuskegee

» 1940 (abril) – G.L. Washington presenta una propuesta al presidente Patterson, al Consejo Directivo y a los exalumnos del Instituto Tuskegee para construir un aeródromo en el Instituto Tuskegee por un costo total de $220,900.

## Comienza la experiencia de los aviadores de Tuskegee

» 1940 (mayo) – La primera promoción de estudiantes entrenados en el Instituto Tuskegee bajo el programa de Entrenamiento de Pilotos Civiles (CPT) fue evaluada y recibió sus certificados.

» 1940 (verano) – C. Alfred "Chief" Anderson comenzó como instructor de entrenamiento de vuelo en el Instituto Tuskegee.

» 1940 (principios de octubre) – Diez estudiantes de secundaria completaron su entrenamiento en tierra y vuelo. Se rechazó la campaña para que personas negras ingresaran al Cuerpo Aéreo del Ejército.

» 1940 (18 de diciembre) – El Cuerpo Aéreo del Ejército presentó un plan al Departamento de Guerra para una "Experiencia" que consistía en la formación de un escuadrón de cazas compuesto exclusivamente por pilotos negros, con treinta y tres pilotos.

» 1941 – La teniente Della Raney Jackson se convirtió en la primera enfermera negra en ingresar al servicio militar durante la Segunda Guerra Mundial.

## Segunda Guerra Mundial

» 1941-1945 – Segunda Guerra Mundial – 500 000 soldados negros fueron desplegados en el extranjero, lo que representa el 4 % de los 11 millones de estadounidenses que sirvieron en territorio extranjero. La 92$^{nd}$ División, compuesta exclusivamente por soldados negros, en Italia, sufrió 616 muertos y 2187 heridos.

» La 93.ª División, en el Pacífico Sur, perdió 17 soldados y 121 resultaron heridos en combate. Dos mil quinientos soldados formaron la infantería negra en la Batalla de las Ardenas. Tres unidades compuestas exclusivamente por soldados negros volaron al extranjero: el 99$^{th}$. Escuadrón de Caza, el 332.º Grupo de Caza y el 477$^{th}$. Grupo de Bombardeo. Sesenta y seis pilotos afroamericanos murieron en combate. Más de 140 000 afroamericanos sirvieron en las Fuerzas Aéreas del Ejército; alrededor de 150 000 sirvieron en la Armada. De los más de 12 000 infantes de marina, 9 murieron en combate.

» 1941 (6 de enero) – El general Hap Arnold informó al subsecretario de Guerra para Apoyo Aéreo que los afroamericanos podían recibir entrenamiento en el Instituto Tuskegee. Esta institución, una universidad para estudiantes negros, fue seleccionada por ser el único lugar posible para establecer una escuela de entrenamiento para afroamericanos en el menor tiempo posible. Las instalaciones principales ya estaban disponibles. No existían problemas de congestión aérea, lo que permitió que la escuela comenzara a operar con mínima demora. Por lo tanto, su proximidad permitía el control y la supervisión del General Comandante del Campo Aéreo del Ejército de Tuskegee.

» 1941 (9 de enero) – El plan recibió la aprobación formal del Secretario de Guerra "…la era del Cuerpo Aéreo del Ejército, compuesto exclusivamente por blancos, ha terminado, y ha llegado el día de una Fuerza Aérea no segregada".

» 1941 (16 de enero) – El Departamento de Guerra anunció la formación del 99.º Escuadrón de Caza, una unidad aérea compuesta por soldados negros, que se entrenaría en Tuskegee, Alabama, sede del Instituto Tuskegee. Once oficiales blancos serían asignados para entrenar a 429 reclutas y 47 oficiales, los primeros militares negros en la escuela de vuelo.

## 99th Escuadrón de Caza

» 1941 (19 de julio) – Se inauguró oficialmente el Campo Aéreo del Ejército de Tuskegee en Tuskegee, Alabama.

» 1941 (21 de marzo) – Se activó el 99.º Escuadrón de Caza. Se esperaba que este escuadrón contara con 33 pilotos y 27 aeronaves. Un total de 278 hombres fueron seleccionados para recibir entrenamiento en el Instituto Tuskegee en diversas funciones complementarias, incluyendo mecánica, meteorología y oficinistas técnicos.

» 1941 (19 de julio) – El Instituto Tuskegee inició un programa en Alabama para entrenar a afroamericanos como pilotos militares. La División de Aeronáutica del Instituto Tuskegee, la famosa institución educativa fundada por Booker T. Washington en 1881, impartió la formación básica.

» 1941 (25 de agosto) – Los miembros del 99.º Escuadrón de Caza recibieron su primera instrucción de vuelo.

» 1941 (noviembre) – Tras solo 10 semanas de entrenamiento, solo seis de los trece originales permanecieron en el programa. El entrenamiento de vuelo fue solo una fase del entrenamiento del 99.º Escuadrón de Caza en el aeródromo de Tuskegee, Alabama.

» 1942 (1 de marzo) – El capitán Benjamin O. Davis, Jr. fue ascendido a teniente coronel.

» 1942 (7 de marzo) – La Clase 42-C, los primeros cinco pilotos afroamericanos del Cuerpo Aéreo del Ejército, obtuvieron sus alas y se graduaron del Instituto Tuskegee. Los cinco pilotos del Cuerpo Aéreo del Ejército fueron el capitán Benjamin O. Davis, Jr., del Distrito de Columbia; Lemuel R. Curtis, de Connecticut; Charles H. Debow Jr., de Indiana; George S. Roberts, de Virginia Occidental, y Mac Ross, de Ohio. Los aviadores de Tuskegee volaron el P-40 Warhawk escoltando bombarderos en el norte de África.

» Entre las aeronaves pilotadas por los aviadores se encontraban el PT-17, el Stearman, el BT-13, el AT-6 Texan, el Piper Cub J-3, el PT-19 Fairchild, el P-39 Airacobra, el P-40 Warhawk, el P-39, el P-47 y el P-51 Mustang.

» En marzo de 1942, en el Campo Aéreo del Ejército de Tuskegee, Alabama, cinco hombres recibieron las alas de plata de pilotos de la Fuerza Aérea del Ejército: George S. Roberts, Benjamin O. Davis, Jr., Charles H. DeBow, Jr., Mac Ross y Lemuel R. Curtis. Estos hombres completaron la instrucción estándar de vuelo en aula del Ejército y acumularon muchas horas de vuelo. Este fue un hito en la aviación militar estadounidense, ya que fueron los primeros afroamericanos en obtener la calificación de piloto militar en cualquier rama de las Fuerzas Armadas.

» 1942 (24 de agosto) – El teniente coronel Benjamin O. Davis, Jr. asumió el mando del 99th Escuadrón de Caza.

» 1943 (15 de abril) – El 99.º Escuadrón de Caza (Los Águilas Solitarias) se dirige al norte de África.

» 1943 (Junio) – El teniente Charles Hall, de Indiana, se convirtió en el primer miembro del 99th en derribar un avión alemán FW190, que se encontraba en la zona en ese momento. Todos los pilotos afroamericanos pertenecían al 332nd. Grupo de Caza, compuesto por el 99th. Escuadrón de Caza y los escuadrones 100th., 301st. y 302nd. El capitán Hall y el teniente Weld hundieron un destructor alemán con fuego de ametralladora de sus P-47.

## 332nd Grupo de Caza

» 1944 (junio) – El 332nd Grupo de Caza fue adscrito a la 15.ª Fuerza Aérea. La designación del 99th Grupo se cambió a Escuadrón. Su integración con el recién creado 332nd Grupo puso fin oficialmente a la existencia del 99th Escuadrón de Caza como grupo de pilotos militares independiente. Los miembros del 99th Escuadrón de Caza manifestaron su oposición a ser reasignados a este nuevo escuadrón compuesto exclusivamente por pilotos negros. Dado que el 332nd Grupo de Caza apenas había llegado a la zona de guerra en febrero de 1944, carecía de experiencia significativa en combate. El 99th Escuadrón de Caza consideró el cambio como un retroceso a las políticas de segregación, sin ningún beneficio militar positivo ni estratégico.

» 1944 (agosto) – El 332nd Grupo de Caza participó en la invasión del sur de Francia escoltando bombarderos y en misiones de ataque terrestre en Rumania y Checoslovaquia.

» 1944 (10 de septiembre) – Cuatro pilotos del 332nd recibieron la Cruz de Vuelo Distinguido.

» 1944 – El 477th Grupo de Bombardeo realizó misiones de entrenamiento, pero las condiciones invernales redujeron el tiempo de vuelo.

## 477th Grupo de Bombardeo

» 1945 (15 de marzo) – El 477th Grupo de Bombardeo, compuesto exclusivamente por personal afroamericano, fue trasladado de Godman Field, Kentucky, a Freeman Field, Indiana.

» 1945 (1 de abril) – Los hombres del 477th protestaron contra las estrictas políticas de segregación ordenadas por el comandante de la base, el coronel Robert Selway, en el Reglamento 85-2.

» 1945 (5 de abril) – Unos 101 oficiales y pilotos afroamericanos, liderados por el subteniente Marsden Thompson, intentaron entrar al Club de Oficiales, que estaba segregado. Estos reclutas del 477th Grupo de Bombardeo organizaron una protesta pacífica contra las estrictas políticas de segregación impuestas por el comandante de la base, Robert Selway. Entre los cargos se encontraba el Reglamento 85-2. Varios oficiales afroamericanos intentaron, sin éxito, entrar al Club de Oficiales segregado de la Base Aérea Freeman en Indiana. Estos 101 aviadores de Tuskegee fueron arrestados. Todos estos pilotos y oficiales negros fueron acusados de un delito grave por negarse a obedecer una orden directa. Sus cargos y antecedentes militares fueron anulados por el presidente Bill Clinton el 25 de agosto de 1995.

» 1945 (9 de abril) – El coronel Robert Selway, comandante de la base, ordenó a todos los oficiales afroamericanos firmar una declaración en la que afirmaban haber leído y aceptado el Reglamento 85-2. Los oficiales de los 101 aviadores de Tuskegee se negaron a hacerlo en lo que se conoció como el Motín de Freeman Field (véase el libro "El Motín de Freeman" del coronel C. Warren).

## Coronel Benjamin O. Davis Jr.

» 1945 (junio) – El coronel Benjamin O. Davis Jr. fue nombrado comandante del 477.º Grupo Compuesto, que incluía miembros del 99.º Escuadrón de Caza y del 100.º Grupo de Caza. Comenzaron su entrenamiento para el combate en el Teatro del Pacífico.

» 1945 (12 de agosto) – El consejo de guerra resultó en la absolución del llamado «Grupo del Motín de Freeman Field» por parte de la Fuerza Aérea, y se retiraron los cargos, excepto los presentados contra el teniente Roger Terry.

» 1945 (25 de agosto) – La Segunda Guerra Mundial terminó con la rendición de Japón.

» 1945 (2 de septiembre) – La Segunda Guerra Mundial finalmente terminó, y se reconoció con orgullo la valiosa contribución de los miembros del 99.º Escuadrón de Caza y del 332.º Grupo de Caza.

» 1948 – Las Fuerzas Armadas se integraron oficialmente. Los aviadores de Tuskegee continuaron bajo el mando del coronel Benjamin O. Davis, Jr. Los 450 pilotos negros del Escuadrón de Caza fueron enviados a combatir en los teatros de operaciones de África, Europa y el Mediterráneo.

» 1948 (26 de julio) – El presidente Truman emitió dos órdenes ejecutivas. La primera, la Orden Ejecutiva 9980, establecía: "Toda acción de personal tomada por los funcionarios federales que realizan nombramientos está autorizada y se ordena que consista en las medidas apropiadas para garantizar que en toda acción de este tipo no haya discriminación por motivos de raza, color, religión u origen nacional". En febrero de 1948 presentó una propuesta similar para la integración en las fuerzas armadas, pero se enfrentó a una fuerte oposición de los congresistas del Sur. La segunda Orden Ejecutiva, la 9981, se centró específicamente en el requisito de que "el personal militar tenga pleno acceso a todas las ramas de las fuerzas armadas y esté libre de cualquier forma de discriminación basada en la raza, el color, la religión o el origen nacional".

## Guerra de Corea

» 1950-1953 – Guerra de Corea – Aproximadamente 195 000 personas negras formaban parte de la Compañía Coreana, lo que representaba el 13 % de las tropas estadounidenses. Alrededor de 3223 personas, el 9 % del total de soldados negros alistados, murieron en combate. La Guerra de Corea marcó el fin de las unidades segregadas en todas las Fuerzas Armadas de los Estados Unidos.

» 1954 (27 de octubre) – El coronel Benjamin O. Davis, Jr., fue ascendido a general de brigada, convirtiéndose en el primer afroamericano en ostentar una estrella en la Fuerza Aérea de los Estados Unidos.

» 1955 (15 de mayo) – Se publicó la primera edición de «Los aviadores de Tuskegee», la historia de la persona negra en la Fuerza Aérea de los Estados Unidos, de Charles E. Francis, en Boston, Massachusetts.

## Guerra de Vietnam

» 1961-1973 – Guerra de Vietnam – Hubo 275 000 personas negras, el 10 % del total de las fuerzas que sirvieron en Vietnam. Se registraron 5711 muertes en combate (el 12,1 % del total) y 1530 muertes no relacionadas con el combate.

» 1967 – Eugene Mann, hijo del teniente coronel Mann, fue dado de baja con honores del Cuerpo de Marines.

## Ascenso de afroamericanos a altos cargos militares

» 1967 – Lawrence Washington se convirtió en el primer hombre, negro o blanco, en recibir un nombramiento como oficial en el Cuerpo de Enfermeras del Ejército de los Estados Unidos.

» 1971 – La Dra. Lauranne Sams, exdecana y profesora de enfermería de la Universidad de Tuskegee, fue fundadora y primera presidenta de la Asociación Nacional de Enfermeras Negras.

» 1971 (agosto) – Impulsados por Charles Francis, los Aviadores de Tuskegee formaron su primera organización nacional, ahora ampliamente conocida y reconocida como la prestigiosa Tuskegee Airmen, Incorporated

(TAI). Esta organización nacional se fundó en 1972 y obtuvo su estatuto legal en 1975.

» 1975 (septiembre) – Daniel "Chappie" James fue ascendido a general, convirtiéndose en el primer afroamericano en ostentar el rango de general en las fuerzas armadas de los Estados Unidos de América.

» 1979 – La general de brigada Hazel W. Johnson-Brown se convirtió en la primera mujer negra en el Departamento de Defensa en alcanzar el rango de general de brigada y la primera mujer negra en ser jefa del Cuerpo de Enfermeras del Ejército.

» 1982 – Fostine Riddick se convirtió en la primera enfermera negra nombrada miembro del consejo directivo de una importante institución académica, la Universidad de Tuskegee, Alabama.

» 1991 – La general de brigada Clara Adams-Ender se convirtió en la primera mujer negra y enfermera en ser nombrada comandante general de un puesto del Ejército. Como la mujer de mayor rango en el Ejército, comandó a más de 20 000 enfermeras que prestaban servicio en la Guerra del Golfo Pérsico.

» 1991 – Estalló la Guerra del Golfo Pérsico y aproximadamente 104 000 miembros de las Fuerzas Armadas (el 24,5 % del total) eran afroamericanos que servían en Arabia Saudita. Alrededor de 27 murieron durante la invasión militar de Irak, conocida como la Operación Tormenta del Desierto.

## Revisión del indulto por el motín de Freeman Field

» 1995 (12 de agosto) – La Fuerza Aérea eliminó los antecedentes de los aviadores de Tuskegee involucrados en el llamado "motín de Freeman Field", reivindicando así su defensa de la igualdad y la justicia como oficiales de las Fuerzas Armadas de los Estados Unidos.

## Homenaje a los Aviadores de Tuskegee

- » 1996 – El presidente Clinton rinde homenaje a los Aviadores de Tuskegee y a otros veteranos de la Segunda Guerra Mundial en una ceremonia en la Casa Blanca, Washington D.C.
- » 1997 (18 de agosto) – Los Aviadores de Tuskegee, todos oficiales en el momento del motín, regresaron a Seymour, Indiana, donde fueron arrestados 52 años antes por intentar entrar a un club de oficiales segregado.
- » 1998 (10 de diciembre) – El general Benjamin O. Davis, Jr., nacido el 18 de diciembre de 1912 en Washington D.C., comandante de los pilotos de Tuskegee, recibió su cuarta estrella. El presidente William Clinton lo ascendió a general de cuatro estrellas. No perdió ni un solo bombardero durante sus 200 misiones de escolta en la Segunda Guerra Mundial. Esta cuarta estrella la recibió 28 años después que su padre, el primer general de brigada afroamericano en unirse al Ejército.

## Reonocimento Nacional de los Aviadores Tuskegee

- » 2005: El Congreso aprueba la concesión de la Medalla de Oro del Congreso a todos los Aviadores de Tuskegee originales, incluyendo al personal de apoyo.
- » 2006 (23 de febrero) – La Universidad de Tuskegee otorga doctorados honoris causa a los pilotos de caza que

participaron en la Segunda Guerra Mundial como parte de los famosos Aviadores de Tuskegee.

» 2006 (11 de abril) – El presidente George W. Bush promulga la ley que otorga la Medalla de Oro del Congreso a los Aviadores de Tuskegee que participaron en la Experiencia Tuskegee durante la Segunda Guerra Mundial.

» 2007 (29 de marzo) – El Congreso de los Estados Unidos y el Presidente otorgaron los más altos honores concedidos a los aviadores de Tuskegee: la "Medalla de Oro del Congreso".

## La importancia de usar cronologías

Después de más de 66 años, la historia de las experiencias de los Aviadores de Tuskegee durante la Segunda Guerra Mundial sigue siendo bastante desconocida. Estas cronologías pretenden demostrar que los afroamericanos siempre han luchado en defensa de su país, los Estados Unidos de América.

Durante la Segunda Guerra Mundial, los Aviadores de Tuskegee se enfrentaron a la contradicción de luchar por la democracia y la libertad de otros, especialmente de los europeos en el extranjero, mientras sufrían discriminación en el ejército, servían en unidades segregadas y se enfrentaban a la realidad de que, en su propio país, sus derechos humanos y civiles estaban limitados y flagrantemente negados en todos los aspectos de la vida.

Los Aviadores de Tuskegee y los afroamericanos que sirvieron en el ejército, tanto en unidades segregadas como no segregadas, establecieron precedentes clave para la lucha por los derechos civiles y humanos universales en los Estados Unidos de América y en el mundo. Estos principios de acción para la libertad y la igualdad incluyen, entre otros, las siguientes lecciones:

1.  El éxito en una sociedad segregada se logra mediante el establecimiento de metas específicas y objetivos medibles que sean alcanzables frente a la discriminación, la segregación y las conductas prejuiciosas.

2.  Los aviadores de Tuskegee y el liderazgo del Instituto Tuskegee y otras universidades históricamente negras (HBCU) enfatizaron el valor de la educación como medio fundamental para asegurar el éxito en la profesión elegida. Estos pilotos y el personal de Tuskegee estaban bien educados y preparados intelectualmente para afrontar las exigencias técnicas de la tecnología aeronáutica.

3.  La resistencia y el afrontamiento de la discriminación y los prejuicios percibidos se lograron mediante un fuerte sentido innato de carácter y determinación. Esta fortaleza interior permitió que cada aviador de Tuskegee mantuviera la confianza en alcanzar la excelencia en todo su entrenamiento, en el combate, en el pilotaje y en el mantenimiento de aeronaves durante la Segunda Guerra Mundial. Estos decididos aviadores y personal de Tuskegee tenían claro que el fracaso no era una opción. Entendían que un solo paso en falso, un revés o un fracaso tendría consecuencias de gran alcance para todos los miembros en entrenamiento y para la comunidad afroamericana. Un ejemplo de esta determinación para superar los obstáculos como grupo fue cuando fueron acusados de hacer trampa en el examen de ingreso porque sus calificaciones eran demasiado altas, entre el 92 y el 100 por ciento. El oficial blanco exigió que todos volvieran a presentar el examen. Sin protestar, todos lo presentaron por segunda vez y aprobaron con calificaciones aún más altas, que oscilaron entre el 97 y el 100 por ciento.

4.  Un mensaje claro de la experiencia de los aviadores de Tuskegee es que el éxito se logra mediante el esfuerzo

individual y grupal y la conciencia, estrechamente vinculados a la comunidad. Como lo expresa el teniente coronel Hiram Mann: "Nuestra principal fuente de apoyo fue la comunidad afroamericana, que nos brindó un sentimiento de aliento, inspiración, protección y orgullo inquebrantable, incluso en los momentos más difíciles, a pesar de que las leyes de segregación racial (Jim Crow) seguían vigentes en los estados del sur donde estábamos destinados".

Finalmente, al repasar la cronología de la historia de los Aviadores de Tuskegee, es fundamental considerar los acontecimientos que precedieron a su experiencia, así como los ocurridos durante la Segunda Guerra Mundial y tras su exitosa conclusión. El reto para todos nosotros, como estadounidenses y ciudadanos del mundo, es asegurar que estas experiencias y logros de los Aviadores de Tuskegee se incluyan como parte integral de la historia de Estados Unidos, su historia militar y la historia mundial. La enseñanza de esta historia honrará las contribuciones de los Aviadores de Tuskegee durante la Segunda Guerra Mundial, incluyendo a todo el personal de apoyo en tierra. Además, es importante que se honre el servicio militar de todo el personal afroamericano y demás personal militar de la Segunda Guerra Mundial y que este se incluya en los libros de historia que documentan los acontecimientos de la Segunda Guerra Mundial.

# CAPÍTULO IX

## Diario de las Epístolas del Teniente Coronel Hiram E. Mann, Piloto de Tuskegee

### Importancia de la lectura de una fuente primaria: El diario de las Epístolas

EL PROPÓSITO DE ESTE CAPÍTULO es presentar al lector las "Epístolas", la voz personal y las reflexiones del teniente coronel Hiram E. Mann, plasmadas en su diario personal desde la década de 1940 hasta la actualidad. Estos pensamientos son suyos y fueron plasmados de una manera que ofrece una perspectiva de la vida de los afroamericanos que vivieron durante la época de las leyes de segregación racial (Jim Crow) y que sirvieron en las fuerzas armadas de Estados Unidos durante las décadas de 1930 y 1940, en pleno apogeo de la Segunda Guerra Mundial. Es importante que el lector se sitúe en este contexto histórico del lenguaje y el estilo de vida que padecieron los afroamericanos, ya fuera como militares o residentes de la comunidad negra de Cleveland, Ohio, o de cualquier otra comunidad en Estados Unidos donde la segregación racial era la norma. Por lo tanto, las "Epístolas" que siguen no fueron editadas para asegurar que se conservaran los pensamientos, las palabras y el contexto originales. Las historias del diario del teniente coronel Hiram E. Mann se presentaron, en su mayoría, en orden cronológico, según fechas, años y eventos.

## Entré al servicio militar para servir a mi país.

En 1940, Estados Unidos ordenó el registro de reclutamiento de todos los ciudadanos varones aptos para el servicio militar, de entre 18 y 37 años. Su servicio militar duraría un año para preparar una reserva de recursos militares en caso de que las hostilidades en Europa se extendieran a Estados Unidos. Cuatro o cinco años después, los afortunados reclutas que aún vivían, que eran militares experimentados, fueron dados de baja. En septiembre de 1939, ingresé en el Philander Smith College en Little Rock, Arkansas. Allí conocí a la chica (Kathadaza Henderson, cuyo apodo era "Kitty") a quien le pedí que fuera mi compañera de vida. Nos casamos el 3 de septiembre de 1940, después de haber completado mi primer año. Kathadaza había terminado su tercer año en Wilson Junior College, en Chicago, Illinois. No formamos nuestra familia hasta nueve años después.

Cuando Estados Unidos entró oficialmente en la Segunda Guerra Mundial, el 7 de diciembre de 1941, tras el bombardeo japonés de Pearl Harbor, los hombres solteros con diversas exenciones fueron llamados a filas en masa. Reflexioné seriamente sobre la agitación que se gestaba en Europa y la amenaza a nuestra nación. Para mí, luchar por mi país era primordial. Kathadaza había recibido un certificado médico que me eximía del servicio militar por tener una esposa con problemas de salud. Sin embargo, esto no mermó mi deseo de unirme al ejército y convertirme en piloto.

Una señora de la junta de reclutamiento, la madre de un amigo del instituto, me comentó durante una conversación informal que estaban a punto de llamarme a filas. Todos los solteros elegibles de mi junta ya habían sido reclutados. Escribí al Departamento de Guerra solicitando instrucciones sobre cómo ingresar en un programa de entrenamiento de vuelo para luchar por mi país. Oí que se estaba organizando una unidad en el Cuerpo Aéreo del Ejército para entrenar a pilotos afroamericanos. Se conocería como el 99.º Escuadrón de Caza, un grupo exclusivamente afroamericano que se estaba organizando en el Instituto Tuskegee, en Tuskegee, Alabama. Siempre había deseado volar un avión, pero creía que era imposible porque no tenía dinero para pagar las clases de vuelo. Hasta ese momento, se sabía que no existían instalaciones separadas (segregadas) en el Cuerpo Aéreo del Ejército.

Esta era mi oportunidad de cumplir mi sueño de volar un avión en el ejército. Escribí una carta solicitando mi ingreso a esta unidad de entrenamiento de pilotos militares. Posteriormente, en la primera carta de rechazo, me informaron que para ser elegible.

Había que ser soltero y tener al menos dos años de universidad. Me casé después de mi primer año. Tenía dos desventajas: un año de universidad, estar casado, y la tercera, ser negro. A medida que la guerra se intensificaba, el Departamento de Guerra modificó dos de las tres desventajas: solo había que aprobar las rigurosas pruebas y exámenes físicos y mentales. Ya no se requería tener un mínimo de dos años de universidad ni ser soltero. Volví a presentar mi solicitud por segunda vez. Esta vez recibí una respuesta, fechada el 7 de diciembre de 1942, informándome de que mi solicitud había sido recibida y archivada, y que me avisarían cuando hubiera una plaza disponible. Casi dieciocho meses después, recibí una carta en la que me ordenaban presentarme para jurar lealtad a la Reserva del Cuerpo Aéreo del Ejército. Más adelante me indicarían cuándo debía presentarme para el entrenamiento de piloto. En marzo de 1943 recibí órdenes de presentarme en Fort Hayes, Columbus, Ohio, para jurar lealtad al servicio militar activo.

En Fort Hayes, me incorporaron junto con George Catlin, Timothy Ivory, Earl Lane y William Tolliver. Tras tres días de trámites, recibimos nuestra ropa militar y correo para nuestros hogares civiles, exámenes médicos y vacunas, pruebas de aptitud y completamos formularios administrativos, incluyendo seguro, testamento, poder notarial, etc. Cuatro de nosotros, soldados afroamericanos, fuimos subidos a un vagón especial de tren segregado y llevados al aeródromo militar de Keesler, Mississippi, conocido como "el corazón del Sur". Este aeródromo militar estaba ubicado cerca de Biloxi, Mississippi. Allí, nos unimos a otros 1000 soldados negros en los escuadrones de entrenamiento básico 1169 y 1170. Recibí 28 días de entrenamiento militar básico, que incluyeron un campamento, un período de servicio en la cocina, un turno de guardia y un curso de manejo de armas. En el aeródromo de Keesler, las nuevas regulaciones exigían que todos los soldados en entrenamiento básico permanecieran confinados durante los primeros 30 días de servicio, antes de poder obtener un permiso para entrar en la ciudad de Biloxi. Un sargento alto y de tez clara, encargado de la sala de preparación, tenía un negocio ilícito en el que cobraba a cada recluta 10 centavos por un paquete de dispositivos de protección antes de que pudiera recibir su pase, el cual ya había sido aprobado por el comandante de la unidad. (Debió haber amasado una pequeña fortuna).

Tras completar el entrenamiento básico, algunos fuimos trasladados en tren al Instituto Tuskegee de Alabama (TIA) para evaluar nuestra posible formación como estudiantes de aviación. El Instituto contaba con cinco cuarteles en las inmediaciones del campus para alojar a los estudiantes de aviación militar. Las pruebas que realizamos en Kessler Field determinaban quiénes recibirían uno, dos, tres, cuatro o cinco meses de cursos universitarios. Estos cursos incluían historia, geografía, inglés, matemáticas superiores (humanidades) y, por supuesto, el entrenamiento físico. Tuve la suerte de ser admitido, pero me tocó el grupo que debía recibir los cinco meses en el Destacamento de Entrenamiento Universitario (CTD). En el CTD, no nos mezclábamos con los estudiantes universitarios civiles. Allí recibimos nuestras primeras lecciones de vuelo, que consistían en un mínimo de 10 horas en un Piper Cub, un J-3 y un avión. Esta fue la primera vez en mi vida que estuve lo suficientemente cerca de un avión como para tocarlo.

La eliminación académica del programa de entrenamiento comenzaba aquí. Había aspirantes que sufrían de astrafobia, claustrofobia, mareo por movimiento, ansiedad extrema y/u otros trastornos, tanto físicos como mentales. Quienes en mi clase completamos el entrenamiento de vuelo en CTD fuimos designados como Clase 44-F. Nos graduamos como Cadetes de Aviación. Nos trasladaron al Campo Aéreo del Ejército de Tuskegee (TAAF), a unos seis kilómetros de distancia, para dos meses de instrucción teórica previa al vuelo. Luego regresamos a TI para dos meses de entrenamiento de vuelo básico y formación teórica. Mi clase fue la primera en volar el avión Fairchild PT-19. Las clases anteriores a la mía volaron el Stearman PT-17.

Después del entrenamiento básico, volvimos a TAAF para dos meses de entrenamiento de vuelo básico en el Vultee BT-13 y dos meses más de entrenamiento de vuelo avanzado en el North American AT-6. La Clase 44-F se graduó de la Escuela de Entrenamiento de Vuelo Avanzado del Campo Aéreo del Ejército de Tuskegee el 27 de junio de 1944. Había 26 pilotos en mi clase: 19 pilotos de combate monomotor y 7 pilotos multimotor.

Todo nuestro entrenamiento se realizó en el Campo Aéreo del Ejército de Tuskegee. Al graduarnos, recibimos nuestro primer permiso. En mi caso, esto significó 15 meses de entrenamiento sin un permiso de fin de semana aprobado ni ningún otro tipo de licencia. A los pilotos monomotor se les ordenó regresar al Campo Aéreo del Ejército de Tuskegee después del permiso para realizar nuestro Entrenamiento Táctico de Aeronaves en el Curtis Warhawk P-40. A los pilotos multimotor se les ordenó ir al Campo Aéreo del Ejército de Goodman, Kentucky, para realizar su entrenamiento en el bimotor Billy Mitchell B-25.

La única diferencia en el entrenamiento entre los pilotos blancos y negros era que los cadetes de aviación blancos recibían cada fase de su entrenamiento en diferentes aeródromos construidos especialmente para esa fase. Los pilotos negros completaban su entrenamiento; Me refiero a todo en el Campo Aéreo del Ejército de Tuskegee (TAAF) en Tuskegee, Alabama. Dado que el TAAF era el único campo donde se entrenaba a personas negras, todo se realizaba allí. Todos nuestros instructores de vuelo eran blancos. Nuestros oficiales de guerra química, entrenamiento físico y otras escuelas de tierra eran de color. No había habido pilotos militares negros antes de la Clase 42-C, la primera en graduarse de la Escuela de Vuelo del TAAF. Cuando los pilotos negros veteranos del 332.º Grupo de Caza completaban sus períodos de servicio extendidos, regresaban a los Estados Unidos de América y se volvían a entrenar como pilotos instructores, siendo asignados al TAAF. En ese momento, los pilotos negros no podían enseñar a volar a los estudiantes de piloto blancos.

Este es mi recuerdo de aquel maravilloso día, tal como lo describí en "¿Demasiado bajo? ¿Demasiado alto?".

## Demasiado bajo, demasiado pequeño - Graduación de la Clase 44-F

La mañana siguiente amaneció radiante y despejada. Un día perfecto, 27 de junio de 1944, para un desfile de graduación y una boda. Hoy era nuestro día. La Clase 44-F encabezaría el desfile. Como era verano, el uniforme consistía en nuestras nuevas camisas y pantalones de gabardina color caqui y nuestras gorras de gala de oficiales. No la llamativa "Fighter" con su "50 misiones aplastantes", sino la más formal y rígida "Luxemburg". Daba igual; habríamos llevado gorros de pescador si hubiera sido necesario. Hoy era el día de la graduación.

Los cadetes formaron en la calle junto al cuartel de cadetes, como de costumbre. Esta vez, los tres oficiales cadetes que lideraban la formación eran Hugh J. White, Carl F. Ellis y Lewis J. Lynch. Esta vez fui yo quien dio un paso al frente, llamó a la formación a la posición de firmes y tomó el informe de los comandantes de vuelo. Se lo comuniqué al capitán de cadetes y me coloqué a su izquierda. Los tres marchamos hasta la cabeza de la columna, detrás de la banda de música. Hugh dio la orden: "¡Adelante, marcha!", la banda comenzó a tocar la emocionante melodía de "La Canción de la Fuerza Aérea", y partimos.

Ese fue el momento de mayor orgullo de mi vida hasta entonces. Al doblar la esquina, Hugh nos dio a Carl y a mí la orden de «Miren a la izquierda». Esto nos permitió observar al resto de la formación mientras doblaba la esquina. ¡Qué espectáculo! Todo el escuadrón de cadetes avanzando como un solo hombre, con los estandartes relucientes, los brazos balanceándose al unísono, una formación perfecta, un día perfecto. Como es habitual en el día de la graduación, las calles estaban llenas de espectadores.

Al acercarnos a la capilla, pudimos ver a nuestros familiares afuera, esperando nuestra llegada. Se les habían reservado asientos, así que no tuvieron que preocuparse por dónde sentarse después de que los graduados entraran al edificio. Pasamos por el ritual del cambio de mando, entregando el escuadrón al capitán de la Clase 44-G, luego entramos a la capilla y tomamos asiento. El edificio se llenó muy rápidamente después de que nos sentamos. La ceremonia de graduación transcurrió sin problemas, con discursos del comandante de la base, el coronel Noel F. Parrish, y no recuerdo quién más.

## Las dificultades para ver a mi esposa

Me alisté en el Ejército en Fort Hayes, Columbus, Ohio, y me enviaron a la Base Aérea del Ejército de Keesler (KAAF), cerca de Biloxi, Mississippi. Allí recibí 28 días de entrenamiento básico en la 1169th. Unidad de Entrenamiento Básico. En la KAAF, la norma era que todos los soldados novatos debían permanecer en la base durante los primeros 30 días de su asignación (ya fuera por escrito, verbalmente o por orden del oficial al mando; no lo sé). Sin embargo, nos dijeron que, presentando una carta de cualquier miembro de nuestra familia, podríamos obtener un permiso para pasar la noche del fin de semana y visitarlos.

Kathadaza estaba en Nueva Orleans con su madre, a solo unos 110 kilómetros de distancia. Le escribí esta información en cuanto la supe. Su padre había trabajado en Biloxi y conocía a una señora que alquilaba habitaciones de tránsito a trabajadores que estaban en la ciudad por temporadas cortas. Ella se puso en contacto con ella para hacer una reserva. Kathadaza redactó la carta requerida. Se la presenté al Comandante y se aprobó el pase. El procedimiento era el siguiente: después del servicio y la cena del viernes por la noche, los soldados cuya solicitud de pase había sido aprobada por el Comandante del Escuadrón debían presentarse en la oficina para recoger sus pases. Ese viernes en particular, después de cumplir con mis obligaciones y prepararme para el aseo personal, me dispuse a ver a mi esposa, a quien no había visto en aproximadamente dos meses. Me presenté en la oficina de la unidad y solicité el pase para el soldado Mann, Hiram E. El sargento a cargo me informó que tendría que comprar un paquete de equipo de protección antes de que me entregara el pase. El suboficial a cargo era el responsable después del servicio. Era un suboficial alto, de tez clara, de unos 25 años.

Le dije al sargento que mi pase había sido aprobado para visitar a mi esposa y que no necesitaba ninguna protección para verla.

El sargento me informó que si no compraba los dispositivos de protección, no me darían el pase. Por supuesto, los compré. (Como era un recluta básico, sabía que el Cuerpo Aéreo del Ejército los proporcionaba gratuitamente a los soldados que los solicitaban).

Esto ocurrió en abril de 1943. Una noche, alrededor de julio o agosto de 1946, estábamos en el Club de Oficiales de la Base Aérea del Ejército de Lockbourne, cerca de Columbus, Ohio, cuando levanté la vista y, al otro lado de la gran sala, vi nada menos que al sargento. Al darme cuenta de quién era, recordé lo que me había hecho. Solté una palabrota y dije: "Ese es el suboficial a cargo que me acosó antes de darme un pase para ver a mi esposa". Estuve tentado de acercarme a hablar con él sobre el procedimiento que tenía establecido. Sin embargo, mi esposa me convenció de no hacerlo.

## Versos Do-Do (Balbuceo sin sentido aprendido para disciplinar)


**—¿Cómo está la vaca? —¡Señor!** La vaca camina, habla, está llena de tiza; el líquido lácteo extraído de la hembra bovina es sumamente prolífico, ¡señorrrrr!

**—¿Ha comido suficiente? —¡Señor!** Mi sociedad gastronómica me advierte que he llegado a ese estado de deglución, que es muy coherente con mi estado dietético, ¡señor!

**—¿Entiende? —¡Señor!** Mi cabeza está hecha de una gruesa capa de mármol de Vermont y marfil africano, cubierta con una gruesa capa de acero templado, que forma una barrera impenetrable para todo lo que intenta imprimirse en los tejidos cenicientos de mi pobre cerebro. Por lo tanto, señor, soy muy tonto y no entiendo, ¡señorrrrr!

**—¿Qué hora es, señor? —¡Señor!** El funcionamiento interno y los mecanismos ocultos de mi pobre cronómetro están en tal estado de desincronización con el gran movimiento sideral por el cual se suele calcular el tiempo, que no puedo precisar la hora exacta; sin embargo, señor, sin temor a equivocarme demasiado, diré que son aproximadamente "en blanco" tics, "en blanco" segundos y "en blanco" minutos después de la "en blanco" hora, ¡señor!

## Mediodía, julio de 1944

El Congreso finalmente, a regañadientes y tras algunas vehementes protestas, aprobó el proyecto de ley que admitiría a personas negras en el Programa de Entrenamiento de Vuelo del Ejército. El lugar para realizar el entrenamiento era un área a las afueras del pequeño pueblo de Tuskegee, Alabama, cerca del Instituto Tuskegee. En el Instituto, el entrenamiento de pilotos civiles era un curso impartido por personal de pilotos civiles negros antes del comienzo de la Segunda Guerra Mundial.

Tuskegee se encuentra en el corazón del Sur de Estados Unidos y tiene una pequeña población compuesta aproximadamente por un 80 % de personas negras y un 20 % de personas blancas. La comunidad blanca rodeaba la base. No veían con buenos ojos el aeródromo segregado en su zona, sobre todo porque estaba destinado al entrenamiento de soldados de color como pilotos. El primer comandante del Campo Aéreo del Ejército de Tuskegee (TAAF) fue el mayor Jas A. "Straight Arrow" Ellison, un hombre moderado. Al cabo de unos meses, el teniente coronel Frederick H. Von Kimble, un acérrimo defensor de la segregación racial, lo reemplazó. Trabajó para apaciguar a la inquieta y atemorizada comunidad blanca de Alabama.

El teniente coronel Parrish reemplazó a Von Kimble cuando la moral en la base estaba por los suelos. A pesar de ser sureño, utilizó su conocimiento de las relaciones humanas y su poder de persuasión para mantener la paz entre los ciudadanos descontentos. La segregación racial era la condición que dominaba todo en el Sur.

Cuando la TAAF abrió sus puertas en 1941, su misión era entrenar a personas negras para pilotar aeronaves militares. El personal militar y civil responsable del mantenimiento y la realización de operaciones en el campo era predominantemente blanco. Los oficiales negros habían sido entrenados en las bases aéreas del Ejército de Chanute y Selfridge para realizar mantenimiento, instrucción en tierra y comunicaciones. Habían sido transferidos para entrenar al personal alistado negro en estas especialidades.

El ambiente en TAAF era el mismo que desde que comenzó el entrenamiento de los soldados negros a finales de 1941: una tranquilidad reconfortante. Nadie parecía oponerse a la segregación racial, salvo en el entrenamiento de vuelo. Al fin y al cabo, los soldados negros estaban siendo entrenados para ser pilotos en las Fuerzas Armadas de Estados Unidos.

A nadie parecía preocuparle demasiado que blancos y negros no socializaran ni almorzaran juntos en la base, ya que esta era la norma fuera de ella. No había club de oficiales blancos, comedor, sala de comidas ni teatro en la base. La base había sido acondicionada para los soldados negros. Los oficiales blancos iban a sus casas en la ciudad para estas cosas, compraban su almuerzo en la cafetería junto al economato de la base o llevaban su propia comida y almorzaban en privado en sus oficinas. Se daba por sentado que esta cafetería era el comedor de oficiales blancos. Un día antes, entraron en la cafetería, tomaron bandejas, eligieron la comida, pagaron, se sentaron en sus mesas y almorzaron.

Noté que los oficiales blancos pasaban parte del tiempo observando a los oficiales negros y, a veces, invadían la zona donde estos se sentaban, les quitaban las servilletas y las tiraban al suelo, a veces incluso con comida dentro, para luego marcharse sin más. Hablé con un amigo y le comenté que era evidente que intentaban provocar un incidente. Nosotros, los oficiales negros, nunca respondimos a este comportamiento porque teníamos un único objetivo: volar aviones. Gradualmente, se contrató a empleados negros y civiles para atender al personal negro alistado en el hospital de la base aérea, el comedor, la torre de control, el personal de mando, los mecánicos, los jefes de tripulación, los paracaidistas, el personal de telefonía, los centinelas (policía militar), la tienda de la base, el economato y todo el personal de apoyo necesario para el funcionamiento de una base aérea.

Antes de la década de 1940, no había pilotos militares negros en ninguna de las Fuerzas Armadas estadounidenses. Por lo tanto, no había instructores de vuelo negros para enseñar a volar a los reclutas negros. Muchos de los pilotos instructores blancos aceptaron sus asignaciones en nombre del ejército e hicieron todo lo posible para ayudar a sus alumnos a obtener sus codiciadas alas plateadas. Estas alas conllevaban el nombramiento como subteniente (u oficial de vuelo) en el Ejército de los Estados Unidos. Por supuesto, hubo instructores que se opusieron desde el principio a que los pilotos negros volaran. No apreciaban sus asignaciones y, de forma encubierta, y algunos abiertamente, ponían obstáculos en el camino de sus alumnos.

El malestar comenzó a crecer entre algunos oficiales negros permanentes que no eran alumnos en formación: los oficiales de medicina, derecho, mantenimiento, armamento, guerra química, suministros, parque automotor, etc. Los "abogados del club" murmuraban su descontento con la situación, lo que provocó reacciones adversas e irritación en sus filas.

Se decía en voz baja que, según la documentación militar, no debía haber segregación, ni instalaciones segregadas, en las bases militares. La baja autoestima entre la población negra y la tensión racial entre negros y blancos eran generalizadas en toda la base. El coronel Parrish se enteró de este descontento y, en un día inolvidable de julio de 1944, convocó una reunión de oficiales a las 12:00 horas en la capilla de la base.

Los pilotos de monomotores de la Clase 44-F habían regresado recientemente a TAAF tras el primer permiso concedido a sus miembros desde su ingreso en el Cuerpo de Cadetes de Aviación. Se les otorgaron 15 días de permiso tras su graduación. Se les ordenó regresar a TAAF para realizar la transición al P-40 Warhawk.

Era un típico día cálido y soleado de julio de 1944 en TAAF, Alabama. El comandante de la base, el coronel Noel F. Parrish, había sido informado del descontento y la tensión latente que estaba causando los disturbios. Había convocado a los oficiales a las 12:00 horas de ese día de julio de 1944.

La reunión se celebraría en la capilla de la base, que cuenta con el salón de actos más grande con asientos. Todos los oficiales destinados en la TAAF debían estar presentes: personal de mando, administrativo, comandantes de las escuelas, médicos, enfermeras, personal de vuelo (tanto instructores como alumnos) y demás. Los únicos oficiales exentos de asistir eran aquellos cuyos puestos requerían personal de forma obligatoria.

Estábamos todos en nuestros puestos y puntuales. Nos sentamos con tensa aprensión, preguntándonos por qué se había convocado a los oficiales. Nadie parecía estar muy preocupado ni excesivamente angustiado; en el aeródromo, blancos y negros no socializaban ni almorzaban juntos.

La campana de la capilla comenzó su lento repique, doce veces, y luego reinó un silencio ensordecedor. Poco después de que la campana dejara de sonar, La puerta de la capilla se abrió con tal fuerza que todos giraron la cabeza para ver qué había causado el alboroto.

Era el coronel Parrish quien se acercaba. ¡Se gritó "¡Atención!". Entonces el coronel Parrish caminó rápidamente por el pasillo, quitándose la gorra de guarnición con la mano derecha y disculpándose mientras caminaba. Llevaba tres grandes carpetas bajo el brazo izquierdo. Caminó hasta el púlpito, colocó las carpetas sobre él y dio la orden de "Descanso". Abrió la primera carpeta por una página que había marcado y comenzó: Según la Directiva del Departamento de Guerra "umpti-ump", dice; según la Circular de Guerra "umpti-ump", dice; según "umpti-ump", dice. Leyó de cada carpeta, una tras otra, a medida que terminaba de leer el párrafo.

Luego anunció: "¡Por lo tanto, NO HABRÁ SEGREGACIÓN EN ESTA BASE! ¡Muchas gracias!". Y abandonó el púlpito abruptamente en menos de dos minutos. El mensaje tardó en calar hondo. Sin embargo, la tensión tardó más en disiparse. Cuando regresamos a la TAAF, en diciembre de 1945 y enero de 1946, tras el fin de la Segunda Guerra Mundial, todos los instructores de vuelo blancos habían sido reemplazados por instructores afroamericanos.

## Primer aniversario, más un día: Graduación de la Clase 44-F (D 2)

Veintisiete miembros de la Clase 44-F se graduaron en la Escuela de Entrenamiento Avanzado de Vuelo del Campo Aéreo del Ejército de Tuskegee en 1944. Había 19 pilotos de aviones monomotor (SE) y 8 de aviones bimotor (TE). La separación de los pilotos de bimotores de los pilotos de monomotores se produjo inmediatamente después de la graduación, el 27 de junio de 1944. Se les ordenó regresar a diferentes aeródromos para la transición a bombarderos medianos B-25 "Billy Mitchell" totalmente equipados, tras su permiso de graduación, mientras que a los pilotos de monomotores se les ordenó regresar al aeródromo militar de Tuskegee para la transición a aviones P-40 Warhawk tras 15 días de permiso.

Cuando zarpamos de Hampton Roads, punto de entrada Norfolk, Virginia, hacia el APO n.º 520, a bordo del buque Liberty S.S. Patrick Henry, dejamos atrás al oficial de vuelo (F/O) Yenwith Whitney. Él se embarcó con la Clase 44-G. Recogimos al teniente Ralph Orduna de la Clase 44-E. El teniente Richard S.A. Armistead fue relevado del servicio de vuelo poco después de la graduación. Los médicos de vuelo determinaron que estaba "demasiado ansioso para el servicio de combate" justo después de graduarse.

Al llegar a nuestro campamento en Ramitelli, Italia, los miembros fueron sometidos a otro examen físico para determinar si estaban aptos para el combate. Uno de los miembros de la clase, el oficial de vuelo Robert Murdic, sufrió ansiedad de combate; su hipertensión y ansiedad ante la perspectiva del combate eran tan intensas que su presión arterial se disparó y no se pudo bajar. Fue repatriado inmediatamente a los Estados Unidos de América.

Durante el entrenamiento, dejamos al teniente Robert Lawrence y al oficial de vuelo Wyrain Schell en Walterboro, Carolina del Sur. Habían sufrido un accidente automovilístico y fueron hospitalizados. También fueron relegados a la Clase 44-G. Los 17 miembros restantes de la clase que habían estado juntos en el entrenamiento fueron distribuidos entre los cuatro escuadrones del 332.º Grupo de Caza.

Había pilotos de enlace afroamericanos (observadores) de la 92.ª División de Infantería (que habían sido entrenados para volar en la TAAF) estacionados al norte de nuestro campamento en Italia. Algunos pilotos llegaron a nuestro campo de aviación en sus aviones Piper L-5 de observación sin motivo aparente el 27 de junio de 1945. Nuestros pilotos despegaron y volaron los aviones. Fue curioso ver cómo estos aviones se desplazaban desviados por el aire. Nuestros hombres realizaban correcciones excesivas y manejaban con sumo cuidado los aviones ligeros.

Esa misma noche, 27 de junio de 1945, mis compañeros celebraron el primer aniversario de la graduación en el Club de Oficiales. Había sillas apoyadas contra la mesa en memoria de los compañeros que ya no estaban con nosotros. Brindamos por ellos, dondequiera que estuvieran: Frank Wright había muerto en combate; Jim Wright había fallecido en Myrtle Beach, Carolina del Sur, en aquel trágico accidente; Hugh White, Leon Spears, James Mitchell y Lincoln Hudson habían sido derribados y se habían convertido en prisioneros de guerra. Los once pilotos de caza de la promoción 44-F que permanecieron en Cattolica, Italia, se reunieron en el Club de Oficiales para celebrar el primer aniversario de la graduación de dicha promoción. Nos sentamos alrededor de la mesa y brindamos con una bebida fermentada de cebada y maíz, colocando una silla al revés. Eran Carl Ellis, Charles Hill, Rupert Johnson, Robert Lawrence, George Lynch, Lewis Lynch, Hiram Mann, Wyrain Schell, Harry Stewart, Samuel Washington y Yenwith Whitney (¡Whitney no bebió!).

Nuestra especialidad en operaciones militares (MOS 1055) era piloto de caza monomotor. Dado que nuestra guerra en Europa había terminado el 8 de mayo de 1945, no había combate en el que participar. Cada piloto tenía programados vuelos regulares para acumular horas de vuelo y mantener su destreza. Se elaboraron y publicaron los horarios, y debíamos cumplirlos.

El horario de vuelo del 100.º Escuadrón de Caza para el 28 de junio de 1945 ya estaba publicado. Me tocaba volar después del almuerzo. Además, se había publicado un horario para practicar tiro con pistolas calibre .45 en el campo de tiro esa tarde. Me tocaba participar en ambas actividades: primero en el campo de tiro y luego en el vuelo. Me había excedido celebrando la noche anterior en el OC. En el campo de tiro, cada vez que el martillo de mi .45 golpeaba la recámara, sentía que la cabeza me iba a explotar. Anuncié que no estaba en condiciones de volar, que volvía a mi tienda para descansar. Estaba demasiado aturdido. Los hombres de mi zona me echaron sus pistolas calibre 45 al hombro para que las llevara y las sostuviera hasta que volvieran de volar.

Después del campo de tiro, algunos de nuestros muchachos decidieron volar hasta el campamento del 92 y hacer una maniobra arriesgada, que consistía en sobrevolar su sitio a baja altura y ascender en picado (una maniobra extremadamente peligrosa). Para ofrecerles un buen espectáculo aéreo, el teniente Floyd Squires decidió volar hasta mi base esa tarde. Los muchachos subieron y se esforzaron al máximo en el 92. ¡La tragedia fue parte importante de ese espectáculo! De alguna manera, durante el picado de Squires, cuando estaba invertido, su avión se estrelló contra el suelo. En esta maniobra, cuando se está invertido, hay que operar los controles al revés que cuando se vuela en posición normal: para ascender, la palanca de mando debe empujarse hacia adelante. Para tirar de la palanca hacia atrás, el avión desciende hacia el suelo. Nadie sabrá jamás qué sucedió exactamente, ¡pero Squires se estrelló contra el suelo!

## AP – 40 Warhawk Thriller

La promoción 44-F se graduaba de la 2143$^{rd}$. Escuela de Entrenamiento Básico de Vuelo de la Fuerza Aérea del Ejército, en el aeródromo de Tuskegee, el 27 de junio de 1944. La mayoría no habíamos tenido un solo día de permiso desde que ingresamos al servicio militar. En mi caso, habían pasado 15 meses. Al graduarnos, nos concedieron 15 días de permiso y nos ordenaron regresar a la Escuela de Entrenamiento de Vuelo para la transición al avión táctico P-40 Warhawk. El P-40 es un avión Curtis, con un motor Allison de 1150 caballos de fuerza. Si uno se coloca justo frente al cono de la hélice y observa el tren de aterrizaje, este parece estar desviado hacia adentro, con un tren de aterrizaje muy estrecho. Los P-40 de nuestra escuela de vuelo eran reliquias. Los registros mostraban que algunos habían sido utilizados por los Tigres Voladores en el teatro de operaciones de China/Myanmar. Eran aviones de segunda mano de los "Flying Tigers" y aún conservaban las pinturas de dientes de tiburón en las cubiertas del motor. Los volábamos con gasolina de bajo octanaje. El piloto debía estar extremadamente atento al aterrizar. Se descontrolaba fácilmente.

Un conocido de mi instituto, de mi ciudad natal, Cleveland, Ohio, que iba por delante de mí en la clase de entrenamiento de vuelo 43-H, tuvo un accidente en un P-40 aproximadamente un año antes. Su relato fue: "Cuando se aproximaba para aterrizar, tuvo un problema y quiso dar otra vuelta. Había un obrero en una escalera pintando un edificio. Al acelerar, perdió el control del avión. El avión no impactó contra el edificio, pero golpeó al hombre en la escalera y le amputó las piernas. El avión se estrelló y se incendió. El piloto se salvó, pero sufrió quemaduras graves".

Yo estaba realizando mi primer o segundo vuelo de transición en un P-40. Realicé las maniobras prescritas para esa sesión. Me habían dado autorización para aterrizar. Mis tramos de viento a favor y cruzado fueron satisfactorios. Inicié la aproximación y descendí a altitud. Bajé el tren de aterrizaje y los flaps, reduje la potencia del motor, ajusté el trimado, bajé el morro y, de repente, vi a un grupo de trabajadores cruzando la pista con una escalera.

Debí de recordar el accidente de mi conocido. Un accidente que no había presenciado, pero la ansiedad de pilotar un avión desconocido me vino a la mente. Aceleré a fondo para abortar el aterrizaje. El motor no toleró la inyección repentina de gasolina de bajo octanaje. Arrancó, rugió y luego falló. Reduje la potencia del motor y lo intenté de nuevo.

Pasé por encima del inicio y más de la pista al intentarlo una y otra vez, con el mismo resultado. Todo el tiempo estuve sobrevolando la pista de aterrizaje, tan necesaria, con el tren de aterrizaje y los flaps aún en posición baja, preparándome para el aterrizaje. (Un viejo piloto Como dice el refrán: «No puedes usar la pista que dejas atrás». Había un grupo de árboles a poca distancia, al final de la pista. En algún momento, tuve la lucidez de retraer el tren de aterrizaje y los flaps. Levanté la nariz del avión justo a tiempo para sobrevolar las copas de los árboles al pasar por el final de la pista, pero no tenía suficiente velocidad y el avión se estrelló detrás de los árboles, en un claro al otro lado. El motor arrancó y rugió suavemente. Pude maniobrar para ascender correctamente y reincorporarme al circuito de tráfico para otro intento de aterrizaje.

Mientras tanto, mientras luchaba con este avión que fallaba sobre la pista, algunos de mis compañeros estaban en la sala de operaciones y oyeron el ruido. Salieron corriendo al porche para ver quién lo causaba. Llegaron justo a tiempo para ver cómo el avión desaparecía tras los árboles. Más tarde me contaron que un compañero subió corriendo la colina para avisarle a mi esposa que me había estrellado. No esperó a ver cómo el avión emergía de detrás de los árboles. Por suerte, ella no estaba en casa. También me contaron que los compañeros que vieron el avión ascender lanzaron un fuerte grito llamándome. No me sentí débil ni nervioso hasta después de aterrizar, rodar de regreso, estacionar el avión y bajar al ala.

## Caso del bolsillo de la camisa móvil

La Clase 44-F regresó al Campo Aéreo del Ejército de Tuskegee en julio de 1944, después de que nos concedieran 15 días de permiso por graduación. Habíamos regresado para nuestra transición al avión táctico Curtiss P-40 Kittyhawk de 1150 caballos de fuerza. Mi compañero de clase, el subteniente Robert W. Lawrence, y su flamante novia de la infancia, la teniente Mary Rickards Lawrence, enfermera en el hospital de la base; mi esposa, con quien llevaba casi cuatro años casado, y yo estábamos sentados en una mesa almorzando en el comedor del Post Exchange (la cafetería de la base era utilizada exclusivamente por los oficiales blancos en la base en ese momento).

Vi que Mary y Bob estaban frente a Kathadaza. Bob, Mary y yo llevábamos nuestros uniformes militares de verano de color caqui. Noté que el bolsillo izquierdo del pecho de Mary se movía. Intenté desviar la mirada y no quedarme mirando lo que creía ver. Nuestra conversación era informal, casual, mientras disfrutábamos del almuerzo. Cada vez que veía que el bolsillo se movía, mi mirada se dirigía hacia allí. No recuerdo cómo sucedió, si me pilló mirando o si pregunté al respecto. Pero Mary sonrió, metió la mano en el bolsillo izquierdo del pecho y sacó una cría de ardilla. Mary la había encontrado en el suelo y su instinto maternal no le permitía dejarla morir. Quería salvarla. La había guardado en su bolsillo. Ese era el motivo del movimiento.

## Cincuenta Misiones Cumplidas y Saludo Impecable

El párrafo no. 52 de las Órdenes Especiales no.24, del Cuartel General del Comando de Entrenamiento de Vuelo del Este de las Fuerzas Aéreas del Ejército, en Tuskegee Field, Alabama, con fecha del 17 de junio de 1944, delegó la autoridad para otorgar las Calificaciones Aeronáuticas, las cuales determinaban quiénes se graduarían en la Clase 44-F del 126th Escuadrón, en Tuskegee Army Air Field, Alabama, el 27 de junio de 1944. Todo piloto deseaba que su saludo fuera impecable y enérgico, y que su gorra luciera el aspecto de haber cumplido 50 misiones desde la primera vez que la usó oficialmente, después de la graduación. Y quería que su saludo fuera impecable y enérgico.

Podíamos usar una copia de esta Orden Especial para encargar y comprar nuestros uniformes de oficial, hechos a medida, de color rosa y verde. Después de recibir la Orden Especial, comprábamos nuestras gorras de vuelo, las remojábamos en agua y las dejábamos secar. Al sentarnos, colocábamos las gorras en la parte interior de las rodillas. El objetivo era deshacerse del «nuevo look» y que nuestras gorras se parecieran a las de los pilotos veteranos. (O darles el aspecto de haber participado en 50 misiones). Nosotros, los pilotos militares novatos, nos poníamos frente a los espejos de la letrina y nos saludábamos, practicando saludos rápidos y enérgicos. En broma, nos llamábamos «teniente» y decíamos «señor», y nos indicábamos el rango según el número de serie, que, por supuesto, se asignaba alfabéticamente. Los oficiales de vuelo aún no eran tenientes. Tenían que ser ascendidos a ese rango.

## Puedes luchar, sangrar y morir, pero aquí no puedes comer.

Las pilotos del 19th Escuadrón de Combate de Aviones Monomotor, pertenecientes a la Clase 44-F, completaron su entrenamiento de reemplazo en el extranjero en la Unidad de Entrenamiento Básico 2246 en la Base Aérea del Ejército de Walterboro, Carolina del Sur (WAAF), en noviembre de 1944. A las graduadas se les concedieron cuatro días de permiso previo al embarque para visitar a sus familias antes de partir al combate en el Teatro de Operaciones Europeo.

Algunos compañeros de clase vivían lo suficientemente cerca como para viajar en autobús o tren para ir y volver a casa en los cuatro días asignados. Otros tuvieron que volar debido a la lejanía de las ciudades: Los Ángeles, Detroit, San Luis, Chicago, Cleveland, Nueva York, etc. Durante la guerra, a los pasajeros aéreos se les asignaba prioridad para el espacio en los aviones según la urgencia. A quienes volábamos a casa se nos había asignado la prioridad A-1, la más alta. Diez o doce de los oficiales pilotos fueron trasladados en autobús militar a la terminal aérea civil cerca de Walterboro. La WAAF estaba situada a unos 65 kilómetros al oeste de Charleston, Carolina del Sur, donde se encontraba la terminal aérea comercial más cercana.

Cuando los aviones despegaron con compañeros a bordo, llegó el momento de la bajada de guardia y solo quedamos dos: Frank Wright, un hombre negro de tez muy clara, a quien se suponía que era caucásico, y yo, un afroamericano inconfundible.

Decidimos que queríamos comer. Buscamos un sitio y entramos en la cafetería. Colgamos nuestros abrigos, pusimos nuestras gorras en el perchero y nos sentamos en el mostrador como cualquier ciudadano estadounidense respetuoso de la ley. La cafetería no estaba llena. Unas cinco camareras estaban reunidas al fondo, junto a las puertas de la cocina, susurrando entre ellas. Al cabo de un rato, una se acercó, se inclinó y me dijo: "Lo siento, aquí no servimos a personas de color". Frank y yo nos levantamos, recogimos nuestras prendas y nos dirigimos hacia la puerta. La cajera gritó: "¡Teniente, teniente!". Ambos nos giramos y la miramos. Nos hizo señas para que nos acercáramos. Frank regresó; yo seguí caminando delante. La cajera le dijo a Frank que lo sentía, que como éramos oficiales del Ejército de los Estados Unidos, había llamado a la gerencia para preguntar si podíamos ser atendidos. La gerencia había dicho: "¡No!". Frank le preguntó a la cajera dónde podíamos comer algo. La cajera le dijo a Frank que había una cafetería al otro lado del vestíbulo. Podíamos comer allí. Así pues, nos fuimos a nuestros respectivos destinos. Regresé a casa, a Cleveland, Ohio.

Los cuatro días en casa, en Cleveland, Ohio, pasaron volando, demasiado rápido, y los diez o doce que éramos empezamos a llegar a la terminal aérea de Washington, D.C., para tomar nuestros vuelos de regreso a casa. Nos reunimos unos seis u ocho y alguien sugirió que fuéramos a la cafetería a comer. Frank y yo les dijimos que no nos atenderían allí; teníamos que ir a la cafetería. Entramos a la cafetería, como corresponde a la gente decente, pedimos café y donas, pagamos y nos atendieron. Mientras comíamos, se armó un gran alboroto en la entrada. Una anciana blanca, menuda y de pelo gris, estaba parada en el umbral con las manos en las caderas gritando: «¡Me alegraré cuando pongan letreros que digan que no se puede comer aquí! ¡No saben que la terminal aérea de Washington está en la orilla de Virginia del río Potomac y que no se supone que coman con gente blanca!». Lincoln Hudson intervino y dijo: "¡Ojalá esas balas también tengan blanco y negro!". Tras el insulto, no hubo ningún incidente.

Irónicamente, Frank Wright murió en combate aéreo; Lincoln Hudson, James Mitchell, Leon Spears y Hugh White fueron derribados y hechos prisioneros de guerra durante la Segunda Guerra Mundial. Estos heroicos afroamericanos sirvieron a su país en las fuerzas armadas, pero nunca experimentaron la justicia, la igualdad de trato ni la libertad por la que luchaban.

## Prisioneros de guerra alemanes e italianos

No puedo enumerar todos los incidentes degradantes a los que nos vimos expuestos durante las distintas etapas de nuestro entrenamiento. Mencionaré una situación muy conmovedora que ocurrió en Walterboro, Carolina del Sur, en 1944, y también doce años después en Montgomery, Alabama, en 1956, mientras asistía a la Escuela de Comando y Estado Mayor de la Universidad del Aire. Prisioneros de guerra italianos y alemanes, nuestros enemigos en combate durante la Segunda Guerra Mundial, habían sido traídos a Estados Unidos.

Los campos de prisioneros de guerra en Europa seguían abarrotados. Fueron transportados a través del océano para realizar trabajos forzados en algunas bases y campamentos de Estados Unidos. Los fines de semana, diversas organizaciones, como las Cámaras de Comercio y organizaciones fraternales blancas, patrocinaban a los prisioneros en las instalaciones de la USO para actividades recreativas, socialización, entretenimiento, baile o cine.

Conozco estas dos ciudades porque estuve allí y lo presencié. También ocurría en otras ciudades. Nosotras, militares estadounidenses negras, no podíamos, o teníamos prohibido, entrar en estas instalaciones o asistir a estas actividades. Cuando mis compañeras y yo completamos nuestros tres meses de entrenamiento de vuelo de reemplazo en el extranjero en la WAAF, se nos permitieron cuatro días de permiso por embarque. Se nos otorgó la categoría de viaje prioritario "A-1" para los vuelos de regreso a casa. La mayoría volábamos al aeropuerto de Washington, D.C., para tomar aviones que nos llevaran a nuestras respectivas ciudades de residencia.

Es bien sabido por cualquier persona que haya servido en las instalaciones donde se mantenía a estos prisioneros que los prisioneros de guerra enemigos eran traídos a Estados Unidos debido a la escasez de celdas en el extranjero. Los prisioneros de guerra alemanes e italianos comían con los soldados blancos, pero los soldados negros permanecían segregados para comer y para actividades recreativas.

## Travesía del Atlántico

La Clase 44-F completó su entrenamiento de vuelo como caza monomotor de reemplazo en el extranjero en la Base Aérea del Ejército de Walterboro, Carolina del Sur, en noviembre de 1944. Realicé mi último vuelo de entrenamiento en el avión P-47 Thunderbolt (fabricado por Republic con un motor Pratt & Whitney de 2300 caballos de fuerza) el 14 de noviembre de 1944.

Quince de nosotros fuimos relevados de nuestra asignación en la 126.ª Unidad de Base de la Fuerza Aérea en Walterboro, Carolina del Sur, y trasladados en tren al Campamento Patrick Henry, Virginia, el 25 de noviembre de 1944. Nos alojaron en una zona segregada. El segundo teniente Robert W. Lawrence y el oficial de vuelo Wyrain T. Schell resultaron heridos en un accidente automovilístico, y el oficial de vuelo Yenwith K. Whitney, por alguna razón, se quedó atrás. Nos transportaron en tren al puerto de embarque de Hampton Roads, Norfolk, Virginia. Zarpamos del astillero de Newport News, Virginia, a bordo del USS "NATHAN HALE", un buque Liberty ligero, el 1 de diciembre de 1944. Formábamos parte de un convoy de 115 barcos que cruzaría el océano Atlántico.

El convoy tardó 19 días, con noches de oscuridad total, en cruzar el Atlántico, navegando por una ruta en zigzag para evitar los submarinos nazis, que eran frecuentes en aquella época. Destructores y otros dragaminas estadounidenses entraban y salían constantemente mientras escoltaban al convoy y lo protegían de los barcos alemanes. A bordo de nuestro barco viajaban 39 soldados afroamericanos de la Tropa Miscelánea. (Un soldado de la Tropa Miscelánea era un soldado sin especialidad, analfabeto. Algunos no sabían leer

ni escribir sus propios nombres). Durante el trayecto, algunos nos pidieron que escribiéramos cartas de la Victoria a esposas, familiares, novias y amigos.

La carga principal de nuestro barco, sin contar a los 15 pilotos del Ejército Negro y a los 39 soldados de Tropas Misceláneas Negras, eran suministros de la tienda del puesto. Como no llevábamos equipo pesado, nuestro barco flotaba a gran altura sobre el agua. Esto era importante porque aumentaba el cabeceo, el balanceo y la guiñada del barco.

Además, un convoy solo puede viajar a la velocidad de su barco más lento. Desconozco si el nuestro era el más lento. Estoy seguro de que contribuimos a ralentizar el convoy. Al cruzar el Estrecho de Gibraltar, la tripulación anunció que nos encontrábamos en un punto del mundo relativamente cercano a tres continentes a la vez: Europa, África y Asia.

La tarde del día 19, parte del convoy atracó en un puerto de Orán, en el norte de África. Sabíamos (¡estábamos seguros!) por las experiencias de nuestros predecesores, los pilotos negros que habían viajado por esta ruta antes que nosotros, que esta era la que debíamos tomar. Por lo tanto, asumimos que desembarcaríamos esa misma noche o a la mañana siguiente.

Los oficiales del barco convencieron a nuestro jefe de clase para que nos gastara una broma a los 14 restantes. Nos dijo que a siete se les permitiría bajar a tierra a las 19:00 horas en una lancha auxiliar. Para determinar cuáles serían esos siete, sacamos papelitos con las palabras "ir" o "quedarse". Los que eligieron "ir" se afeitaron, se ducharon y se arreglaron para pasar la noche en tierra después de la larga travesía. No recuerdo qué papelito me tocó. Llegó la hora, y luego pasó. A los que eligieron "ir" se les dijo que tuvieran paciencia, que la lancha auxiliar se retrasaba. Finalmente, todos nos dimos cuenta de que era una broma. ¡La ira nos invadió!

¡Sorpresa! ¡Sorpresa! Al parecer, el procedimiento había cambiado en el mes transcurrido desde que las promociones anteriores de pilotos negros fueron enviadas. A la mañana siguiente, nuestro barco Liberty y otros estaban de vuelta en el mar Mediterráneo. Tres días después, el pequeño convoy atracó en un puerto de Marsella, Francia. Era el 23 de diciembre de 1944, dos días antes de Navidad. Todos los pilotos y tripulantes fuimos trasladados a una zona de concentración separada en las afueras de la ciudad, al otro lado de la isla prisión «CHÂTEAU D›IF». Desde la orilla podíamos ver los edificios de la prisión. La primera noche, todo el personal recién llegado, los 15 que éramos junto con los blancos, nos reunimos para una importante sesión informativa a cargo del comandante de la zona de concentración. Nos indicaron que debíamos permanecer cerca de la zona y presentarnos diariamente. Permaneceríamos allí no más de tres días y luego seríamos enviados a nuestras unidades asignadas, individualmente, en parejas o en grupos de no más de tres, para cumplir con nuestros destinos permanentes en el extranjero.

Los pilotos negros sabíamos que solo había un destino para los quince. Sabíamos que nuestro destino era un aeródromo militar en Italia, en la costa del Adriático, en la zona de Foggia. Éramos quince pilotos afroamericanos de cazas monomotor, ansiosos por unirnos al 332 Grupo de Caza y poner a prueba nuestras habilidades contra el enemigo.

En este punto de partida, recibimos el mismo trato que los oficiales caucásicos. La excepción fue que no partimos individualmente, ni en parejas, ni en tríos, a diferentes bases, como sí lo hicieron nuestros compañeros oficiales blancos. El Cuerpo de Transporte tardó trece días en reorganizar las instrucciones y órdenes de envío para que partiéramos hacia nuestro aeródromo de origen en los Estados Unidos. Este es otro ejemplo del precio que pagó Estados Unidos durante la guerra a causa de la discriminación y la segregación. Jamás podremos calcular cuántas vidas de jóvenes estadounidenses se perdieron debido a la discriminación y la "protección restrictiva" que se les brindaba al personal militar que, en primer lugar, era blanco. Durante este período de espera, los pilotos negros podían ir a Marsella casi a diario, paseando, disfrutando de las vistas y maravillándose de estar en Marsella, Francia. Conseguir que nos llevaran a la ciudad no era problema, ya que los camiones militares estadounidenses circulaban constantemente por la carretera. Solíamos viajar en grupos de dos o tres.

Algunos de nosotros contactamos con soldados rasos y cabos negros que pertenecían al batallón portuario. Descargaban barcos y cargaban y conducían camiones militares estadounidenses que transportaban suministros y equipos del gobierno a diversos campamentos que necesitaban reabastecimiento. Más tarde descubrimos que algunos de los suministros nunca llegaron a sus destinos militares previstos. Fueron desviados intencionadamente al mercado negro. En algunos casos, los camiones militares 6x6 se vendieron junto con su carga. Estos soldados, literalmente, tenían los bolsillos llenos de francos franceses que no podían gastar de la manera adecuada. ¡Tenían francos franceses para gastar, y vaya si los gastaron! A los soldados rasos solo se les permitía enviar a casa el equivalente a su sueldo base, más un 10 % adicional. ¡Nada más!

Entiendo que el término "ellos" es una generalización o un estereotipo y debe usarse con precaución. Sin embargo, estos soldados no podían ir a la tienda militar a comprar calcetines, camisetas interiores, pantalones cortos ni ningún otro artículo de higiene personal. Podían entrar en bares y tabernas e invitar a copas a todos los estadounidenses, incluidos los oficiales blancos.

Algunos habían conseguido novias francesas que viajaban con ellos por la noche. Las chicas llevaban fajos de dinero de los soldados en sus bolsos para que estos no llevaran francos encima. Muchos compraron edificios y negocios franceses a nombre de las familias de sus amigos.

Solo unos pocos soldados del batallón portuario habían visto oficiales negros y ninguno había visto pilotos negros. Estaban encantados de «patrocinarnos» y servirnos en las tabernas. Nos elevaban a un estatus muy elevado. No creo haber visto a un solo soldado del batallón portuario con un rango superior al de cabo.

Los taxistas franceses, con sus coches de carbón, formaban una cola en la puerta principal justo antes de la retirada cada noche. Esperaban a que sus clientes habituales terminaran su jornada y estuvieran listos para deambular desde las 17:00 hasta las 23:00, hora del toque de queda. Los soldados estadounidenses pagaban el equivalente a 100 dólares al día por su "taxi personal" para que los llevara a donde quisieran. Después de dejar a los soldados en la puerta principal, se les ordenaba a los taxistas que nos llevaran a nosotros, los pilotos negros, a nuestra zona de concentración. Esta se encontraba a unos 20 kilómetros (8 millas) de distancia.

Los taxistas empezaron a quejarse y a aumentar sus tarifas diarias debido al trayecto extra hasta las afueras de la ciudad. Los soldados estadounidenses no se quejaron. Mientras estábamos en Marsella, Francia, sufrimos nuestro primer ataque nocturno alemán. Las sirenas aullaban, la artillería antiaérea disparaba, los reflectores rasgaban el cielo oscuro. Los civiles lloraban, gritaban y chillaban mientras corrían despavoridos en todas direcciones. Algunos, presas de la euforia, pasaban corriendo junto a los refugios. Llevaban consigo todo lo que podían: mascotas, colchones, cestas de comida, lo que fuera. ¡Fue una verdadera odisea!

Por una agradable coincidencia, me encontré con dos conocidos del instituto de Cleveland, Ohio, mientras paseábamos por la ciudad. Además, mi dominio del francés casi me causó problemas. Algunos franceses pensaban que era tunecino.

En ocasiones, tuve que mostrar mi tarjeta de identificación del Cuerpo Aéreo de los Estados Unidos para convencerlos de mi verdadera identidad. Entre las cosas extrañas que sucedieron durante este tiempo, un día el oficial de vuelo Samuel Washington se alejó del resto porque no se lo estaba pasando bien y estaba completamente desorientado. Durmió durante tres días y solo quería beber agua. Suponíamos y nos preocupaba que pudiera haberse adentrado en las kasbahs. Nos alegramos de que estuviera de vuelta con nosotros.

Pasaron 10 días, desde el 24 de diciembre de 1944 hasta el 3 de enero de 1945, hasta que llegaron las nuevas instrucciones y órdenes de envío que nos llevarían a los 15 desde Marsella, Francia, a nuestra base en Italia. Un momento memorable de esta travesía fue nuestra salida de Marsella, Francia, hacia el puerto italiano de Tarento, bordeando la punta de la bota y adentrándonos en el arco de la "bota". Nos alojamos a bordo del transatlántico de lujo francés "VILLE D'ORAN".

Los oficiales estadounidenses viajaron en primera clase durante los tres días que estuvimos a bordo. Los oficiales aliados eran pocos, además de nosotros 15, que viajábamos en segunda clase; el personal alistado, en tercera clase; y había muchos civiles, hombres y mujeres, "repatriados", en tercera clase. No había ningún soldado estadounidense a bordo. Estábamos en la cubierta superior y la distinción de clases era clara. La tercera clase estaba en la cubierta inferior. Comimos como en primera clase, en mesas con platos y cubiertos. En tercera clase, los repatriados recibían comida de grandes contenedores metálicos. Lo peor era que, para llegar al comedor, había que pasar por las entradas del dormitorio de tercera clase, donde el personal dormía en hamacas apiladas de tres o cuatro en tres. Se balanceaban con el movimiento del barco. Algunos vomitaban sus galletas y el hedor, junto con el olor de sus cuerpos sin lavar, se podía oler en los pasillos al pasar por los mamparos abiertos que conducían al comedor.

En Taranto, nos trasladaron, de nuevo en camiones 6x6, hasta un tren de mercancías que nos esperaba, con los famosos vagones de 40 y 8 caballos. (Quarante hommes out huite chaveaux: cuarenta hombres u ocho caballos). El tren tardó aproximadamente tres días en recorrer unos 150 kilómetros (aproximadamente 92 millas) por colinas y terreno escarpado.

Una vez más, nos subieron a camiones y nos llevaron a nuestro campamento en Ramitelli, Italia. Los camiones, con pilotos y equipaje a bordo, retumbaban por las estrechas calles italianas hasta llegar al campamento, a orillas del mar Adriático. Llegamos alrededor de las 2:00 de la madrugada.

Todo el personal del campamento salió a recibirnos con alegría. El 332$^{nd}$ Grupo de Caza se sintió aliviado y feliz cuando finalmente llegamos. Necesitaban urgentemente pilotos de reemplazo.

Había pasado mucho tiempo desde nuestra partida de Estados Unidos, o desde que nadie en casa había tenido noticias nuestras. Ni una palabra desde el 1 de diciembre de 1944 hasta el 6 de enero de 1945. Se había extendido el rumor de que nuestro buque Liberty había sido torpedeado y que todos a bordo habían perecido. Nos sometimos a exámenes médicos de inmediato para poder entrar en combate. El oficial de vuelo Robert J. Murdic no pudo soportar la presión. La ansiedad y la emoción del combate fueron demasiado para él. Los médicos de vuelo lo consideraron un riesgo en combate y ordenaron su regreso inmediato a Estados Unidos, ya que su presión arterial no bajaba a un nivel aceptable. Nunca voló en una misión de combate.

## Mi primer ataque aéreo

Una noche, durante nuestra estancia imprevista en Marsella, algunos de nosotros nos dirigimos a la ciudad desde la zona de preparación. Todos oímos el zumbido de los aviones en el cielo. Pronto nos dimos cuenta de que se trataba de un sobrevuelo de la ciudad realizado por aeronaves desconocidas. Si mal no recuerdo, no había luna, solo un cielo completamente negro. Creo que había nubes.

De inmediato, las sirenas comenzaron a sonar y los reflectores empezaron a penetrar el cielo negro con haces de luz penetrantes. Buscaban al intruso nocturno, intentando localizarlo en la tranquilidad que había reinado hasta entonces. Pronto, el fuego antiaéreo comenzó a marcar el ritmo de la escena con el sonido penetrante y entrecortado de los disparos de artillería.

Mis compañeros y yo nunca habíamos estado en un ataque aéreo real, y nos quedamos hipnotizados por lo que veíamos y oíamos. Los franceses, sin embargo, habían experimentado muchos sobrevuelos similares acompañados de bombardeos. Estaban aterrorizados. Algunos corrían cargando mascotas, perros, gatos y pájaros en jaulas, mientras que otros llevaban comida. Otros, ropa de cama y colchones pequeños. Todos corrían, buscando refugio de lo desconocido.

Corrían por el simple hecho de correr. Algunos corrían hacia el refugio antiaéreo, mientras que otros, presas del pánico, pasaban de largo los refugios o corrían en dirección contraria. Un buen samaritano, molesto por nuestra fascinación (la de mis compañeros) con lo que sucedía, insistió en que entráramos en un refugio cercano. Dentro del refugio, la gente rezaba, lloraba, gritaba, se besaba y balbuceaba incoherencias. Algunos estaban tan asustados que perdieron el control de esfínteres y se orinaban encima. No recuerdo cuántas horas permanecimos en el refugio hasta que sonó la señal de fin de alarma, pero fue un alivio alejarnos de los aterrorizados franceses. Esa noche no cayeron bombas.

## Mi primera misión de ametrallamiento en combate

Me uní al grupo como piloto de reemplazo, ya que Alemania estaba perdiendo su predominio en el teatro de operaciones europeo. La mayoría de las misiones de combate asignadas a los cuatro grupos de cazas de la 15.ª Fuerza Aérea en Italia eran de escolta de bombarderos. La mañana del 17 de enero de 1945, realicé la primera de varias misiones de ametrallamiento. Los pilotos se reunieron en la sala de reuniones a la hora señalada. ¡Los pilotos con más experiencia en combate profirieron improperios! La ansiedad se palpaba en el ambiente.

En el mapa mural de la sala de reuniones solo había una línea que indicaba la zona objetivo de la misión del día. Esto significaba ametrallamiento o bombardeo en picado. Si hubiera habido dos líneas (una roja y una verde) que se encontraran sobre la costa de Checoslovaquia, habría sido una misión de escolta. En la reunión, el ambiente estaba impregnado de la ansiedad y la tensión propias de la pre-misión. Nos dieron los nombres en clave del día y nos asignaron una zona de búsqueda y destrucción en Glogg Nitz, Alemania. (Estos datos provienen de mi diario personal). Antes de subir a la cabina de mi avión, "Boss Lady", me puse dos chicles en la boca para calmar mi nerviosismo y emoción.

Volamos hacia nuestra zona objetivo en grupo. Se identificó un objetivo y nos separamos en formaciones. Nos deshicimos de los tanques externos, maniobramos en escalón, nos separamos y rodamos sobre un tren de tropas alemán en movimiento. Yo volaba en la segunda posición, como compañero del líder de la formación. Iniciamos el picado, en formación de cola. Aceleré a fondo, apunté a un vagón de carga. Apreté el gatillo. La adrenalina se disparó al sentir cómo el avión temblaba cuando mis seis ametralladoras dispararon contra el vagón. Vi estelas plateadas de mis balas trazadoras convergiendo frente a mí.

De repente, vi balas trazadoras pasar a mi lado. Pensé que volaba más rápido que mis balas. Entonces caí en la cuenta. ¡Esos alemanes me estaban disparando! Esta posibilidad nunca se había mencionado ni discutido en el entrenamiento de vuelo ni en la escuela de tierra. Tampoco había vivido jamás una situación así.

¡Por supuesto, lo primero que pensé fue en salir corriendo de allí! Alcanzamos varios objetivos, nos reunimos y regresamos a nuestra base. Aterricé, estacioné mi avión y salí al ala. Entonces me di cuenta de que tenía la boca llena de balines. Había masticado el chicle con tanta fuerza que se había deshecho por completo. Tras la inspección posterior a la misión realizada por mi jefe de tripulación, me informó de que había una bala en la cola de mi/su avión.

## Cómo se perdió el P-51 no. 26: La primera "Boss Lady"

El primer P-51 Mustang que me asignaron fue el no. 26. Decidí llamarlo "Boss Lady" (a los aviones, barcos, coches, etc., siempre se les llama femeninos). Una vez que a un piloto se le asigna un avión, hereda al jefe de tripulación y al operador de radio/blindaje junto con el avión. Aunque el avión era mío, pertenecía al Grupo (todos ciudadanos estadounidenses). Tuve el privilegio de volarlo a diario. Es curioso que se desarrollara una estrecha relación entre mis jefes de tripulación y yo; no recuerdo sus nombres ni de dónde eran. Sin embargo, sí recuerdo que mi último operador de radio se llamaba Bill Peaks y era de Toledo, Ohio.

Cuando un avión necesitaba reparaciones que requerían tiempo, el piloto asignado volaba otro de los aviones del Grupo. Si el piloto sabía de quién era el avión que iba a volar, era una cortesía y costumbre pedir permiso. (Desconozco si se había denegado o si era posible hacerlo).

Cuando los pilotos eran asignados a un escuadrón, sus nombres se colocaban al final de la lista para descansar y recuperarse en nuestro campamento durante una semana. Después de esa semana, me tocaba ir al campamento de Nápoles, Italia, también durante una semana. Nuestro campamento estaba en la costa este del mar Adriático, y nuestro campamento de descanso se encontraba en la costa mediterránea, a unos 240 kilómetros a través del terreno montañoso. El avión de mi amigo Arnett Starks necesitaba reparación por algún motivo. Mi avión fue asignado a Arnett mientras yo estaba fuera. Me lo comentó durante el desayuno el día que partíamos hacia el campamento. Al final de cada semana, se realizaba el relevo de residentes del campamento. Un vehículo 6x6 del sitio 332 traía a los recién llegados al campamento y recogía a los que ya habían descansado para trasladarlos de vuelta al campamento.

El 23 de marzo de 1945, el camión llegó desde el campamento base con el nuevo contingente del 332$^{nd}$ Escuadrón, según lo previsto. Tras el almuerzo y un breve descanso, el conductor cargó al grupo que regresaba y emprendió el camino de vuelta a nuestro campamento al otro lado de Italia. El sol se puso durante el trayecto y el frío de la montaña se hacía sentir en la caja del camión. Al anochecer, mientras nos dirigíamos a nuestra base, a más de la mitad del camino, el camión presentó una avería en el motor. El aeródromo militar de Capodichino era la instalación militar más cercana. Llegamos con dificultad y las reparaciones se realizaron lo más rápido posible. Luego continuamos hacia nuestra base y llegamos después de las 2:00 de la madrugada, con frío, hambre y cansancio.

Por suerte, el capitán Maloney, médico de vuelo, viajaba en el camión. Declaró que ningún piloto de ese camión volaría en combate esa mañana del 24 de marzo de 1945. El horario de vuelo diario se había publicado en el comedor la noche anterior, como era costumbre. Me asignaron la posición Charlie, la del Corazón Púrpura. Esta posición era la número cuatro amarilla. Es decir, el cuarto hombre del cuarto escuadrón (el último del número), la posición más fácil de atacar por la retaguardia. No hay nadie detrás para cubrirle la espalda.

En el desayuno, mi nombre había sido tachado y el de Arnett estaba escrito a mano en mi lugar, pilotando el avión número 26. Arnett se me acercó en el desayuno y me dijo que se había dado cuenta de que estaba pilotando mi avión en mi lugar y me preguntó si estaba bien. ¡En un caso así, uno no puede decir simplemente "No"! La misión despegó "sin mí". El objetivo era Berlín. El grupo participó en una acción aérea enemiga durante esa misión. En el enfrentamiento, Arnett fue derribado y el avión se perdió. Sus restos nunca fueron encontrados. El viejo dicho: "¡Si no fuera por la gracia de Dios (y el problema del camión), podría haber sido yo!"

## Monitoreo de Águilas - "Mis Tres Peores Días en el Ejército"

Las sesiones informativas siempre se realizaban temprano por la mañana, antes del despegue. En ellas se nos informaba sobre el tipo de misiones que realizaríamos ese día, la zona objetivo, el indicativo de llamada de nuestro grupo, el indicativo de llamada del grupo que sería escoltado (bombarderos, lanzamiento de suministros, reconocimiento fotográfico o escolta de apoyo terrestre). También se nos revelaba el escuadrón líder de la misión, el esfuerzo previsto para ese día (máximo o limitado), etc. Esta información crucial se proporcionaba durante la sesión informativa.

El esfuerzo máximo para el 332$^{nd}$ Grupo de Caza, "Los Colas Rojas", consistía en cuatro escuadrones de cuatro aviones cada uno (rojo, blanco, azul y amarillo), más dos de reserva por escuadrón, lo que sumaba un total de 72 P-51 (Mustang) para una misión de "máximo esfuerzo". El número de aviones para el esfuerzo limitado variaba. Éramos el único Grupo de Caza de la Decimoquinta Fuerza Aérea con un escuadrón de cuatro cazas. Cuando el líder del grupo pertenecía al cuartel general, el escuadrón líder del grupo siempre se denominaba "Percy".

Los colores de las aletas de compensación identificaban al escuadrón (o escuadrones) dentro del Grupo de Caza al que estaba asignado un P-51 Red Tail. El nombre en clave del 99.º Escuadrón de Caza era "Subsoil" y sus aviones tenían aletas de compensación azules; el nombre en clave del 100$^{th}$ era "Counter" con aletas de compensación negras; el nombre en clave del 301$^{st}$ era "Bubbles" con aletas de compensación blancas; y el nombre en clave del 302$^{nd}$ era "Doorknob" y sus aviones tenían aletas de compensación amarillas.

El 20 de febrero de 1945, los pilotos, los aviones y el personal de mantenimiento de vuelo del 302$^{nd}$ Escuadrón de Caza fueron redistribuidos entre los otros tres escuadrones. El 5 de marzo de 1945, se desactivaron las funciones oficiales restantes del 302$^{nd}$ Grupo de Caza, y todo el personal y material restante se reasignó y distribuyó entre los tres escuadrones restantes. El escuadrón líder del Grupo siempre se designaba con ese nombre de llamada (PERCY), por ejemplo: "Counter Red Leader". El comandante del escuadrón líder del grupo se designaba como "Counter Red One". El compañero del líder del escuadrón líder del grupo, Counter Red Two (hombre número 2), siempre era asignado como el individuo responsable de monitorear a los bombarderos por radio. Su deber principal era mantener el enlace con el grupo específico para el cual el Grupo de Caza estaba designado para volar escoltas y mantener la cobertura para esa misión. Los nombres de las señales de llamada de cada grupo de caza y las señales de llamada de su grupo de bombarderos designado se daban en la sesión informativa matutina. Counter Red One y Two se dirigían a la pista y tomaban posiciones de despegue esperando la bengala verde de la torre de control. Esto indicaba su hora de despegue. En la bengala, mantienen los frenos y lentamente aumentan la potencia al máximo. Sueltan los frenos y aceleran por la pista para despegar. Cuando el último avión, el 18$^{th}$., del escuadrón líder ha despegado, el avión líder del segundo escuadrón (en el mismo extremo de la pista, lado opuesto de la pista de aterrizaje) comienza su carrera de despegue. Cuando el último avión del segundo escuadrón (el 18$^{th}$) despejó el extremo opuesto de la pista, la torre de control disparaba una segunda bengala verde. El avión líder del tercer escuadrón comienza su carrera de despegue en la dirección opuesta. Esto continúa hasta que el avión 72$^{nd}$ haya despegado. Si ocurría un accidente o emergencia en la pista, la torre de control disparaba una bengala roja para detener temporalmente los despegues. El jefe de grupo debe poseer y demostrar tremendas habilidades y conocimientos de vuelo para liderar un Grupo de Caza de 72 aviones (máximo esfuerzo), que incluye dos aviones de reserva para cada escuadrón y un total de ocho de reserva.

El procedimiento de despegue del líder del grupo, una vez en el aire, consiste en reducir la potencia del motor a una velocidad de vuelo lenta y segura, y ascender en línea recta, una distancia predecible, antes de iniciar su giro de 180 grados a la izquierda. Cada piloto que le sigue se coloca en posición: cuatro aviones por formación, cuatro formaciones por escuadrón más dos de reserva.

El líder del segundo escuadrón se sitúa a la derecha del líder del escuadrón de reconocimiento. Sus pilotos planean hasta su posición mientras las dos formaciones sobrevuelan el aeródromo base. El tercer escuadrón debería estar despegando en ese momento, y el líder asciende rápidamente para posicionarse a la izquierda del líder del escuadrón de reconocimiento. Sus pilotos se colocan en posición, al igual que los del cuarto escuadrón.

Si es necesario, el líder del escuadrón de reconocimiento dirigirá al grupo sobre el aeródromo base nuevamente para retomar el rumbo hacia la zona objetivo del día, ascendiendo continuamente hasta alcanzar la altitud asignada. En nuestro caso, el vuelo generalmente se realizaba siempre hacia el norte, 360 grados con una tolerancia de ±15 grados. Un punto de encuentro habitual era la costa norte del mar Adriático. Nuestra altitud asignada solía ser de unos 25.000 pies. Los bombarderos volaban normalmente a unos 20.000 pies. Queríamos alcanzar nuestra altitud antes de llegar a la costa. Volábamos a unos 5.000 pies por encima de los bombarderos y aviones de lanzamiento de suministros que escoltábamos. Volábamos a la misma altitud que los aviones de reconocimiento. Cuando escoltábamos aviones de fotorreconocimiento, los pilotos de reconocimiento decidían los objetivos y las altitudes de vuelo. Volábamos a sus alas con tres aviones a cada lado en formación de "V".

Cuando esta misión específica de escolta de bombarderos se acercaba a la costa, yo comenzaba mi transmisión para intentar contactar con nuestros "águilas" (bombarderos). Repetición continua de ambos indicativos, como «Hola Cupcake, hola Cupcake, aquí Butterfly, cambio». Esperaba una respuesta como «Hola Butterfly, hola Butterfly, aquí Cupcake, nuestra posición está aproximadamente a 'X' minutos del punto de encuentro, cambio».

En esta misión, yo era el segundo al mando del vuelo líder. Era el compañero de ala del líder del grupo. Mi responsabilidad era establecer y mantener contacto por radio con nuestros Eagles.

Los aviones de reserva habían sido liberados antes de que el grupo llegara a la costa checa para regresar a la base. El resto de los aviones de la misión alcanzaron altitud antes del punto de encuentro. Todo el tiempo estuve transmitiendo nuestros indicativos, esperando ansiosamente la respuesta.

Finalmente, recibí una respuesta débil. "Hola Mariposa, hola Mariposa, soy Cupcake, soy Cupcake, tenemos "hora de arriar el saco" (abortado, cancelado y regresado a la base). Le pedí al transmisor que "repitiera" su mensaje. Lo hizo. Cambié al canal de radio de nuestro grupo; canal "B" para informar al Líder Rojo que nuestras águilas habían "terminado el saco". El Comando Rojo confirmó mi transmisión y decidió el punto de encuentro del grupo. Hicimos dos órbitas en nuestra zona de encuentro antes de que también pudiéramos descansar.

Cuando la misión regresó a nuestra base, el escuadrón líder fue el primero en aterrizar. Antes de que los aviones estuvieran en los refugios, el Coronel Davis, Comandante del Grupo, hizo que su conductor lo llevara rápidamente en su jeep hasta el avión del líder de la misión. El Coronel Davis quería saber por qué todos los aviones del grupo habían regresado tan pronto. El Líder Rojo le dijo que habíamos recibido una transmisión de nuestros Eagles anunciando que habían abortado la misión. El Coronel quería saber quién había monitoreado a los Eagles. Le dijeron que "Mann" lo había hecho.

El Coronel Davis se acercó inmediatamente a mí y me interrogó sobre la transmisión entre los Eagles y yo. Repetí lo que había oído y lo que había sucedido. Me sentí muy aliviado cuando el Teniente Henry Peoples, uno de los miembros de mi escuadrón, intervino. El Teniente Peoples dijo que había cambiado al Canal "C" y... Escuché las transmisiones entre nosotros.

Como era de esperar, durante la evaluación (el análisis posterior a la misión) estaba muy preocupado. La inquietud y la angustia me acompañaron durante los tres días siguientes. Seguía esperando. Temía enterarme de que los alemanes habían engañado a un grupo entero de cazas estadounidenses, los habían alejado de sus Eagles y se habían dado un festín derribando bombarderos estadounidenses como si fueran presa fácil.

Nunca supe la razón, pero la transmisión de "Cupcake" había sido auténtica. Todo había salido según lo previsto. Los Eagles habían abortado su misión y regresado sanos y salvos a su base. ¡Uf!

## Hoy no hay misión: ¡No se metan en problemas!

El día comenzó con los pilotos programados para la misión en febrero de 1945, quienes se presentaron a la sesión informativa a la hora indicada. Escuchamos con ansiedad al Jefe de Grupo explicarnos las zonas donde se preveía el mayor fuego enemigo, tanto aéreo como terrestre. Tan pronto como terminó la sesión informativa, el Ayudante de Grupo anunció que la misión había sido cancelada. "Alto" era la jerga de los pilotos para decir que la misión de hoy se había cancelado (¡imposible!). Todo el personal que pudo ausentarse del servicio planeó ir a Foggia, Italia, a beber y hacer lo que sea que un militar pueda hacer para entretenerse en un día sin vuelo. Mis compañeros y yo también hicimos nuestros planes. El teniente

Roland Moody no tenía ganas de ir al pueblo. Nos advirtió que iríamos, nos emborracharíamos, armaríamos jaleo y nos meteríamos en problemas. (No necesariamente fue así, pero esa fue su advertencia). El teniente Roland Moody decidió tomar el camino fácil, sin resistencia ni tentación, y se fue a su tienda a relajarse. Solo en su tienda, se durmió. ¡Sucedió algo extraño! Mientras el teniente Moody dormía, un avión de combate P-38 «Lightning» pasó volando cerca de nuestro aeródromo y se adentró en el mar Adriático. El piloto hizo un giro brusco e intentó soltar sus tanques de combustible externos. Como era de esperar, solo un tanque se desprendió sobre el mar. Los tanques no se soltaron simultáneamente. El otro tanque no se soltó. Cuando finalmente se soltó, por un infortunio inesperado, cayó en espiral. El giro fue sobre la zona de tiendas de campaña del 332$^{nd}$ Grupo de Caza, y con tiendas vacías por todas partes, los hombres estaban allí disfrutando de su tiempo libre. El tanque de gasolina cayó en espiral y golpeó la única tienda donde había una persona dentro.

Calentamos nuestras tiendas con gasolina de avión natural, canalizada bajo el suelo hasta calentadores caseros que quemaban los vapores. Eso fue todo. Hubo una explosión. La tienda se incendió. El teniente Moody se despertó con la explosión. Salió corriendo de su tienda. Inhaló tanto calor que se le quemaron los pulmones. Murió poco después de llegar al hospital. Adiós a la idea de quedarse en el campamento para relajarse y no ir al pueblo a beber.

Un día típico en la vida de un piloto de caza de combate de la Segunda Guerra Mundial

La jornada de combate comenzaba, en realidad, con la cena del día anterior. El programa de vuelos del escuadrón se publicaba en el tablón de anuncios del comedor. En él se indicaba, por nombre, quién volaría y la posición que ocuparía cada piloto en la misión del día siguiente. También se mostraba la hora de la reunión informativa del grupo.

Era responsabilidad de cada piloto consultar el tablón de anuncios cada noche. Cuando la promoción 44-F llegó al aeródromo en el extranjero, el 332$^{nd}$ Grupo de Caza se había trasladado a Ramitelli, Italia. El grupo seguía compuesto por cuatro escuadrones: el 99$^{th}$, el 100$^{th}$, el 30$^{th}$ y el 302$^{nd}$. En el ejército, como en otras organizaciones de los servicios federales estadounidenses, el último en activarse es el primero en desactivarse. El 302$^{nd}$ Escuadrón de Caza fue desactivado el 20 de febrero de 1945 para que el 332$^{nd}$ Grupo de Escuadrones de Caza se ajustara a la tabla de organización de los otros tres Grupos de Caza de la Decimoquinta Fuerza Aérea: el 31$^{st}$, el 52$^{nd}$ y el 325$^{th}$.

Además de la designación de cada posición en la formación de 18 aviones de un escuadrón, cada escuadrón tenía un código de llamada permanente: el Cuartel General era "Percy"; el 99$^{th}$ era "Subsoil"; el 100$^{th}$ era "Counter"; el 301$^{st}$ era "Bubbles"; y el 302$^{nd}$ era "Doorknob". Los aviones de reserva eran el uno y el dos del escuadrón.

Para misiones de máxima exigencia, cada escuadrón del Grupo desplegaba cuatro formaciones de cuatro aviones cada una, más dos de reserva. Las formaciones siempre se designaban como Roja, Blanca, Azul y Amarilla. Las posiciones en cada vuelo eran uno, dos, tres y cuatro. El vuelo líder del escuadrón era el Rojo Uno. El piloto que volaba en esa posición era el líder del escuadrón para esa misión. Rojo Dos era su compañero de ala, que volaba a su derecha y ligeramente detrás de él. Rojo Tres era el líder de un elemento y volaba a la izquierda de Rojo Uno y un poco más atrás. Rojo Cuatro volaba a la izquierda de Rojo Tres y un poco detrás de Rojo Tres. La configuración de los otros tres vuelos del escuadrón era la misma.

La posición en la que volaba un piloto podía indicar cómo descansaría esa noche. A Amarillo Cuatro se le conocía cariñosamente como "Corazón Púrpura Charlie" (era el último hombre en la formación de combate del escuadrón). Los dos suplentes acompañaban a los aviones en una misión típica. Estaban allí en caso de que un avión de uno de los vuelos tuviera algún problema de camino al punto de encuentro y tuviera que regresar a la base, en cuyo caso un suplente ocupaba su lugar y el otro escoltaba al avión averiado hasta la base. Si no surgía ningún problema, los dos repuestos regresaban a casa cuando las misiones llegaban al punto de encuentro.

No recuerdo que ningún trompetista tocara la diana o el toque de silencio en nuestro aeródromo en el extranjero. (Sé que no había ninguno en el campamento de descanso). Cada uno se despertaba como mejor le valía. Hacía sus necesidades como podía, intentando no despertar a sus compañeros de tienda, por si no tenían vuelo programado y querían dormir (si podían). Luego iba al comedor y hacía cola para comer. Los sargentos de cocina del Cuerpo Aéreo eran muy ingeniosos. Preparaban manjares como huevos frescos y carne, que no solían encontrarse en los comedores de las tropas terrestres.

Camiones de seis por seis transportaban a los pilotos a la carpa de información del Grupo. El oficial de información, el coronel Davis, su segundo al mando o su ayudante (el Estado Mayor Ejecutivo) recibían un mensaje codificado durante la noche, lo descifraban y preparaban la sesión informativa y el mapa correspondiente. El enorme mapa de la zona en la pared opuesta a la entrada mostraba la circunferencia de toda el área europea que el Grupo podría haber cubierto.

Al entrar los pilotos en la sala de información, sus ojos se dirigían inmediatamente al mapa de la misión, preguntándose qué misiones les esperaban. Si el mapa mostraba una línea roja desde nuestro campamento y una línea verde desde otro aeródromo, que convergían cerca de la costa de la República Checa, se trataba de una misión de escolta, con un riesgo mínimo para los cazas.

Si solo había una línea roja que terminaba en una zona controlada por el enemigo, se trataba de una misión de ametrallamiento. Las misiones de ametrallamiento solían provocar improperios entre los pilotos de caza, ya que exponían a los aviones y a sus pilotos al fuego directo de las tropas terrestres.

"¡Atención!", gritaba el oficial de información al entrar en la sala. Todos se ponían firmes. Él respondía: "¡Descanso!", y todos se sentaban. Entrando de lleno en materia, el oficial de información les explicaba a los pilotos: el tipo de misión; la zona objetivo; y qué información de inteligencia se podía esperar sobre la zona objetivo, en relación con el fuego terrestre y los ataques aéreos previstos.

El Cuartel General de la XV Fuerza Aérea proporcionó al Grupo el nombre del Grupo "Águilas" y su código de identificación. Llamábamos a los bombarderos estadounidenses y aliados "Águilas" y "Amigos". Si se trataba de una misión de escolta de bombarderos, se indicaba la zona de encuentro.

Esta información era básicamente la misma para misiones de lanzamiento de suministros, reconocimiento o escolta de convoyes, salvo que variaba el número de aviones de escolta. Se les indicó a los pilotos que sincronizaran sus relojes a la hora que determinara el Oficial de Información. Se les comunicó la hora de arranque de los motores, la hora de despegue y la hora de inicio de la ruta. También se les indicó la ruta de la misión y la dirección de la brújula, así como la hora y el lugar estimados de encuentro y la duración total estimada de la misión. Se les informó a los pilotos sobre la vestimenta que llevarían los partisanos "amigos".

Al finalizar la sesión informativa, los camiones del Escuadrón transportaron a los pilotos hasta sus aviones en sus refugios. Cada jefe de tripulación estaba allí para recibir a su piloto mientras este completaba la revisión previa al vuelo de su avión. Por supuesto, el jefe de tripulación habría hecho todo esto antes de la llegada del piloto. El piloto se subía al ala izquierda del avión con su equipo de vuelo de combate completo, excepto el paracaídas, que se encontraba en el asiento del avión. Su jefe de tripulación lo ayudaba a entrar en la cabina y a abrocharse el cinturón. La conversación, tensa y distendida, se prolongaba hasta que se encendían los motores.

A su vez, según la posición a volar, cada piloto comenzaba a rodar hasta el final de la pista. Solo teníamos una pista, desde la cual despegarían los cuatro escuadrones. Dos escuadrones despegarían de cada extremo de la pista. Después de la comprobación del magneto, los aviones se mantenían en ralentí hasta la hora del despegue. El avión líder rodaba hasta la pista esperando a que la torre disparara una bengala verde al aire justo en el momento del despegue.

Su avión rodaba por la pista, acelerando. El segundo avión ya estaría en posición y seguiría al primero mientras este despegaba. El tercero maniobraría para colocarse en su sitio y seguirlo. Este procedimiento continuaba hasta que el segundo avión de reserva del escuadrón líder despegaba, momento en el que el avión líder del segundo escuadrón se colocaba en posición y comenzaba su carrera de despegue en la pista. Uno o más de los escuadrones siempre tenían viento de frente, de cola o cruzado.

El jefe de grupo era lo suficientemente competente como para calcular la distancia a recorrer en el despegue, antes de comenzar su giro gradual a la izquierda para permitir que los 18 aviones de su escuadrón estuvieran en el aire y en formación. Los aviones del otro escuadrón, al final de la pista, estarían en el aire y se colocarían en posición a la derecha del jefe de grupo.

Mientras ambos escuadrones se colocaban en posición, los aviones debían sobrevolar el aeródromo base. Se dispara una segunda bengala verde desde la torre de control y el avión líder del tercer escuadrón, en el otro extremo de la pista, despega. Los dos últimos escuadrones deberían unirse a los dos primeros a tiempo para que los cuatro sobrevuelen el aeródromo y comiencen a navegar rumbo al punto de encuentro.

Esto continuaría mientras el tercer y cuarto escuadrón se posicionan a la izquierda del líder del grupo. El cuarto escuadrón, compuesto por 18 aviones (72 en total), debería, idealmente, sobrevolar el aeródromo en el momento preciso para que el líder del grupo obtenga el rumbo hacia el punto de encuentro. El escuadrón líder del grupo siempre se designaba por su indicativo, por ejemplo: «Líder Rojo». El comandante del escuadrón líder del grupo se designaba como «Rojo Uno». El compañero del líder del escuadrón líder del grupo,

Contrarreloj Rojo Dos (número 2), siempre era el responsable de monitorear a los bombarderos por radio. El tiempo promedio de vuelo para una misión de escolta de bombarderos, desde el despegue hasta el aterrizaje, hacia el final de la Segunda Guerra Mundial, era de aproximadamente 4 horas y 30 minutos. Algunas misiones duraban mucho más y otras mucho menos. Una vez que todos los aviones que regresaban estaban estacionados en sus refugios y los pilotos eran recogidos y llevados al edificio administrativo, se realizaba una evaluación de la misión.

Los pilotos verificaban lo ocurrido durante la misión. Sus observaciones confirmaban o contradecían lo que se les había dicho en la sesión informativa matutina, por ejemplo, la cantidad de fuego terrestre, la presencia de aeronaves enemigas en las cercanías o cualquier cosa inusual o inesperada.

Camiones de seis por seis de cada escuadrón llevaban a los pilotos de regreso a sus respectivas áreas, luego a cenar y a observar el programa de vuelo de la misión del día siguiente. ¡El ciclo diario volvía a empezar!

## Un día cualquiera en un campamento de combate

En una instalación militar hay mucho personal, como el corneta, los cocineros, los trabajadores del parque automotor, los jefes de equipo y muchos otros, que llevan horas despiertos antes de que comience la jornada laboral oficial. Finalmente, nos llamaron para levantarnos y prepararnos para las actividades del día.

El pronombre impersonal "Tú" se usa para ayudar al lector a comprender la postura (punto de vista) del autor. Si te toca estar de servicio, sales a regañadientes del saco, que es tu cómoda litera, y empiezas a asearte. Si es invierno, esta tarea se intensifica. Un bidón vacío de 208 litros, modificado para funcionar como horno y quemar los vapores de un ladrillo en su interior, era nuestra fuente de calor. El depósito de combustible estaba apuntalado fuera de la tienda. El combustible se canalizaba al interior de la tienda, bajo el suelo de madera, de modo que subía por el centro y luego llegaba al horno. Una válvula de cierre regulaba el goteo del combustible sobre el ladrillo. Los vapores que emanaban del ladrillo se encendían con el calor del fuego. Algunas tiendas ardían con esta fuente de calor.

Después de cubrir las necesidades básicas, te diriges al comedor del escuadrón para desayunar. El personal del Cuerpo Aéreo del Ejército comía bien. Nuestros cocineros eran muy ingeniosos. Con frecuencia teníamos carne fresca, huevos y leche. Los pilotos programados para volar ese día eran llevados en camionetas 6x6 a la carpa de información y luego a sus aviones. Los demás pilotos tenían libertad para hacer lo que quisieran, a menos que tuvieran otra misión programada. Cuando estábamos destinados en Ramitelli, Foggia era la ciudad más cercana, a unos diez kilómetros. Los soldados estadounidenses, oficiales y reclutas, podían ir caminando a la ciudad y, por lo general, los recogía algún camión estadounidense o aliado que pasaba por la carretera principal y que con gusto los llevaba a la ciudad o de regreso al campamento.

El mantenimiento del campamento y otras tareas menores, no clasificadas, como la construcción de edificios, el montaje de material militar no clasificado, el traslado de equipo y la limpieza, eran realizadas por hombres y jóvenes italianos de la zona. Su paga en liras la gestionaba una persona desconocida.

Se obraban milagros con un paquete de cigarrillos de 5 centavos o una botella de Coca-Cola de 177 ml. Nuestra ropa la lavaban las esposas de los hombres que trabajaban en el campamento. Lavaban la ropa sucia de una o dos semanas a cambio de un paquete de cigarrillos. Nos divertía ver a los maridos que nos traían la ropa limpia aceptar los cigarrillos como pago por el servicio, abrirlos y empezar a fumarlos, después de que sus esposas hubieran lavado y planchado la ropa.

Una tarde soleada, ya fuera después de una misión o de un día de descanso, tres de nosotros —Leon Spears, Wyrain Schell y yo— decidimos ir al pueblo. Schell había dicho que quería unos auténticos espaguetis italianos. Un trabajador del campamento (no recuerdo su nombre) nos dijo, con su inglés chapurreado, y a nosotros con nuestro italiano americanizado, que fuéramos al pueblo y nos encontráramos con él en la taberna. Nos dijo que podíamos ir a su casa y que su esposa nos prepararía espaguetis.

¿Qué esposa o madre estadounidense permitiría que su marido trajera a completos desconocidos a su casa y alterara la sencilla cena que había planeado para su familia? Los tres estadounidenses hicimos autostop y llegamos a la taberna del pueblo mucho antes que nuestro anfitrión italiano. Los conductores estadounidenses y aliados no llevaban a los trabajadores italianos en sus vehículos, o tenían prohibido hacerlo. Fuimos a su humilde «casa» con este trabajador, donde su esposa nos esperaba con sus hijos, dos creo, y la cena lista. Al entrar, y después de asearnos, el trabajador le pidió a su esposa que nos preparara espaguetis.

La esposa no se emocionó, como se supone que hacen las mujeres italianas. Con calma, dejó a un lado la comida preparada, abrió la mesa, sacó la harina de pasta del recipiente debajo de la mesa y se puso a preparar espaguetis desde cero. Esto incluye mezclar el agua, amasar la masa, estirarla, usar el cortador de espaguetis para hacer las tiras y, finalmente, hervir agua para terminar de hacer los espaguetis. No sé cuánto tiempo duró la preparación, pero la comida familiar se pospuso hasta que nuestros espaguetis estuvieron listos. Creo que comimos pescado frito y bebimos vino.

Dejamos varias liras de sobra para cubrir nuestras comidas. Los tres volvimos al campamento haciendo autostop después de una comida de auténticos espaguetis italianos. Esto no encaja con el día a día en el campamento, pero así nos veían los trabajadores italianos con los que nos relacionábamos. Mientras no estuviéramos programados para volar en combate o algo parecido, éramos libres y podíamos hacer lo que quisiéramos. Claro que había límites que debíamos respetar. Algunos de nuestros hombres consiguieron motocicletas de los británicos estacionados cerca. ¡El método de trueque para adquirirlas, ni hablar! Además, en raras ocasiones, podían conseguir whisky escocés.

Repostaban gasolina gratis en las gasolineras militares. Para obtener gasolina militar, los vehículos debían tener número de serie. Los hombres pintaban números al azar en los guardabarros de sus motos y así conseguían gasolina gratis.

Dos de nuestros pilotos, el teniente Clarence Oliphant y otro, decidieron ir en motocicleta desde nuestro campamento en Ramitelli, en la costa adriática de Italia, hasta nuestro campamento de descanso en Nápoles, en la costa mediterránea, una tarde. Un recorrido de aproximadamente 240 kilómetros por carreteras montañosas y sinuosas. Mientras el conductor y el pasajero regresaban al campamento, sorteando las curvas de la montaña a toda velocidad, se toparon con una zona arenosa en la carretera y la moto derrapó.

Ambos resultaron bastante heridos. El teniente Oliphant se fracturó una pierna. No recuerdo las lesiones del otro piloto. El coronel Davis, nuestro oficial al mando, emitió una orden: "¡No se permiten motocicletas no autorizadas en este aeródromo!".

## Sobrevuelo de Bari – La 15th Fuerza Aérea sobrevuela Bari, Italia

El 6 de mayo de 1945, toda la 15th Fuerza Aérea participó en una exhibición aérea sobre Bari, Italia. Mientras sobrevolábamos Nápoles en círculos para posicionarnos para la gran formación, mi ubicación me permitió volar directamente sobre la gran abertura del cráter del Vesubio. Vi directamente el ojo. ¡Fue una experiencia inolvidable!

## "¡Bombardearon mi casa!"

Cuando me uní al 332nd. Grupo de Caza, nuestro aeródromo base estaba cerca del pequeño pueblo de Ramitelli, Italia, en la costa norte del mar Adriático. Éramos el único grupo de combate de cuatro escuadrones de caza de la 15th Fuerza Aérea del Cuerpo Aéreo del Ejército de los Estados Unidos. Nuestra pista de aterrizaje estaba construida con esteras de acero. Se extendía aproximadamente de suroeste a noreste o viceversa, de noreste a suroeste, dependiendo de la dirección del aterrizaje. El extremo oriental se encontraba a aproximadamente media milla de la costa.

Los escuadrones 100 estaban uno frente al otro en un extremo, y los escuadrones 301 y 302 en lados opuestos en el otro extremo. El cuartel general del grupo estaba aproximadamente en el centro de la zona. Las misiones seguían una ruta hacia el norte, cerca de los cero grados. La costa norte del mar Adriático solía ser nuestro punto de encuentro.

Ramitelli se encuentra ligeramente al noroeste de Foggia, que se adentra en el mar. Ni los altos mandos de la Decimoquinta Fuerza Aérea ni nadie más sabía que la guerra en Europa terminaría oficialmente el 8 de mayo de 1945. Sin embargo, volamos nuestra última misión de combate desde Ramitelli el 26 de abril de 1945. Los estadounidenses y nuestros aliados avanzaban hacia el norte tan rápidamente que las bombas de humo no podían moverse al mismo ritmo que las tropas. Las marcas de humo delimitaban las zonas tras las cuales nuestros aviones no debían realizar actividades de combate, como bombardeos, ametrallamientos o disparos contra objetivos de oportunidad. Un día, bombardeamos accidentalmente un granero y dañamos una casa cercana.

Nuestro grupo se trasladó al norte, de Ramitelli a Cattolica, el 3 de mayo de 1945. Este traslado tenía como objetivo mejorar nuestro alcance y acortar la distancia a los objetivos en Alemania. Esto ocurrió, por supuesto, pocas semanas después de la liberación del norte de Italia. Cattolica también se encuentra en la costa del mar Adriático, al sureste de Ancona.

Los pilotos del 332$^{nd}$ Grupo de Caza con 50 o más misiones, cierto personal de apoyo y los aviones P-51 Mustang con menos de 100 horas de vuelo, regresaron a Estados Unidos poco después del Día de la Victoria en Europa. Estas personas fueron devueltas al aeródromo militar de Tuskegee. El material se preparó para su envío al Teatro de Operaciones del Pacífico. Los pilotos debían regresar del Teatro de Operaciones Aéreas del Pacífico.

El resto del personal y el equipo del Grupo permaneció en el campamento de Italia para ser devuelto a casa posteriormente. Como solo realicé 48 misiones, me encontraba en esta categoría. Este Grupo no partió hasta el 1 de octubre de 1945. No había otro lugar donde enviar a todo el personal negro que no fuera la base aérea segregada de Tuskegee, Alabama.

Mientras tanto, los pilotos volaban para mantener su destreza en el vuelo. Desconozco cómo ocupaba su tiempo el personal de apoyo en tierra. Sí sé que se concedían permisos con frecuencia en los distintos campamentos de descanso, según la disponibilidad de plazas.

## Atrapado, ¿cómo salgo?


Ya escribí anteriormente que los pilotos con 50 misiones o más regresaron a Estados Unidos poco después de que terminara la guerra el 8 de mayo de 1945. Quienes teníamos menos de 50 misiones nos quedamos en Italia con el Grupo. No regresamos hasta octubre. Había una política de permisos. Podíamos viajar a varios lugares de descanso y recuperación si conseguíamos un espacio disponible. ¡La embriaguez y las relaciones sexuales estaban prohibidas!

Pude ir a Roma, Pompeya, Venecia, Milán, Pisa y otros lugares. No recuerdo las fechas ni con quién viajé. Lamento no haber ido a Suiza la única oportunidad que tuve. Pensé que se presentaría otra vez.

William "Porky" Rice, otro compañero piloto, y yo fuimos a Roma durante una de esas semanas de descanso y recuperación en las que se nos permitía "visitar" zonas con autorización. Fuimos al Teatro de La Scala y a la Ópera de las Termas, y simplemente matamos el tiempo sin ningún plan en particular.

Una noche, Porky y yo nos separamos. Me quedé solo en una zona exclusiva de Roma, con grandes edificios de apartamentos que no habían sido devastados por los bombardeos ni la guerra. Entré en uno de los edificios, que tenía un gran vestíbulo de estilo palaciego y una magnífica escalera. Me quedé maravillado. Mientras curioseaba dentro, empezó a oscurecer. Salí y oí las voces de un pequeño grupo de hombres italianos afuera. Estaban cerca de la puerta charlando animadamente. Ya había oscurecido y las normas del apagón no permitían encender las luces después del anochecer. En este vestíbulo, cerca de la puerta, las paredes de ladrillo tenían hendiduras de unos sesenta centímetros de ancho, a modo de decoración.

Porky había comprado una navaja automática grande, de unos quince centímetros de hoja, que me prestó esa noche para mi protección. Me metí en una de las hendiduras con la navaja de Porky abierta y lista, por si acaso.

No sé cuánto tiempo, cuántos minutos; me quedé allí esperando a que los hombres se dispersaran y se fueran. Cuando el grupo finalmente se separó, una pareja entró al vestíbulo y los demás se marcharon. Los que entraron cerraron la puerta con llave.

Allí estaba yo, en aquel edificio extraño, esperando a que pasara el tiempo para intentar abrir la cerradura de aquella puerta desconocida. Estaba a oscuras. No quería que me vieran aquellos hombres que habrían pensado que pretendía hacerles daño a ellos y a sus familias. Estaba torpe y sudando, ¡nervioso como el demonio! Imagínense la situación. Intentar escapar de un peligro desconocido en un lugar desconocido. Intentar abrir una puerta, en un lugar oscuro y confinado, sin encender un mechero ni una cerilla.

Finalmente, lo conseguí y logré abrir la cerradura. ¡Pueden estar seguros de que salí de allí a toda prisa y volví al hotel!

## Otra aterradora experiencia entre un P-47 y un P-51

La guerra en Europa terminó oficialmente el 8 de mayo de 1945. Todos los pilotos de caza con 50 misiones o más, y los aviones de caza P-51 Mustang con menos de 100 horas de vuelo, regresaron a Estados Unidos. Los pilotos con menos de 50 misiones y los P-51 con más de 100 horas de vuelo (principalmente modelos "P-51C") permanecieron en nuestra base aérea en Italia hasta octubre de 1945. Tras el fin de la guerra, volamos para "mejorar nuestra destreza". Volábamos por Italia realizando maniobras locales, de campo a través y cualquier otra maniobra de vuelo que se nos ocurriera.

Había un grupo de caza brasileño, volando aviones P-47 Thunderbolt, al norte de nuestra base del 332.º Grupo de Caza en Cattolica. Todos estábamos en la costa adriática de Italia. El P-51 tenía un motor Rolls-Royce North American de 1500 caballos de fuerza. El P-47 tenía un motor Pratt & Whitney, un motor Republic de 2300 caballos de fuerza; la potencia de un buque Liberty promedio era de 2500 caballos, solo 200 más que la del P-47.

Un P-51 completamente equipado para combate pesaba tres toneladas; un P-47, también completamente equipado, pesaba alrededor de siete toneladas, el peso promedio de un autobús urbano cargado era similar. Ocasionalmente, para romper la monotonía, los pilotos del grupo brasileño volaban hacia el sur y sobrevolaban nuestro aeródromo a modo de invitación a "salir a jugar". Nuestros pilotos que querían "jugar" salían corriendo, se subían a sus P-51, despegaban y simulaban combates aéreos entre los grupos.

El 12 de junio de 1945 (nunca olvidaré ese día), algunos decidimos volar hacia el norte y sobrevolar el aeródromo brasileño. Después de unos cuantos sobrevuelos a baja altura y muy rápidos, algunos pilotos brasileños corrieron hacia sus aviones y despegaron. Estaba en una excelente posición a 90 grados para observar un P-47-D iniciar su carrera de despegue por la pista. Hice un giro de ala y entré en picada hacia el avión justo cuando estaba a punto de despegar.

Los P-47 eran lentos. Eran pesados para los estándares de los aviones de combate de la época. Tuve que bajar el tren de aterrizaje y los flaps de mi P-51C para mantenerme detrás de mi objetivo mientras ascendía. Lo tenía en la mira. ¡Lo estaba derribando! Era mi presa. Mi avión ascendía lentamente. Cuando el piloto alcanzó la altitud deseada, realizó un giro de ala y entró en picada. Me quedé atrapado con él. ¡Fue muy divertido!

Elevó en lo que equivalía a un medio rizo. En la cima, ejecutó un hermoso Immelmann. Lo seguí durante el medio rizo; sin embargo, mi Immelmann fue descuidado. Subí, y subí, y subí, hasta que perdí velocidad. No pude completar mi maniobra Immelmann. Mi avión entró en pérdida. Retrocedió bruscamente y comenzó a girar hacia la Tierra.

## ¡En ese momento cometí lo imperdonable!

Me quedé atrapado con el avión. En la escuela de tierra, nos habían enseñado que si alguna vez un avión táctico entraba en barrena, debíamos saltar en paracaídas. Mi avión giró hacia la izquierda. Cuando intenté corregir la barrena, giraba hacia la derecha. Luego hacia la izquierda, luego hacia la derecha, y el altímetro indicaba que estaba perdiendo altitud rápidamente. Logré salir de la barrena justo por encima de las copas de los árboles. Mi motor Rolls-Royce había salpicado aceite por todo el parabrisas. Como estaba completamente desorientado y no sabía dónde estaba, llamé a mi aeródromo para que me indicaran el rumbo para regresar a casa. Tuve que pedirle a dos de mis compañeros pilotos que me ayudaran a aterrizar: uno a mi izquierda y otro a mi derecha. No podía ver nada delante de mí.

No me di cuenta del peligro en el que había estado, ni me sentí débil, hasta que pisé el ala de mi avión. En ese momento, mis rodillas cedieron como si fueran de goma. Piensen en los informes y formularios que habría tenido que redactar si me hubiera lanzado en paracaídas del avión del gobierno. ¡Piensen en los informes y formularios que el oficial investigador habría tenido que redactar si hubiera estrellado el avión del gobierno contra el suelo!

## Regreso a casa: El resto del 332nd Grupo de Caza regresa

Inmediatamente después del fin de la Segunda Guerra Mundial, el personal militar estadounidense regresó a casa desde todas partes del mundo. Nuestra guerra en Europa terminó el 8 de mayo de 1945; el armisticio en el Pacífico se firmó el 25 de agosto de 1945. A finales de junio de 1945, el personal del $332^{nd}$ Grupo de Caza comenzó a recibir órdenes de regresar a Estados Unidos. El personal alistado regresó según un sistema de puntos. Los pilotos con 50 misiones o más regresaron poco después del fin de la guerra, y los aviones con menos de 100 horas de vuelo fueron preparados y enviados a Estados Unidos para ser desplegados en el Teatro de Operaciones del Pacífico.

Todos los pilotos con menos de 50 misiones y los aviones con más de 100 horas de vuelo permanecieron en el extranjero a la espera de nuevas órdenes. El gran problema con los cuerpos vivos era "¿adónde enviarlos?". Esto no se nos hizo evidente hasta mucho después. Los cursos de entrenamiento de pilotos seguían en marcha en todas las escuelas de entrenamiento de vuelo, incluido el aeródromo militar de Tuskegee. La enorme diferencia radicaba en que los pilotos blancos de las otras escuelas, al graduarse, recibían sus nombramientos y galones dorados, junto con sus alas de piloto plateadas, y podían ser desplegados en cualquier aeródromo de los Estados Unidos. Los pilotos negros, al graduarse, no tenían dónde ser destinados, sino que debían permanecer en el aeródromo militar de Tuskegee con la especialidad de piloto (monomotor o bimotor). El aeródromo militar de Tuskegee estaba literalmente a rebosar. La segregación, que seguía siendo un problema nacional, hacía imposible la integración de oficiales negros con personal blanco. Esto dejó al Departamento de Guerra ante un enorme dilema: el aeródromo militar de Tuskegee era la única solución para los miembros restantes del 332.º Grupo de Caza. Nuestro aeródromo recién adquirido en Cattolica, Italia, al que nos trasladaron en previsión de los vuelos. La respuesta fue realizar misiones para estar más cerca del enemigo. El Grupo completó el traslado de Ramitelli a Cattolica el 5 de mayo de 1945.

En el aeródromo de Cattolica, los pilotos no tenían tareas adicionales. Ocasionalmente, se seleccionaba a alguno para cubrir algún puesto, pero su única especialidad era la de piloto de caza de combate, sin combates en curso. Usábamos el P-51 para realizar vuelos de entrenamiento. Se concedían permisos generosos, pero teníamos que buscar y solicitar plaza en un campamento de descanso en un hotel de lujo, que había sido requisado por el gobierno. El coste solía ser de 1 dólar al día, con todo tipo de comodidades. Cada uno se encargaba de organizar las excursiones.

Pude visitar Milán, Roma y Pompeya (ahora no estoy seguro de si también fui a Florencia y Pisa). Tuve la oportunidad de ir a Suiza, pero pospuse el viaje. Ahora me arrepiento porque nunca volví a tener la oportunidad.

## Tras la Segunda Guerra Mundial y el regreso a casa del 332nd Grupo de Caza

Finalmente, a finales de septiembre de 1945, llegó la noticia: ¡los que nos habíamos quedado en Italia volvíamos a casa! Empacamos nuestras pertenencias y preparamos nuestro campamento en Cattolica para la evacuación. De alguna manera, la noticia había llegado a oídos de los italianos de la zona. Llegó el día del traslado a la zona de concentración.

Recolectores con carros de dos y cuatro ruedas tirados por caballos y bueyes se alineaban a lo largo del camino frente a nuestro campamento, esperando cualquier cosa que no se hubiera llevado. Nos ordenaron apilar enormes montones de objetos no deseados en espacios abiertos. Se vertió gasolina sobre los montones y se les prendió fuego. Los italianos suplicaron que se les permitiera acercarse a los montones, pero se les negó el acceso. Todo el personal del campamento fue subido rápidamente a camiones militares 6x6 y transportado a una zona de concentración en las afueras de Nápoles. En menos de una semana, nuestro barco Liberty, el S.S. Levi Woodbury, llegó para llevarnos a casa. El 1 de octubre de 1945, nuestro convoy zarpó hacia las costas americanas. A bordo, las individualidades comenzaron a aflorar. En Italia, la camaradería estaba presente, el espíritu de unidad era fuerte. No era raro que un hombre le lanzara su billetera a un compañero y dijera: "Guárdala, me voy a volar". A bordo, se recordaban las pérdidas en el juego y las deudas impagas. Ya no dependíamos los unos de los otros. Diecisiete días después, nuestro convoy atracó en el puerto de Nueva York.

Un transbordador con una enorme pancarta que decía **"Bienvenidos a casa"** colgaba a cada lado. Había jóvenes divas negras en el transbordador, vitoreando y saludando. Scat Man nos deleitó con su música mientras el barco atracaba. Imaginábamos que habría algún tipo de celebración de bienvenida en nuestro honor.

¡Sorpresa, sorpresa, sorpresa! Nos bajaron rápidamente del barco y nos llevaron a los vagones del tren que esperaba en la vía junto al muelle. Tan pronto como todas las tropas bajaron por la pasarela y abordaron el tren, este partió del muelle. Poco después, se detuvo en Fort Dix, Nueva Jersey. Ni divas, ni celebración, ni nada especial para darnos la bienvenida a casa.

## El 332nd Grupo de Caza regresa a casa

El 332.º Grupo de Caza realizó su última misión de combate el 26 de abril de 1945. Las tropas terrestres estadounidenses y aliadas avanzaban tan rápidamente que los objetivos y las tropas enemigas no podían identificarse correctamente desde el aire. La guerra en Europa terminó el 8 de mayo de 1945.

Los pilotos afroamericanos del 332nd Grupo de Caza, con 50 o más misiones, y los aviones P-51 Mustang con menos de 100 horas de vuelo, regresaron a Estados Unidos para prepararse para ir al Pacífico y participar en la guerra. Desconozco el criterio utilizado para determinar qué personal alistado regresaría con los que volvían a casa antes de tiempo.

La guerra en el Pacífico terminó el 25 de agosto de 1945. Ni los pilotos de caza ni los P-51 llegaron al Teatro del Pacífico. A los pilotos de los B-25 negros se les había dicho que serían enviados al Teatro del Pacífico, pero eso nunca se concretó. Los miembros restantes del 332.º Grupo de Caza fueron liberados de su asignación a la XV Fuerza Aérea, APO 520, en la Zona del Interior, el 20 de septiembre de 1945, para partir de las costas italianas en un buque Liberty el 1 de octubre de 1945.

Nos trasladamos en vehículos motorizados, de nuevo 6x6, nuestro habitual transporte terrestre en grupo, a una zona de concentración llamada "Repple Depple" en las afueras de Nápoles, Italia. Jugamos voleibol y practicamos diversos deportes. El 332nd Grupo de Caza había sido trasladado al norte, a Cattolica, Italia, a finales de abril, para estar más cerca del enemigo. Nuestro aeródromo en Cattolica había sido desmantelado y todos los suministros, equipos y materiales sobrantes habían sido quemados ante los ojos de los pobres civiles italianos que esperaban en la carretera, con carros y otros vehículos, para recoger lo que quedara.

Embarcamos en el buque Liberty "S.S. Levi Woodbury", nuevamente segregados, y zarpamos hacia los Estados Unidos. Pasamos junto al "Lady" en el puerto de Nueva York y atracamos el 17 de octubre de 1945, 16 días después de salir de Italia. Los Servicios Especiales habían organizado que el "Scat Man" y un grupo de divas negras de Nueva York, a bordo de un transbordador, recibieran al S.S. Levi Woodbury y a sus héroes negros que regresaban.

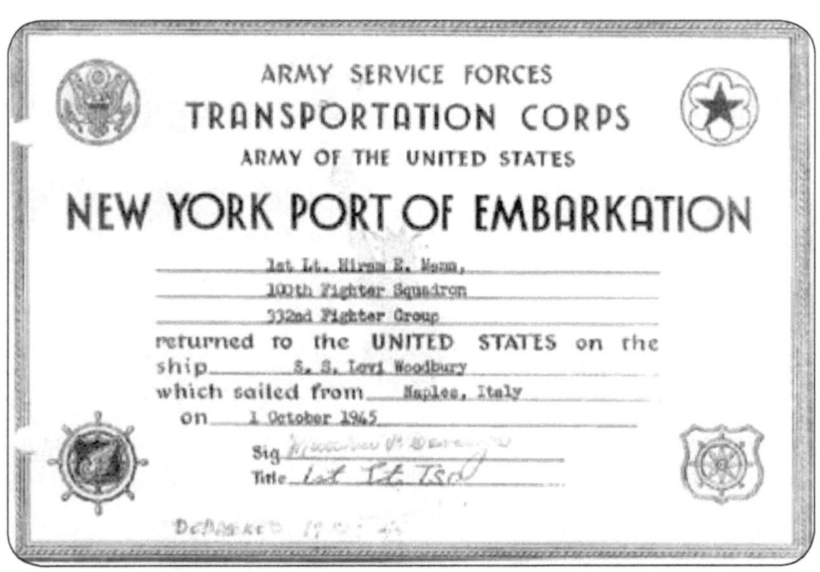



Nos apresuraron a bajar por la pasarela y subir a los vagones de un tren que nos esperaba. Cuando todos los pasajeros del barco desembarcaron, el tren partió hacia Fort Dix, Nueva Jersey. No hubo apretones de manos, abrazos ni besos de los estadounidenses que ondeaban pancartas de bienvenida.

## Escasez de efectivo en la oficina de alojamiento

Cuando la mayor parte del personal que quedaba en la Base Aérea del Ejército de Tuskegee (TAAF) fue finalmente transferido a la Base Aérea del Ejército de Lockbourne (LAAF), en las afueras de Columbus, Ohio, en mayo de 1946, se nos asignaron especialidades militares adicionales. Fui designado Oficial Auxiliar de Alojamiento y Oficial del Club de Oficiales, bajo la supervisión administrativa del Mayor Percy L. Jones, un veterano del ejército de antes de la Segunda Guerra Mundial, de carácter intachable. Entre mis funciones estaba el traslado diario al banco. Esto incluía recoger las bolsas de efectivo de cada actividad en la base que recaudaba dinero por cualquier motivo: como la Oficina de Alojamiento, el Club de Oficiales, el Club de Suboficiales, el teatro de la base, la tienda militar, etc. Cada actividad tenía una cuenta bancaria en el Washington Courthouse Bank en Canal Winchester, Ohio.

Cada día de servicio, un conductor con un coche oficial venía a la Oficina de Alojamiento a recogerme para ir al banco. Me ponía mi fiel revólver calibre .45, sacaba nuestra bolsa de efectivo de la caja fuerte y me llevaban a cada lugar en la base que recaudaba efectivo durante sus operaciones diarias, para recoger su bolsa con los comprobantes de depósito y los billetes que debía devolver a la unidad. Esto se hacía sin verificar el recuento del dinero. La bolsa de cada componente estaba marcada por fuera. Luego conducíamos unos 32 kilómetros al sureste hasta el banco. Entraba con unas nueve bolsas de efectivo, esperaba a que un cajero estuviera disponible y colocaba todas las bolsas delante de él. El cajero abría su caja, colocaba las bolsas en su repisa, bajaba la persiana y seguía las instrucciones de cada bolsa sin verificar el recuento. Cuando yo terminaba, el cajero subía la persiana y empujaba las bolsas hasta el borde de la ventana. Yo recogía las bolsas y regresaba al coche del personal que nos esperaba para el viaje de vuelta a la Base Aérea del Ejército de Lockbourne (LAAF).

En la base, distribuía las bolsas a cada unidad según lo indicado y regresaba a la Oficina de Alojamiento con nuestra bolsa de efectivo, que guardaba en la caja fuerte. Alguien en la oficina revisaba el recuento y verificaba que todo estuviera correcto. Un día, la Sra. Spears, nuestra auxiliar de contabilidad, se había puesto al día con su trabajo y me preguntó si podía pedirle que revisara nuestra bolsa de efectivo. Le di permiso para hacerlo.

Poco después, entró en mi oficina retorciéndose las manos y muy alterada. Me dijo: «Teniente Mann, he revisado y vuelto a revisar la bolsa del banco y faltan 400 dólares». Estaba visiblemente conmocionada, lo que, por supuesto, me preocupó. Esto ocurrió en 1946 y 400 dólares era una cantidad enorme. Era más de un mes de sueldo base, más la paga por vuelo y las dietas, en mi caso. La única vez que toqué la bolsa antes de que la Sra. Spears comenzara la verificación fue cuando la saqué de la caja fuerte, se la entregué al cajero del banco, la recibí y la volví a guardar en la caja fuerte.

Estaba desconcertado y confundido, y no sabía cómo manejar esta situación de emergencia. Llamé inmediatamente a mi supervisor, el Mayor Jones, cuya oficina principal estaba en la Oficina de Reclutamiento, en otra ubicación de la base. Se apresuró a ir a la Oficina de Alojamiento. No pidió un coche oficial para que lo llevara de su oficina a la mía. No tenía vehículo propio. (Los automóviles apenas se estaban volviendo a fabricar tras la paralización de la producción durante la guerra, así que iba a pie).

En cuanto entró en la oficina de alojamiento, se dirigió al escritorio que usaba, abrió el cajón donde guardaba su trapo para lustrar zapatos y se sacudió el polvo de sus zapatos, que estaban impecablemente lustrados. Luego quiso que le contara lo sucedido. Le narré la historia paso a paso. Lo pensó un momento, descolgó el teléfono y le pidió a la operadora de la base que lo comunicara con el Banco Washington Courthouse en Canal Winchester, Ohio.

Alguien del banco contestó. El mayor Jones se identificó y le dijo a la persona al otro lado de la línea que teníamos un pequeño problema en la oficina. Al parecer, nos faltaban 400 dólares en el efectivo que teníamos para el retiro de ese día. El hombre al otro lado de la línea se sintió muy aliviado al oírlo. Dijo que tenían un problema en el banco. Les faltaban 400 dólares y nadie podía justificarlo. El mayor se ofreció a enviar a alguien a buscar el dinero. El empleado del banco le dijo que uno de sus trabajadores había pasado por la base de camino a casa y que lo dejaría en nuestra oficina. Esta noticia me tranquilizó, al igual que a ambas partes involucradas en la tensa situación.

## Curso de Oficial de Presupuesto, Base Aérea Lowery, CO

Los reservistas debían cumplir dos semanas de servicio activo cada año, además de asistir a las reuniones mensuales de la reserva en su base. En 1954, solicité y me aprobaron para cumplir mi período de servicio de dos semanas asistiendo al curso de Oficial de Presupuesto en la Base Aérea Lowery, cerca de Denver, Colorado.

Salí de mi casa y de mi familia en Cleveland, Ohio, una apacible tarde de Domingo de Pascua. Me consideraba preparado para el clima de Denver. Llegué al aeropuerto civil (Love Field) esa misma tarde y llamé a la base para pedir transporte. En las habitaciones para oficiales solteros (BOQ), me alojaron en una habitación con dos camas individuales, que compartía el baño con la habitación contigua. Mientras me acomodaba, oí una voz femenina en el baño. Llamé a la oficina y me asignaron otra habitación con dos camas individuales. Este era mi primer destino en una base desde la integración de las fuerzas armadas. Empecé a preguntarme cómo sería mi compañero de habitación y cuál sería su actitud. Me preparé para dormir y me acosté sin compañero de habitación. Cuando sonó la alarma a la mañana siguiente, desperté y descubrí que, durante la noche, un hombre se había colado sigilosamente, se había preparado y se había acostado sin molestarme. Pasamos dos semanas muy agradables juntos.

La gran sorpresa fue que, durante la noche, habían caído diez centímetros de nieve y todo el lugar estaba hecho un desastre. Los residentes de Denver estaban acostumbrados a grandes acumulaciones de nieve en cortos periodos de tiempo. Fuera de la zona, la gente estaba asombrada. La Academia de la Fuerza Aérea de los Estados Unidos (USAFA), cerca de Colorado Springs, aún no estaba terminada, y las primeras promociones de cadetes de la USAFA se alojaron y asistieron a clases en Lowery. En Lowery se impartían simultáneamente varias escuelas especializadas de diversos cursos, además de las clases regulares para los cadetes. Las escuelas especializadas funcionaban con un horario de dieciocho horas, divididas en tres turnos de seis horas cada uno (de 06:00 a 12:00, de 12:00 a 18:00 y de 18:00 a 24:00 horas, respectivamente). Mi curso de Oficial de Presupuesto era el primer turno, de 6:00 a 12:00, de lunes a viernes. Los cadetes no eran oficiales, pero pertenecían a un grupo diferente de suboficiales, igual que nosotros, los cadetes de aviación. También utilizaban el comedor de oficiales para las comidas.

Los cadetes marchaban al comedor en formación para cada comida. Al llegar a la puerta principal, la formación se detenía y entraba en fila india. Si los oficiales no llegaban antes que la formación de cadetes, tenían que esperar a que el último cadete entrara y estuviera en la fila. Los oficiales que llegaban tarde tenían que seguir a los cadetes en la fila. No recuerdo cuántas clases había en ese momento, ni cuántos cadetes había allí, ¡pero eran muchísimos!

El comedor de oficiales era un edificio grande y abierto con cortavientos plegables de tres o cuatro secciones, para proteger del viento, justo dentro de las grandes puertas dobles. El primer lunes que estuve allí, tuve que tantear el terreno para entender el procedimiento. Logré llegar al comedor antes que la formación de cadetes. Salí de la fila de servicio, con mi bandeja de desayuno en la mano, y caminé frente al cortavientos tratando de decidir hacia dónde girar. Escuché una voz en algún lugar del centro del comedor que gritaba: ¡Hiram Mann! Me alejé lo suficiente para intentar distinguir de dónde venía y quién gritaba mi nombre. Vi una figura de pie junto a una mesa agitando las manos.

Era un antiguo compañero de la promoción 44-F, Edward Woodward. "Woodie" había sido excluido del entrenamiento de vuelo para cadetes en la TAAF, pero había logrado ingresar y graduarse del entrenamiento de bombarderos/navegantes. Nunca sabré cómo logró verme o reconocerme a través de la abertura de una de las secciones de la chaqueta cortavientos plegable. Me alegré de que lo hiciera. Podríamos haber pasado mis dos semanas allí sin cruzarnos jamás.

Yo era mayor en la reserva y asistía al Curso de Oficial de Presupuesto en Lowery. Woodie era capitán en servicio activo en Lowery, entrenando con la tripulación de un B-29, preparándose para lo que se avecinaba durante ese período de la Guerra Fría en 1954. Su horario de clases era de 12:00 a 18:00 horas. Después de las cenas, estábamos juntos todos los días, hasta el final de mi período de servicio.

## Domingo después del Día de Acción de Gracias: Aterrizajes de emergencia "Dos veces en un día"

Fui llamado al servicio activo en la Fuerza Aérea en 1956. Me ordenaron asistir a la Escuela de Comando y Estado Mayor en la Universidad del Aire en Montgomery, Alabama. Mi promoción era la número 57, que comenzó el 4 de septiembre de 1956. Había más de 990 oficiales varones en la promoción. Había 54 oficiales de 24 países aliados. Solo había cuatro oficiales afroamericanos: el teniente coronel Daniel "Chappie" James, Jr. (fallecido); el mayor Lee Archer; el mayor Dudley Watson (fallecido); y yo, el mayor Hiram Mann. Entre los países, los oficiales aliados provenían de: Filipinas, China, Japón, Turquía, España, Corea, Alemania y Pakistán. (Tengo una lista completa de estos oficiales y sus países). La Universidad del Aire tenía varias facultades en el campus, con oficiales de vuelo calificados asistiendo a cada una de ellas. Había varios tipos de aeronaves en la pista de vuelo (B-25, C-45, F-80, etc.).

Debido a mi vista y a que no había volado en la Reserva, me habían suspendido el vuelo antes de ingresar a la Universidad. Mis órdenes indicaban que, como piloto, no tenía autorización para volar ni para participar en actividades de vuelo como miembro de la tripulación.

Nos asignaron asientos fijos en el auditorio para la asamblea matutina diaria. Por la tarde, nos asignaron a seminarios para las clases y el estudio.

Yo estaba en el seminario número 29, junto con 21 oficiales estadounidenses caucásicos y un oficial filipino. ¡Nos llevábamos muy bien!

Aunque las fuerzas armadas estaban integradas (de jure) desde 1948, mi asistencia a la Universidad me brindó otra experiencia de segregación repugnante: el boicot de autobuses de Montgomery comenzó en diciembre de 1955, cuando Rosa Parks, de regreso a casa después de una dura jornada laboral como ayudante de sastre, subió a un autobús local. Estaba cansada; se sentó en un asiento vacío en la parte delantera del autobús. Se negó a ceder su asiento a un hombre blanco y a irse de pie al fondo del autobús abarrotado, como lo exigían las leyes y costumbres del sur en aquel entonces. Desafió la ordenanza municipal que imponía la segregación en los asientos.

Mi visita a la Universidad del Aire comenzó ocho meses después del inicio del boicot de 381 días, que culminó con la orden de la Corte Suprema que prohibía las prácticas discriminatorias en los autobuses de Montgomery.

En 1956, el gobierno estadounidense aún utilizaba prisioneros de guerra italianos y alemanes en Estados Unidos para realizar trabajos forzados en instalaciones militares. (Lo presencié por primera vez en 1944 en la Base Aérea del Ejército de Walterboro, Carolina del Sur. Sé que se hacía en otras instalaciones porque el general Davis y otros aviadores de Tuskegee informaron de situaciones similares).

La Cámara de Comercio de Montgomery y las secciones locales de organizaciones fraternales nacionales, como los Leones, Kiwanis, Odd Fellows, D.A.R., etc., patrocinaban a los prisioneros los fines de semana en bailes y reuniones locales de la USO para blancos y los llevaban al cine. Sin embargo, a los cuatro oficiales militares negros no se les permitía asistir a los mismos bailes que los oficiales blancos. La segregación era rampante en la comunidad en ese momento, tanto en los clubes de servicio como en los lugares de entretenimiento, como los cines. Ser negro y oficial en el ejército no impedía que la población blanca nos discriminara.

El fin de semana largo de Acción de Gracias de 1956, de cuatro días de duración, era una época popular para que los pilotos realizaran vuelos prolongados para perfeccionar su técnica y acumular horas de vuelo. Uno de mis compañeros, que ya era piloto experimentado, necesitaba unas 30 horas de vuelo para obtener sus alas de piloto al mando. Hizo saber que sacrificaría sus vacaciones con su familia para trabajar como piloto de transporte aéreo. Llevaría a los miembros de la clase a diversos destinos y regresaría a la Universidad del Aire. Le asignaron un C-45, el Expediter, para su servicio. Logré incluirme en su lista de pasajeros para un vuelo a Cleveland, Ohio. Allí me enseñó mi esposa. No quería renunciar a su trabajo ni matricular a nuestro hijo en la escuela, dada la situación racial que existía en Montgomery en aquel entonces.

El despegue desde Tuskegee fue el miércoles, después del horario laboral, alrededor de las 17:00 (5:00 p. m.). Nuestra primera parada fue en la Base Aérea Wright-Patterson, cerca de Dayton, Ohio. El aterrizaje fue nocturno y nevaba. Cleveland estaba incomunicada por la nieve. Tomé un autobús y llegué a casa la mañana del Día de Acción de Gracias.

El piloto y yo habíamos acordado que yo sería la primera persona en ser recogida el domingo por la mañana después del Día de Acción de Gracias para el vuelo de regreso a Tuskegee. El piloto me llamó a casa el sábado por la noche desde un hotel en el centro de Cleveland para confirmar nuestra salida. Había llegado de Chicago.

Hicimos los arreglos necesarios para que mi familia lo llevara a la Terminal Aérea Cleveland Hopkins.

El piloto y yo realizamos el Plan de Vuelo Instrumental (IFP) como parte de los procedimientos de verificación previos al vuelo y él presentó un Plan de Vuelo Instrumental (IFP). Yo era el copiloto, aunque no lo era. Se avecinaba un temporal muy severo desde el oeste. En el avión, el piloto revisó el registro de vuelo y notó que no se había repostado combustible en Cleveland, como había solicitado. Los cálculos indicaban que tendríamos suficiente combustible para llegar a nuestra primera parada del día, Wilkes-Barre, Pensilvania.

Durante casi todo el trayecto, estuvimos entre nubes y fuertes lluvias. Al aterrizar en el aeródromo civil de Wilkes-Barre, nos esperaban los dos oficiales que regresaban a la Universidad del Aire.

## Promoción del 57, Escuela de Comando y Estado Mayor

En agosto me llamaron al servicio activo para asistir al Curso de la Escuela de Comando y Estado Mayor Aéreo, que comenzó el 3 de septiembre de 1956. En una clase de más de 990 alumnos, solo había cuatro afroamericanos: el teniente coronel Daniel "Chappie" James, Jr., los mayores Lee Archer, Dudley Watson y Hiram

E. Mann. El general James falleció en 1978, un mes después de retirarse del servicio activo. Desconozco la fecha en que Watson murió en un accidente aéreo.

Había 54 oficiales aliados de 24 países aliados. En mi clase había oficiales de Brasil, Chile, China, Colombia, Dinamarca, Ecuador, Alemania, Grecia, Irak, Irán, Italia, Japón, México, Países Bajos, Nicaragua, Noruega, Pakistán, Perú, Filipinas, la Fuerza Aérea de la República de Corea (ROKAF), España, Tailandia, Turquía y Venezuela. Cabe destacar que también había oficiales aliados de países con los que nuestro país había estado recientemente en guerra. Sus países habían participado en combates a muerte, causando bajas entre nuestro personal militar. Asimismo, había oficiales aliados de países con una gran diversidad étnica.

## ESCUELA DE MANDO Y ESTADO MAYOR, 1956. PAÍSES MIEMBROS. UBICACIÓN. COMPOSICIÓN DE LA PROMOCIÓN DE OFICIALES ALIADOS: PROMOCIÓN 57.

(54 ESTUDIANTES DE 24 PAÍSES ALIADOS): BRASIL, CHILE, CHINA, COLOMBIA, DINAMARCA, ECUADOR, ALEMANIA, GRECIA, IRÁN, ITALIA, JAPÓN, MÉXICO, PAÍSES BAJOS, NICARAGUA, NIGERIA, NORUEGA, PAKISTÁN, PERÚ, FILIPINAS, REPÚBLICA DE COREA, ESPAÑA, TAILANDIA, TURQUÍA, VENEZUELA.

## PAÍSES DE LOS ESTUDIANTES ALIADOS

| | |
|---|---|
| BRASIL: | Teniente Coronel VASCONCELLEA, J.S. |
| CHILE | Teniente Coronel ORTEGA, Ricardo |
| CHINA | Teniente Coronel LEO, Mayor |
| | Chang-Yuan KU, Chan-Chang |
| COLOMBIA | Mayor GIRALDO, Alfonso |
| | Capitán MORENO, Guilhermo |
| | Capitán NIETO, Hernando |
| DINAMARCA | Mayor HOVGARD, Anton |
| ECUADOR | Mayor HIDALGO, Luis |
| ALEMANIA | Teniente Coronel BERTRAM, Heilmut |
| | Teniente Coronel CRAMER, Hems |
| | Teniente coronel KROLL, Walter |
| GRECIA | Teniente Coronel KOUNANIS, Dimitrious |
| IRÁN | Teniente Coronel RAFAT, Ali |
| | Coronel ZARRABI, Abmad |
| ITALIA | Teniente Coronel VODRET, Piero |
| | Teniente Coronel BELLENZIER, Aldo |
| JAPÓN | Teniente Coronel UCHIRO, Mitka |
| | Teniente Coronel YAMAMOTO, Shigeo |
| MÉXICO | Teniente Coronel SUÁREZ, Fernando |
| HOLANDA | Teniente Coronel KELDER, August F. |
| NICARAGUA | Mayor GUITERREZ, Santiago |
| NIGERIA | Mayor Gutiérrez, Julio |
| NORUEGA | Mayor SKRAUTVOL, Torbjorn |
| | Mayor SOLEM, Par |
| PAKISTÁN | Mayor SHAH, Manscor A. |
| | Teniente Coronel MARSTON, Vivian |
| PERÚ | Mayor CARRION, Alfonso |

| | |
|---|---|
| FILIPINAS | Teniente Coronel MENDIGO, Cirilo A. |
| | Teniente Coronel ISBERTO, |
| | Leandro Mayor PESTANO, Félix A. |
| REPÚBLICA DE COREA | Mayor YOEN, Pug Yui |
| | Mayor HONG, Yoon Bum |
| | Mayor JOE, Young Back Mayor OH, Jurn Sek |
| | Mayor PARK, Hola Dong. |
| ESPAÑA | Teniente Coronel F'RENCO, |
| | Carlos Teniente Coronel RODRÍGUEZ, José |
| | Mayor ALONZO, Manuel |
| TAILANDIA | Coronel KUNJARA, Kongtip |
| | Col INDRATNA, Krasae |
| | Coronel CHUTIWONGSE, Chusakdi |
| TURQUÍA | Coronel GOKDEL, Kemal |
| | Coronel MUSCABUTE, Feachi |
| | Col. PAYKAL, Vedat |
| | Mayor TABU, Turgut |
| VENEZUELA | Coronel MORENO, Félix R. |

Graduarme del Colegio de Comando y Estado Mayor de la Universidad Aérea, ubicada en Alabama, fue un logro muy importante para mí, al haber participado en esta institución junto a personas de diversas razas y etnias provenientes de todo el mundo. A pesar de este alto nivel de formación de oficiales, me dolió profundamente la discriminación generalizada que persistía incluso después del fin de la Segunda Guerra Mundial. Creía que, diez años después de la Segunda Guerra Mundial y la integración de las fuerzas armadas, merecía ser tratado con dignidad y respeto como ciudadano igualitario de los Estados Unidos de América. Sin embargo, las leyes de segregación racial (Jim Crow) seguían vigentes en el Sur, incluyendo Alabama.

## Vuelo a Cleveland como copiloto de un B-25

La Universidad Aérea de los Estados Unidos en la Base de la Fuerza Aérea Maxwell (MAFB) en Alabama contaba con una gran variedad de aviones de diferentes marcas, modelos y estilos en la pista de vuelo. Estos aviones estaban destinados a los estudiantes con licencia de piloto, que asistían a las distintas facultades de la universidad. Debían utilizarlos para mantener su destreza en el vuelo.

La Segunda Guerra Mundial terminó oficialmente en agosto de 1945, y la promoción de 1957 comenzó en septiembre de 1956. La guerra había terminado hacía 11 años. Cabe destacar que había oficiales "aliados" de otros países con los que nuestro país había estado recientemente en guerra. Nuestros países habían librado un combate a muerte, en el que murieron nuestros militares. También había oficiales "aliados" de países de piel oscura.

Mis órdenes de reincorporación decían: "Piloto, sin licencia de vuelo, no participar en actividades de vuelo como miembro de la tripulación". Me habían suspendido el servicio a principios de 1956 como reservista por falta de participación en actividades de vuelo. (Mi unidad de reserva en Cleveland, Ohio, no tenía aviones para que los reservistas volaran). Logré mantener mi licencia de piloto durante el resto de mi vida.

El procedimiento en la Universidad del Aire era que los pilotos estadounidenses con licencia de vuelo podían solicitar formalmente cualquier avión en el que hubieran recibido la certificación para volar los fines de semana y así mantener su competencia mientras asistían a la universidad. Los destinos no estaban limitados y las razones no se cuestionaban, siempre y cuando el vuelo pudiera realizarse durante el tiempo libre específico. No era raro solicitar un avión para asistir a un partido de fútbol, a una boda, para pasar tiempo con familiares o cualquier razón legítima imaginable para conseguir un avión. Una vez aprobada la solicitud, el piloto debía publicar su nombre, rango, asiento asignado permanentemente en el auditorio, su destino y la hora estimada de salida y regreso a la Universidad en el tablón de anuncios. Siempre que veía un avión con destino a Cleveland, Ohio, intentaba apuntarme en la lista de pasajeros para visitar a mi esposa y a mi hijo. También fui a Los Ángeles y Miami dos fines de semana en los que no había vuelos a Cleveland, Ohio.

Un fin de semana en particular, un B-25 fue autorizado para ir a Cleveland, Ohio. Contacté con el piloto por su número de asiento y le pregunté si podía ser pasajero en ese vuelo. No recuerdo su nombre ahora. Me dijo:

Sí, y que debía presentarme en la sala de operaciones de la base ese viernes, aproximadamente a las 16:00 horas del despegue. Llegué según lo previsto, ya que el piloto venía de la sala de operaciones. Yo era el único pasajero. El piloto había llegado temprano, obtuvo la ruta, comprobó el tiempo y completó los formularios necesarios.

Me informó que volaría como copiloto. Le dije que no podía participar en el vuelo como miembro de la tripulación. Me lo repitió: volaría como copiloto. De nuevo, le dije que no participaría en el vuelo como miembro de la tripulación. El piloto era teniente coronel y yo mayor. ¿Qué le dije? Además, quería llegar a Cleveland, así que cuando me dijo que volaría como copiloto, no dije nada más. Me informó de que el oficial que iba a ser su copiloto se había lesionado esa tarde durante el entrenamiento físico y estaba en el hospital de la base.

Nos trasladaron al avión asignado, realizamos la revisión previa al vuelo, nos aseguramos de que el avión tuviera combustible, solicitamos y recibimos instrucciones de rodaje y, finalmente, despegamos. Solo nosotros dos nos dirigimos a Cleveland. Todo transcurrió sin problemas durante el viaje hacia el norte. Aterrizamos en el Aeropuerto Internacional Cleveland Hopkins unas cuatro horas después, esa misma noche del viernes. Rodamos hasta la zona de estacionamiento militar y acordamos una hora para despegar el domingo siguiente por la mañana y regresar a la Base de la Fuerza Aérea Marshall (MAFB). Kathadaza, mi esposa, Eugene y mi hijo vinieron a buscarme al aeropuerto. Ese domingo, ella me llevó al aeropuerto a la hora acordada. Acompañé al piloto para realizar los trámites necesarios y revisé el avión. Despegamos hacia la MAFB. De nuevo, todo transcurrió sin problemas hasta que nos aproximamos a la base. El piloto solicitó instrucciones de aterrizaje. La torre de control nos autorizó a aterrizar. Poco después de recibir las instrucciones, se escuchó una transmisión de la torre informando del cierre del aeródromo. Se avecinaba mal tiempo. Todos los aviones en la zona debían dirigirse a un aeródromo auxiliar. El piloto no respondió. Bajó la mano, desconectó la radio y me comentó que no habíamos escuchado la transmisión.

Continuamos con nuestro plan de vuelo y aterrizamos sin problemas. Aunque mi compañero era un piloto experimentado, volábamos bajo reglas de vuelo visual (VFR). No había presentado nuestro plan de vuelo bajo las Regulaciones de Vuelo Instrumental (IFR). Si hubiéramos ido a otro aeródromo, habríamos tenido que pasar la noche allí y obtener otra autorización al día siguiente, lo cual habría sido un problema, ya que se suponía que yo no debía volar como copiloto.

## ¿Un acto de omisión o de comisión?

Poco después de mi traslado a la Base Aérea del Ejército de Lockbourne (LAAF), Ohio, en 1946, mi esposa, Kathadaza, se encontró por casualidad con un antiguo compañero de escuela, Eloise o Nathaniel Noble, mientras hacía compras en la ciudad. Conocíamos a los Noble desde que estudiábamos en el Philander Smith College en Little Rock, Arkansas, en 1939. Eso fue antes de que ambas parejas se casaran.

Tras ese encuentro fortuito, las dos parejas pasaron muchos días y noches agradables juntas mientras yo estaba destinado en Lockbourne. Yo estaba a cargo del Club de Oficiales. Era el oficial del Club de Oficiales.

Existen otras "Epístolas" relacionadas con mi período de servicio activo en la Base Aérea del Ejército de Lockbourne (LAAF), cerca de Columbus, Ohio. Este incidente en particular ocurrió después de mi jubilación.

En agosto de 1982, Kathadaza y yo fuimos a Cleveland, Ohio, a una cena para los jubilados del Servicio Civil Federal de la Región de Servicios de Administración de Contratos de Defensa (DCASR). Tras pasar unos días en Cleveland, fuimos a Columbus, Ohio, para visitar a los Nobles.

Siempre que estábamos en la zona de Columbus, íbamos a cenar al Club de Oficiales de la Base Aérea Lockbourne (LAFB). El 17 de agosto, invitamos a los Nobles a cenar en el Club de Oficiales de la Base de la Guardia Nacional Aérea Rickenbacker, en Ohio. Este era el nuevo nombre de la antigua Base Aérea Lockbourne.

Después de la Decimocuarta Convención Nacional Anual de los Aviadores de Tuskegee en Dayton, Ohio, del 5 al 11 de agosto de 1985, Kathadaza y yo fuimos a Columbus para pasar unos días con los Nobles, de nuevo. Antes de ir a la base esa noche, pasamos un rato recordando viejos tiempos en su casa. En el comedor del Club de Oficiales, tomamos otra copa y el camarero nos trajo los menús. En el reverso de los menús estaba impresa la "Historia de la Base". Después de decidir qué comer, leímos la Historia de la Base, de la cual mi grupo había formado parte. Tuve que leerla una y otra vez. ¡No podía creerlo! Leí la Historia de la Base, desde el primer inquilino hasta el actual, repetidamente. La época del Grupo de Pilotos Negros (desde el 332$^{nd}$ Grupo de Caza hasta el 477$^{th}$ Ala Compuesta) no figuraba entre los distintos inquilinos de la base.

Mi ingesta de líquidos había llegado a tal punto que mi indignación me impulsó a hablar con alguien. Fui a buscar al oficial del Club de Oficiales o a su asistente. Ninguno estaba disponible. Pregunté por el nombre y la dirección postal del Comandante de la Base. Cuando Kathadaza y yo regresamos a casa, busqué inmediatamente documentación que demostrara que el Grupo (y yo) habíamos sido asignados a esa Base. Tenía páginas del libro de Charles Francis, "Los Aviadores de Tuskegee", y copias de las Órdenes Especiales que me asignaban a unidades en el Aeródromo Militar de Lockbourne en 1946, reproducidas.

Preparé un paquete y lo envié por correo a la atención del Comandante de la Base. Un par de semanas después, recibí una carta del Comandante indicando que se habían consultado los registros de la Base y que, efectivamente, el 332$^{nd}$ Grupo de Caza y la 477$^{th}$ Ala Compuesta habían sido asignados a la Base. Además, indicaba que, al reimprimir el menú, se incluiría lo que se había omitido.

Documenté este incidente y lo envié por correo a la Sede de la Organización Nacional de Aviadores de Tuskegee y al Presidente de la Región Este. La Organización Nacional no hizo nada y el asunto quedó archivado.

**P.D. Respuesta de Harry Stewart. Comentarios de quienes estuvieron allí.**
Asunto: **Base de la Guardia Nacional Aérea de Rickenbacker**
Fecha: 11/02/2002, 11:57:07 (Hora del Pacífico)
De: **taswell@mediaone.net**
Para: Livglegend@aol.com, MANNHE@aol.com
*Enviado desde Internet*

Visité la Base de la Guardia Nacional Aérea de Rickenbacker (antes Base de la Fuerza Aérea Lockbourne) en 1995 para asistir a una reunión de la ESGR. En el edificio de la sede, vi una gran exposición con la historia de la base, incluyendo todas las unidades que habían estado allí destinadas. ¡Así es… el 332.º Grupo de Caza no estaba!

## ¿Cómo llego al sitio de la WAAF?

Todo comenzó con una consulta y terminó con la reinauguración del Parque Conmemorativo y un Monumento a los Aviadores de Tuskegee (TA). Además, la creación del Capítulo HIRAM E. MANN, un nuevo capítulo de Tuskegee Airman, Inc., fue un resultado residual. La historia comienza en otoño de 1991. Mi esposa y yo regresábamos a nuestra casa en Titusville, Florida, después de un viaje.

Conducíamos hacia el sur por la Interestatal 95, en Carolina del Sur, cuando noté que el indicador de gasolina marcaba casi un cuarto. Era hora de llenar el tanque. Un letrero indicaba Walterboro a X millas. Salí de la Interestatal por la salida 57, encontré una gasolinera y llené el tanque. Al pagarle al empleado, le pregunté cómo llegar al antiguo aeródromo militar de Walterboro (WAAF). El joven no tenía ni idea de lo que le preguntaba. Decidí que no era importante. Continuamos nuestro viaje a casa.

En marzo de 1992, mi esposa y yo hicimos un intercambio de tiempo compartido en Hilton Head Island. Para pasar el rato, decidimos ir a Charleston, Carolina del Sur. La ruta que tomé para llegar a Charleston desde Hilton Head fue hacia el oeste por la I-95, luego hacia el norte por la salida 53, que es Walterboro, y finalmente hacia el este hasta Charleston, Carolina del Sur. Esta vez estaba decidido a encontrar el sitio del antiguo aeródromo militar. Empecé a preguntar a los lugareños cómo llegar. Sabía que había estado allí porque estuve destinado allí desde agosto hasta noviembre de 1944.

Los jóvenes no tenían ni idea de lo que buscaba. Los mayores me indicaron el aeropuerto de Walterboro. Les dije que no quería el aeropuerto; quería el sitio del antiguo aeródromo militar de Walterboro. Finalmente, cedí y dije: «De acuerdo, ¿cómo llego al sitio del aeropuerto de Walterboro?». Siguiendo las indicaciones, llegué a un edificio nuevo y moderno de una sola planta.

Frente a la entrada se leía «Aeropuerto del condado de Walterboro/Collect». Salí del coche y di una vuelta, asombrado por lo que veía. Un hombre bajito, delgado y mayor, con el pelo gris recogido en una coleta, vestido informalmente con vaqueros y una chaqueta, salió por la puerta principal, se me acercó y me preguntó: "¿Puedo ayudarle?".

Le dije que buscaba la sede de la WAAF. Me dijo: "¡Aquí está!". Le di mi tarjeta de visita y le conté que había estado destinada allí en 1944. Nuestras pilotos (las pilotos negras) fueron enviadas allí para recibir entrenamiento de reemplazo en combate en el extranjero con el P-47 Thunderbolt, también conocido como "JUG". Éramos pilotos de reemplazo para el 332.º Grupo de Caza, en la XV Fuerza Aérea, en Italia. Quería volver a ver el aeródromo. El hombre me dijo que se llamaba Lloyd Vickers, el encargado del aeropuerto. Dijo que lo llamaban "Papá del Aeropuerto". Era un piloto retirado de la Armada. Nos invitó a Kathadaza y a mí a pasar a su oficina en el vestíbulo del aeropuerto.

En su oficina, me comentó que recientemente había estado revisando los planos del aeródromo y que había visto que existían un Club de Oficiales Blancos y un Club de Oficiales de Color. Le confirmé que era cierto; el aeródromo estaba segregado en aquel entonces. Llamó a un piloto joven a su oficina y le dijo: «Lleva al Coronel a dar un paseo de orientación por la zona y observa qué reconoce o recuerda». Volamos en un Cessna 172. Una vez en el aire, el piloto me indicó que tomara los mandos. Logré mantener el morro en el horizonte durante unos 15 minutos de vuelo y luego regresamos al aeródromo.

Lloyd me preguntó qué reconocía. Le dije que lo único que recordaba era la torre de agua al final de las pistas. Pasamos una tarde agradable, hablando de una cosa y luego de otra. Como era de esperar, Kathadaza y yo no fuimos a Charleston ese día. Poco más de un año después, recibí una carta del Sr. Jonnie Thompson, alcalde interino de la ciudad de Walterboro, fechada el 24 de septiembre de 1993. Me invitaron a ser el Gran Mariscal del Desfile de Celebración del Cumpleaños de Martin Luther King Jr. de 1994, que tuvo lugar el 16 de enero de 1994. El Templo Árabe Shriners n.º 139 patrocinó el desfile. Por supuesto, me sentí eufórico. Este fue el mayor honor que había recibido hasta la fecha.

El Sr. Thompson, presidente de la Comunidad de Liderazgo Negro, había obtenido mi nombre de Lloyd Vickers. Algunos ciudadanos de Walterboro, tanto blancos como negros, se preocupaban y no querían que los malos recuerdos de su comunidad permanecieran asociados a quienes habían sido maltratados allí. Tomaron medidas constructivas para borrar esos malos recuerdos y reemplazarlos por otros positivos.

Buscaron y obtuvieron la aprobación de sus representantes en Washington, tanto blancos como negros, pasando por el gobernador, los demás representantes estatales, del condado y de la ciudad, incluyendo al alcalde y otras personas electas y designadas responsables, como la autoridad aeroportuaria local. Todo ello se buscó para conmemorar un lugar permanente para la antigua WAAF, un Monumento a los Aviadores de Tuskegee.

## Afroamericanos en la Aviación: Pasado, Presente y Futuro

Antes de que los Aviadores de Tuskegee fueran reconocidos como un grupo de pilotos o tuvieran la oportunidad de demostrar sus habilidades de vuelo, existían aviadores negros o de color, o como la sociedad los denominara en aquel entonces, pilotando aviones.

Entre los pioneros más notables se encontraba Eugene Jacque Bullard. Nació en Columbus, Georgia, en 1894. Sus hazañas comenzaron ya en la Primera Guerra Mundial. Fue soldado de infantería en la Legión Extranjera Francesa. En 1917, voló como observador de artillería. En 1922, Bessie Coleman se convirtió en la primera mujer negra con licencia de piloto en los Estados Unidos. Cabe destacar que Coleman obtuvo su licencia mucho antes que Emelia Earhart, su contraparte blanca. Coleman viajó a Francia para obtenerla, ya que Estados Unidos no se la otorgaba. Tras su entrenamiento de vuelo y obtención de la licencia en Francia, regresó a Estados Unidos para dedicarse a la aviación acrobática. Falleció en 1926 en un accidente aéreo a los 33 años. Su breve trayectoria inspiró a otros jóvenes negros a incursionar en el campo de la aviación. El Dr. A. Porter Davis, como se muestra en la imagen del Capítulo III de este libro, recibió su licencia de piloto en 1928 y se convirtió en el cuarto afroamericano en obtenerla. Poseía su propio avión llamado "Porter Field: Modelo número NG-16451". Fue considerado un aviador destacado entre 1929 y 1939, año en que comenzó el programa de la Escuela de Vuelo del Instituto Tuskegee para entrenar a pilotos negros. La leyenda cuenta que en 1938 ostentaba el récord de volar 296 días seguidos a pesar de las inclemencias del tiempo.

Willa Brown fue otra aviadora negra muy conocida de esa época. Su atuendo característico era el pantalón de montar blanco, la chaqueta y las botas. Otros aviadores anteriores a la Segunda Guerra Mundial dignos de mención fueron: William J. Powell, quien organizó los Clubes Aéreos Bessie Coleman en 1929 para promover la afición por la aviación en la comunidad negra de Los Ángeles; Hubert Julian; James H. Banning; Thomas C. Allen, conocido cariñosamente como "Los Vagabundos Voladores", realizó un vuelo transcontinental en 1932.

También estaban Willie "Suicide" Jones y Dorothy Darby, otro equipo de acrobacias aéreas. Hubo muchos más (Fuente: "Black Wings, The American Black in Aviation", de Von Hardesty y Dominick Pisano, publicado por el Instituto Smithsonian); y Grover C. Nash, el primero en transportar correo aéreo durante la Semana Nacional del Correo Aéreo en 1938.

Luego llegó la Segunda Guerra Mundial y las aventuras de los Aviadores de Tuskegee. Hay cuatro detalles cruciales que quiero compartir con ustedes: El primero es que el título "Los Aviadores de

Tuskegee" no se utilizó hasta 1972, casi 30 años después del fin de la Segunda Guerra Mundial. Surgió de las raíces de la "Experiencia Tuskegee" de 1941, cuando un grupo de jóvenes pilotos negros decidió fundar Tuskegee Airmen, Inc.

Estos hombres eran miembros de la antigua Tuskegee Flying Experience. Se reunían periódicamente para compartir el vino fermentado y contar historias de guerra sobre sus experiencias. Estaban convencidos de que entre ellos había suficiente inteligencia para hacer algo constructivo en beneficio de la juventud de las minorías. Decidieron constituirse legalmente para expandirse a nivel nacional y solicitar la ayuda de otros expilotos negros para este proyecto. Dado que todos habían recibido entrenamiento de piloto en la Base Aérea del Ejército de Tuskegee, en Alabama, se autodenominaron "Los Aviadores de Tuskegee". Este término se utiliza hoy en día para referirse al personal negro del Cuerpo Aéreo del Ejército asignado a la TAAF durante la Segunda Guerra Mundial.

¡Tenga en cuenta que no se trata solo de pilotos! Esta definición incluye a jefes de tripulación, personal de armería, operadores de radio, operadores de torres de control, paracaidistas y demás personal de apoyo. También había otros no directamente relacionados con el vuelo, como el personal de comedor, personal hospitalario, médicos, enfermeros, dentistas y técnicos; personal de armamento y parque automotor, personal de alojamiento, músicos y demás personal administrativo y de oficina necesario para el funcionamiento de un centro de operaciones militar. Asimismo, incluye a los oficiales blancos y empleados civiles. Todos los demás miembros son asociados. Muchos oficiales militares de alto rango en el área de Washington D.C. y otras localidades también son Aviadores Tuskegee Asociados.

El General de Brigada Vern "Rusty" Finley, antiguo Comandante del Ala de Transporte Aéreo 437, aquí en la Base de las Fuerzas Armadas Canadienses (CAFB), es miembro asociado. Los expresidentes Clinton, Bush, Reagan y otros son Aviadores Tuskegee Honorarios.

Basándome en esa definición, a veces me preguntan: "¿Habría sido elegible el Mayor James 'Straight-Arrow' Ellison, el primer Comandante de la TAAF, un veterano corpulento y bien cualificado de la Primera Guerra Mundial y un firme defensor de la educación militar para la población negra, quien pronto fue reemplazado por el Teniente Coronel Fredrick von Kimble, un acérrimo segregacionista, para ser un Aviador de Tuskegee original?". A lo que respondo: "¡Sí, si hubieran decidido unirse a nosotros!".

El reemplazo de Von Kimble, el tercer y último Comandante de la base, fue nuestro gran padre blanco, el Teniente Coronel Noel F. Parrish. El Coronel Parrish se unió a los Aviadores de Tuskegee como miembro original. Fue un miembro muy comprometido que siguió asistiendo a nuestras Convenciones Nacionales Anuales hasta su fallecimiento en 1987. Su viuda, la Dra. Florence Parrish-St. John, todavía asiste a nuestras Convenciones Nacionales Anuales con su nuevo esposo, el General retirado St. John. Ambos son actualmente miembros asociados de la TAI.

Los pilotos son el producto final de cualquier programa de entrenamiento de vuelo. Los pilotos de caza son los "buscadores de adrenalina". Reciben la mayoría de los elogios. La gente los considera descontrolados, despreocupados, alegres y glamorosos. Surcan los cielos a toda velocidad, realizan carreras de velocidad, vuelan bajo puentes y cables de alta tensión, hacen acrobacias, bombardeos en picado, sobrevuelan granjas, vuelan tan bajo que tienen que ascender para pasar por encima de las vallas, participan en combates aéreos, hacen payasadas y otras maniobras temerarias. Mientras que los pilotos de bombarderos son vistos como más serios y firmes. ¡Tenían las tareas más peligrosas!

Se les consideraba con nervios de acero mientras volaban rectos y nivelados a sus altitudes de bombardeo, transportando su carga de bombas a través de las zonas aéreas enemigas, infestadas de fuego antiaéreo y altamente protegidas, para destruir refinerías de petróleo, torres de radar, aeródromos, puentes, estaciones de clasificación ferroviaria, centros de fabricación y otros objetivos altamente resguardados. No podían realizar maniobras evasivas contra los cazas enemigos que los atacaban. Los bombarderos dependían de los artilleros a bordo de sus aviones y de los cazas que los protegían.

Sin las acciones y la asistencia del personal de apoyo, ¡ninguno de los dos grupos de pilotos habría podido cumplir su misión! El cuarto dato, y uno muy importante para mí, es: existe una clara diferencia entre los términos "el Experimento Tuskegee" y "la Experiencia de los Aviadores de Tuskegee".

El "Estudio Tuskegee", que más tarde se conoció como "el Experimento Tuskegee", comenzó en 1932 en el condado de Macon, Alabama, donde se encuentra la ciudad de Tuskegee. La población de esa zona estaba compuesta aproximadamente por un 80 % de personas negras y un 20 % de personas blancas. Quienes conocen la diferencia reconocen que el "Experimento Tuskegee" se centró en este grupo de hombres negros de Tuskegee, Alabama, que padecían sífilis.

Si has visto la película "Los chicos de la señorita Evers", sabrás del Experimento Tuskegee, en el que se administró penicilina a un grupo de control de personas negras, mientras que al otro grupo se le negó el medicamento. Quienes no comprenden la implicación dicen que son términos relacionados y que pueden usarse indistintamente. Esto es importante para mí porque estuve allí y reconocí la diferencia. De vez en cuando, me preguntan si formé parte de esa experiencia. Sin embargo, si alguien menciona la Experiencia de Vuelo de los Aviadores de Tuskegee, la afirmación se aclararía y sería aceptable.

Establecer el aislado y segregado Campo Aéreo del Ejército de Tuskegee fue una experiencia costosa que muchos políticos blancos en altos cargos civiles y militares consideraron un fracaso rotundo. Decían que no podíamos lograrlo.

A pesar de que muchos negros lucharon con distinción durante la Primera Guerra Mundial, algunos políticos blancos querían clasificar y evaluar a los soldados negros de la Segunda Guerra Mundial según políticas basadas en los estereotipos despectivos sobre los negros presentados en estudios del Colegio de Guerra del Ejército, que los evaluaron en 1925. El estudio se utilizó para intentar demostrar que los afroamericanos eran inferiores, perezosos y de segunda categoría en comparación con los blancos, tanto mental como físicamente. Decían que no teníamos la capacidad de volar ni de mantener aviones; además, que huiríamos si nos retaban a un combate. Decían que teníamos miedo a volar.

El 3 de agosto de 1983, el teniente coronel Guion S. Bluford se convirtió en el primer astronauta negro en el espacio a bordo de la Nave de Transporte Espacial (STS)-8. Fue un lanzamiento nocturno que iluminó el cielo como nunca antes. Al principio del programa espacial, estuvieron Fred Gregory y Charles Bolden. La Dra. Mae Jemison fue la primera mujer astronauta negra en el espacio. Ron McNair fue el único afroamericano que falleció en el programa espacial. El astronauta Bob Lawrence murió en un accidente aéreo no relacionado.

Ha habido, y hay, otros en la trayectoria del programa espacial. Tuve el honor de presentar al astronauta Dr. Bernard Harris durante la celebración del Mes de la Historia Afroamericana en el Centro Espacial Kennedy en febrero de 1995. El tema de la celebración fue: Afroamericanos en la Aviación: Pasado, Presente y Futuro.

Hablé sobre el pasado y hasta el presente. Luego, le cedí la palabra al Dr. Harris, quien habló sobre el futuro a través de un video de 5 minutos que había preparado antes del lanzamiento del Challenger, el día anterior al evento. En ese momento, se encontraba orbitando la Tierra en el Challenger STS. En sus comentarios, el Dr. Harris incluyó un agradecimiento a los Aviadores de Tuskegee, a través de mí, por haber hecho posible que él estuviera en el espacio en aquel entonces.

El 477th Grupo de Bombardeo Medio, primera clase 43-F. La Armada fue la siguiente en admitir a personas negras en su programa de vuelo. El general Frank Peterson, del Cuerpo de Marines, fue el primer piloto negro del Cuerpo de Marines. Recibió sus alas en 1944 y se convirtió en el primer oficial negro en comandar un escuadrón de Marines o de la Armada en 1968. Hoy en día, todas las principales aerolíneas comerciales emplean pilotos afroamericanos.

He participado en programas, o he estado entre el público, cuando muchos de nuestros destacados líderes militares y civiles negros han agradecido a los Aviadores de Tuskegee. En dos ocasiones, estuve entre el público cuando el exjefe de Estado Mayor, ahora Secretario de Estado, Colin Powell, nos agradeció por haber hecho posible que se convirtiera en el general que fue y alcanzara las alturas que logró.

Prácticamente todos los afroamericanos que han alcanzado el éxito desde la Segunda Guerra Mundial agradecen a los Aviadores de Tuskegee por haber hecho posible que llegaran a donde están. Fuimos fundamentales en la integración de las fuerzas armadas y, posteriormente, de otros sectores civiles de los Estados Unidos. Ellos afirmaron que se apoyaron en nuestros hombros. Cada uno declaró que, de no haber sido por las dificultades y los insultos que sufrimos durante la Segunda Guerra Mundial, probablemente no estarían ocupando los puestos que tenían en ese momento. Todos los Aviadores de Tuskegee merecen reconocimiento por su excelente labor.

El objetivo común de todos los Aviadores de Tuskegee es motivar, inspirar y estimular a los jóvenes a desear, buscar y alcanzar carreras exitosas, principalmente en campos relacionados con la aviación. ¡La juventud de hoy debe aprovechar al máximo todas las oportunidades que se les presentan! ¡Dejar pasar las oportunidades puede resultar en el desperdicio de excelentes habilidades! ¡Carpe

Diem! ¡Aprovecha el día! Con este fin, los aviadores de Tuskegee dedican tiempo, esfuerzo y recursos financieros para captar la atención de los jóvenes e inculcarles la voluntad de aprender, sacrificarse y alcanzar la autosuficiencia con habilidades valiosas para el mercado laboral. El Programa Nacional de Becas de los Aviadores de Tuskegee está abierto a todos los jóvenes, independientemente de su raza, sexo, religión, origen nacional, etc.

## Unas palabras más

Kathadaza y yo fuimos a Columbus, Ohio, después de la Convención TAI de 1982 en San Luis, Misuri. Llevamos a nuestros amigos, los Nobel, a cenar al Club de Oficiales de la Base de la Guardia Nacional Aérea Rickenbacker, antiguamente la Base de la Fuerza Aérea Lockbourne. El menú tenía impresa en el reverso la historia de la base, desde sus inicios hasta la actualidad. Después de elegir mi cena, leí la historia de la base. Tras leerla y releerla varias veces, me di cuenta de que se omitía cualquier mención del período en que el $332^{nd}$ Grupo de Caza y/o el $477^{th}$ Grupo Compuesto (Ala) ocuparon o estuvieron acantonados en la base.

Como ya mencioné, lo comenté en la siguiente reunión de la sección. Me indicaron que lo enviara a la sede nacional a través del presidente regional, R. R. Richards, lo cual hice. Me lo devolvieron e intenté tomar la iniciativa para que se hiciera algo al respecto. Una carta del comandante de la base está entre mis documentos.

## No puede ser que haya pasado tanto tiempo.

No puede ser que haya pasado tanto tiempo. A veces parece que fue ayer, y entonces me levanto de la silla y oigo cómo crujen y se quejan todas las articulaciones, y me veo obligado a aceptar la realidad.

Feliz aniversario, chicos. ¿Se acuerdan de esto?

Somos las alas ascendentes de un mundo nuevo.
Además, estamos destinados a la victoria.
Seguiremos adelante por los que se han ido.
Estelas resplandecientes en cielos lejanos.
Y si Dios quiere, lo haremos.
¡Arriba, adelante!
La lucha aún no ha terminado.
¡Arriba, adelante!
La batalla acaba de empezar.
¡Alas!
¡Danos alas!
¡Contacto!

Puede que no recuerde toda la letra, pero se acerca bastante. Esta era una de nuestras canciones de clase (44 F), escrita por George Catlin o John B. Turner cuando estábamos en los primeros cursos de vuelo.

## 27 de junio - Correos electrónicos

27 de junio de 2002

¡Guau! Recuerdo el 27 de junio de 1945. Era nuestro primer aniversario. Creo que todavía estábamos en Ramitelli. Tuvimos un duro golpe esa noche. Han pasado muchísimos años desde entonces. Es hora de pasar lista. ¿Cuántos quedamos, Harry? No sé cuántos de los pilotos de aviones bimotores quedan. Han pasado varios años desde que hablé con John B. Turner.

También hablé con "Rip" Johnson hace un par de años. Retirado del servicio activo tras unos 30 años de servicio, no parecía muy interesado en retomar el contacto con los demás. Quizás podamos ponernos al día en la convención.

Lew Lynch

## Discurso del Teniente Coronel Hiram Mann al Comando Aéreo Valiant, Titusville, Florida

Buenas noches, estimados miembros y amigos del Comando Aéreo Valiant. Lamento que mi copiloto, con quien he compartido 55 años de servicio, tenga otro compromiso. Sin embargo, como siempre, es un placer compartir con ustedes.

Esta noche tengo el honor de representar a otra distinguida organización de aviación de la que soy miembro: la Asociación de Pilotos del P-51 Mustang. La P-51 MPA es un grupo de pilotos y colaboradores, tanto hombres como mujeres, dedicados a preservar la memoria de un gran avión de combate, el venerado North American P-51, y de nuestros camaradas que lo pilotaron. Estos aviones de largo alcance y gran versatilidad, también conocidos como los "Cadillac" de los cazas de motor de pistón, y sus pilotos, contribuyeron significativamente a la victoria de Estados Unidos en la Segunda Guerra Mundial y en Corea. Probablemente fue el caza de motor de pistón más eficaz que Estados Unidos haya tenido jamás.

Los miembros de la P-51 MPS desean asegurar que este magnífico avión no caiga en el olvido. Al enterarme de que estas hermosas placas de bronce estaban disponibles y se donaban a organizaciones que cumplían con los requisitos, me ofrecí voluntario para demostrar que nuestra VAC era merecedora de una. Le aseguré a la MPA que nuestro Valiant Air Command era elegible. Nuestros oficiales tomaron las medidas necesarias. Alice Icazzuco tuvo una pequeña participación.

La placa llegó ayer; el camión se averió justo enfrente de mi casa después de la entrega. Nosotros, la VAC, fuimos los afortunados número 13 en recibir una placa; hay otros 12, incluyendo la Academia de la USAF en Colorado Springs, el Museo Naval en Oregón, el Museo Memorial de Greensboro en Carolina del Norte, el Museo de Cazas Champlin en Mesa, Arizona, y la Fuerza Aérea Conmemorativa en Midland, Texas.

Kevin, en nombre de la P-51-MPA, me complace enormemente transferir la propiedad de esta placa conmemorativa de la Asociación de Pilotos del P-51 Mustang a nuestro Museo del Valiant Air Command en Titusville, Florida. Estoy seguro de que se exhibirá en un lugar destacado para que todos los que visiten nuestro museo puedan apreciarlo.

"Hasta que volvamos a volar juntos, ¡preparemos los motores y dirijámonos hacia cielos despejados con viento de cola!"

Nota del editor: El teniente coronel Mann sirvió en el 332$^{nd}$ Grupo de Caza en Italia.

## Hiram

Hiram:

Tienes razón sobre los "Fighters" y la sobrecarga de 50 misiones, pero ¿recuerdas que teníamos que usar esos uniformes tan poco llamativos de Luxemburgo para el desfile de graduación? Creo que solo usé esa monstruosidad grande y fea dos veces después de graduarnos. Desapareció en algún lugar entre Tuskegee y Walterboro, y nunca la extrañé ¿Recuerdas a Hugh y su uniforme blanco de boda? Creo que tampoco lo usó muchas veces.

Ah, los buenos viejos tiempos.

Lewis John

## Reflexiones finales sobre las Epístolas

Las palabras y frases expresadas por el teniente coronel Hiram Mann provienen directamente de su recuerdo de primera mano de sus experiencias como aviador de Tuskegee que participó en combate como piloto contra los alemanes durante la Segunda Guerra Mundial. Es evidente a lo largo de estas experiencias que le dolía el dualismo de luchar en Europa por la libertad de otros en el mundo, como oficial de la Fuerza Aérea del Ejército de los Estados Unidos, y a la vez servir en unidades de vuelo militares segregadas. Al regresar a casa, a los Estados Unidos de América, él y los demás militares afroamericanos, tanto hombres como mujeres, nunca recibieron ningún desfile de bienvenida en el centro de la ciudad donde vivían. No hubo ninguna ceremonia pública de reconocimiento para los Aviadores de Tuskegee ni para el resto del personal militar afroamericano. De hecho, la única bienvenida pública fue la proliferación de letreros de segregación racial, como "Fuentes de agua solo para blancos", "Alojamientos para oficiales militares solo para blancos" y "Viviendas y restaurantes solo para blancos", por mencionar algunos de los símbolos visibles del sistema de segregación racial que imperaba en los Estados Unidos de América. De hecho, se le negó el servicio en restaurantes, el acceso a cines frecuentados por blancos y se vio obligado a vivir en comunidades afroamericanas segregadas. Esta inscripción en el monumento es un merecido homenaje a los Aviadores de Tuskegee, quienes se distinguieron como pilotos durante la Segunda Guerra Mundial. Cabe destacar que comunidades como Titusville, Florida, y otras han dedicado monumentos a los Aviadores de Tuskegee.

*Inscripción del Monumento*
*(En el Monumento TAI de Walterboro)*

*LOS AVIADORES DE TUSKEGEE DE*
*LA SEGUNDA GUERRA MUNDIAL*

*En honor a los Aviadores de Tuskegee, sus instructores y el personal de apoyo terrestre que participaron en la preparación para el entrenamiento de combate en el Aeródromo Militar de Walterboro durante la Segunda Guerra Mundial.*

*Debido a su heroica acción en combate, los alemanes los llamaban Schwartze Vogel menschen (Hombres Pájaro Negros), a quienes temían y respetaban. Las tripulaciones de bombarderos estadounidenses blancos, en señal de reverencia, los llamaban los "Ángeles de la Cola Roja" debido a la distintiva pintura roja en sus colas y a su reputación de no perder ningún avión. Protegían (escoltaban) a los cazas enemigos mientras proporcionaban cobertura aérea en misiones sobre objetivos estratégicos en Europa.*

# CAPÍTULO X

## La reacción y el reconocimiento

**L**A PRINCIPAL PREOCUPACIÓN DE LA mayoría de los aviadores de Tuskegee y afroamericanos que sirvieron en la Primera y la Segunda Guerra Mundial era el escaso reconocimiento que recibían. De hecho, muchos sentían que "el público blanco y los medios de comunicación no nos honraron por las contribuciones que hicimos en defensa de la bandera estadounidense y la libertad de muchos en Europa". Muchos de estos militares afirmaron que el primer reconocimiento llegó en 1979 con el documental "Blacks in White America" y la película de HBO de 1995 sobre los aviadores de Tuskegee. Así, después de más de 50 años, por primera vez hay pruebas más sólidas de que el público está tomando plena conciencia de las contribuciones de los aviadores de Tuskegee y otros militares afroamericanos alistados durante la Segunda Guerra Mundial.

Durante varias conversaciones con un oficial retirado de la Armada, profesor de historia y ciencias sociales, y tras su retiro del ejército estadounidense, comentó: «Había oído hablar de los aviadores afroamericanos en la Segunda Guerra Mundial, pero esto no se profundizó en la historia militar». Como su mentor en estudios sociales, me impresionó el entusiasmo y la disposición de este profesor para compartir no solo la película de HBO sobre los Aviadores de Tuskegee, sino también para involucrar a sus alumnos en un extenso debate sobre el papel y las contribuciones de los afroamericanos a las fuerzas armadas de los Estados Unidos. El teniente coronel Hiram Mann, un aviador de Tuskegee retirado y piloto, dijo: "Sí, recuerdo una película protagonizada por Ronald Reagan cuando era actor en Hollywood. Esta película mostraba las contribuciones, pero no era tan descriptiva como la de HBO en cuanto a las experiencias de vuelo y entrenamiento del personal alistado".

En un documental de 1979 sobre "Blancos y negros en Estados Unidos", un especial de ABC narrado por el difunto presidente Reagan antes de asumir la presidencia de los Estados Unidos, se presentó al teniente coronel Benjamin O. Davis, Jr., a quien considerábamos el mejor piloto del Programa de Entrenamiento de Pilotos de los Aviadores de Tuskegee durante la Segunda Guerra Mundial. De hecho, "Todos lo llamábamos Comandante porque tuvo un impacto significativo en todos los que nos esforzábamos por convertirnos en pilotos militares". Esta película también mostraba a Colin Powell, un general de cuatro estrellas y comandante de las Fuerzas Armadas de los Estados Unidos de América. Se convirtió en el primer afroamericano en alcanzar este alto cargo militar en los Estados Unidos. Sin embargo, cabe destacar que el general Daniel "Chappie" James, Jr. fue el primer afroamericano en ser ascendido al rango de general de cuatro estrellas antes del nombramiento del general Colin Powell.

El teniente coronel Hiram Mann afirmó además que "El público oyó hablar de los pilotos de Tuskegee, pero pocos conocían la Experiencia de los Aviadores de Tuskegee, que comenzó en 1941". El coronel Mann añadió: "Hablé con muchos de mis vecinos a lo largo de los años desde que dejé el ejército, y me sorprendió descubrir que menos del diez por ciento conocía los detalles de la Experiencia de los Aviadores de Tuskegee". Lo más sorprendente fue que los libros de historia no mencionan en detalle la experiencia de vuelo de los Aviadores de Tuskegee, que comenzó en 1941. Estos primeros reclutas del Programa de la Escuela de Vuelo de Tuskegee, en Alabama, se convirtieron en parte de la historia de Estados Unidos, de la Segunda Guerra Mundial y de la historia y las contribuciones del personal militar afroamericano. La información que sigue ofrece una estimación de los logros de la experiencia de los Aviadores de Tuskegee en la década de 1940, en la que los pilotos, militares y mujeres afroamericanos demostraron sofisticación intelectual y aeronáutica, así como confianza. Los datos probaron que eran, en efecto, competentes para ser pilotos de combate en el Servicio Militar de Estados Unidos. La información del siguiente párrafo muestra algunos de los logros de los Aviadores de Tuskegee y de los pilotos de la Segunda Guerra Mundial.

## Logros dignos de héroes

El resumen de los datos indica que, según Charles E. Francis (1988), los aviadores de Tuskegee recibieron un total de 150 Cruces de Vuelo Distinguido. Según estimaciones de «Black Americans in Defense of Our Nation», entre los premios y honores adicionales recibidos por los aviadores de Tuskegee se incluyen: Legión al Mérito (1), Medalla del Soldado (2), Corazón Púrpura (8), Estrella de Bronce (14), Medallas y Condecoraciones Aéreas (744) y Cruces de Vuelo Distinguido (95). Esta última cifra contrasta notablemente con la del libro de Charles F. Francis (1988), que documenta las 150 Cruces de Vuelo Distinguido obtenidas por los aviadores de Tuskegee. Realizaron más de 1578 misiones, destruyeron y dañaron más de 136 aeronaves enemigas, 40 barcazas y embarcaciones, y 619 vagones de carga y otros vehículos. Se estima que el número total de pilotos que se graduaron del Programa de Experiencia de Pilotos de Tuskegee fue de aproximadamente 992. De estos pilotos graduados, unos 450 fueron destinados al extranjero. Este informe no incluye al Equipo de Apoyo Terrestre de los Aviadores de Tuskegee, lo cual está bien documentado por el Comité de Conmemoración del 50th Aniversario de la Segunda Guerra Mundial, el Cuartel General del Ejército (HQDA), el Comando de Apoyo al Combate (SACC) del Pentágono y Washington, D.C., que indica que "aunque la misión principal y la razón de la Experiencia de los Aviadores de Tuskegee era volar, no todo el personal alistado fue entrenado como piloto. Muchos fueron entrenados para otras responsabilidades. Entre el personal inicial que se entrenó en la Base Aérea de Tuskegee se encontraban 210 soldados y 33 oficiales asignados al 99th Escuadrón de Caza. Aproximadamente 160 soldados y 10 oficiales fueron asignados a la unidad del grupo base, 20 soldados y dos oficiales fueron asignados a tareas de servicio (Carter, 1995, págs. 1-16; Black Americans in Defense of Our Nation, 1979). Cabe señalar que el Teniente Coronel retirado Hiram E. Mann formó parte del equipo de pilotos de Tuskegee. La promoción de 1944, compuesta por cadetes asignados a tareas de entrenamiento de pilotos como parte de la Experiencia de los Aviadores de Tuskegee, destacó que el personal de apoyo en tierra fue fundamental para el éxito de los pilotos. Se estima que se necesitaban aproximadamente diez personas para que los aviones estuvieran en condiciones óptimas de vuelo y mantenimiento. Los registros evidencian un creciente interés en reconocer la contribución del personal de apoyo en tierra, que desempeñó un papel crucial en el apoyo a los pilotos de caza de Tuskegee.

Resultó alentador escuchar a todos los pilotos de Tuskegee expresar su apoyo incondicional al personal de apoyo en tierra. El comentario más frecuente entre los Aviadores de Tuskegee fue: "Mi éxito y eficiencia como piloto se debieron directamente al excelente trabajo del personal de tierra, que mantenía los aviones en perfectas condiciones, asegurándose de que nuestras radios funcionaran correctamente, que nuestras ametralladoras y demás armamento estuvieran cargados y en buen estado, que repostaran los aviones y que colaboraran en las misiones de reconocimiento tomando fotografías aéreas". Cada miembro del Cuerpo de Aviadores y pilotos de Tuskegee estaba y sigue estando en deuda con el dedicado personal de tierra y demás personal de apoyo que desempeñó un papel fundamental en nuestro éxito como pilotos.

## Cobertura de la experiencia de los Aviadores de Tuskegee por los medios afroamericanos

Los medios de comunicación afroamericanos, incluyendo emisoras de radio y periódicos, fueron cruciales para difundir información a la comunidad y al público sobre el éxito y el progreso de los pilotos de los Aviadores de Tuskegee, quienes se entrenaban en el Aeródromo de Tuskegee, Alabama, y otros aeródromos de Estados Unidos. Como muchos pilotos de Tuskegee solían decir: "Los medios afroamericanos fueron el principal enlace mediático en las comunidades y ciudades predominantemente negras". El coronel Mann afirmó que "había un afroamericano en los medios al que se le debe rendir un homenaje especial: Tony Brown, comentarista y presentador del programa 'Tony Brown Journal'. Este programa de televisión de la década de 1970, presentado por Tony Brown, llegó tanto a la comunidad negra como a la blanca al contar con la participación de los pilotos de los Aviadores de Tuskegee. Me refiero a pilotos reales que formaron parte del Programa Original de Entrenamiento de Pilotos de Tuskegee". Muchos aún sostienen que el programa de Tony Brown fue uno de los primeros medios de comunicación en dar a conocer y demostrar las valiosas contribuciones de los aviadores de Tuskegee y de los pilotos afroamericanos que sirvieron en la Segunda Guerra Mundial. Estos aviadores de Tuskegee fueron aclamados por no haber perdido ni un solo bombardero durante la guerra. Una prueba más del éxito de los "Red Tails", también conocidos por las marcas rojas en los aviones pilotados por los pilotos de Tuskegee, fue un evento que presencié el 10 de febrero de 1997, en una recepción comunitaria en la Biblioteca Pública de West Palm Beach, condado de Palm Beach, Florida. Esta reunión era pública y contó con la presencia de una muestra representativa de los residentes de Palm Beach y West Palm Beach. Noté que un anciano estaba extremadamente nervioso y centraba toda su atención en los aviadores de Tuskegee, quienes disfrutaban interactuando con los invitados. Entonces, decidí acercarme al anciano, un hombre blanco, y me dijo: "Señor, soy un piloto de bombarderos retirado de la Segunda Guerra Mundial. Durante la guerra, los 'Red Tails' escoltaban a nuestros bombarderos; todos creíamos que con su escolta, regresaríamos a nuestra base. No estoy aquí para hablar de las heroicas hazañas militares de los 'Red Tails' como pilotos de caza". Más bien, estoy aquí para agradecer a los Aviadores de Tuskegee por salvarme la vida. Señor, permítame contarle lo sucedido. Durante la Segunda Guerra Mundial, regresábamos de una misión de bombardeo. Mi avión tuvo problemas y perdió velocidad. Fui alcanzado. Los demás aviones de combate de la formación despegaron, y mientras volaba lentamente de regreso a la base, de repente me encontré con una flota de aviones de los "Red Tails". Los "Red Tails" me escoltaron lentamente de regreso a mi base, y cuando me preparaba para aterrizar, los "Red Tails" se separaron, y lo único que vi fueron los "Red Tails" en sus aviones de combate. Estoy aquí esta noche para agradecer a los "Red Tails". Así que, tan pronto como vi el anuncio en el periódico sobre esta recepción para los Aviadores de Tuskegee, decidí venir a agradecerles personalmente.

Entonces, le dije al anciano: "Permítame presentarle a los Aviadores de Tuskegee". Lo llevé ante el capitán Charles Hill, la capitana Mary Hill, el teniente Walter J. Palmer y el mayor Roland Brown. Tras las presentaciones, el anciano, con lágrimas en los ojos y el rostro enrojecido, dijo: «Nunca supe quiénes eran ustedes cuando me acompañaron de regreso a la base tras el accidente de mi bombardero. Les estoy profundamente agradecido por haberme salvado la vida y protegido mi bombardero». En ese momento, los aviadores de Tuskegee presentes abrazaron de inmediato al anciano blanco y, con lágrimas en los ojos, le agradecieron, se abrazaron, se estrecharon la mano y compartieron anécdotas de vuelo de la Segunda Guerra Mundial. Este fue un momento decisivo para todos los que presenciamos este emotivo suceso en la historia de los aviadores de Tuskegee. Quedó claro que los logros de los aviadores de Tuskegee deben contarse en todos los ámbitos, en todas las escuelas y en todos los libros de texto de historia. Sobre todo, la historia de los aviadores de Tuskegee y sus heroicas experiencias como pilotos de combate deben incorporarse a la historia de los Estados Unidos de América,

la historia militar y la historia mundial. También es necesario que compartamos la historia de los aviadores de Tuskegee y las heroicas contribuciones de todos aquellos militares que sirvieron a los Estados Unidos de América con honor, dignidad y valentía, a pesar de no ser tratados como ciudadanos iguales. Vivir bajo las leyes de segregación racial, junto con la discriminación abierta, formaba parte de su vida cotidiana mientras luchaban en un ejército segregado. la unidad de pilotos denominada 99th Escuadrón de Caza y el 332nd Grupo de Caza.

"Esta experiencia y la efusiva muestra de gratitud del piloto blanco del bombardero dejaron claro que, a pesar de la barrera racial que nos separaba a los militares, como piloto de Tuskegee que voló en los 'Red Tails', recordé que, al luchar contra un enemigo común, no había tiempo para lidiar con el persistente problema de la raza del piloto de caza o bombardero. Eran momentos críticos de vida o muerte, luchando bajo una bandera aliada contra un enemigo común: los alemanes. Por lo tanto, recuerdo que soy un estadounidense de pleno derecho, no solo a medias. Luché para defender a mi país y la libertad del mundo".

"Por consiguiente, creo que debemos perdonar y construir un futuro para nuestra próxima generación de niños estadounidenses donde el respeto y la armonía racial sean la norma", declararon el teniente coronel Hiram Mann, el capitán Charles Hill, la capitana Mary Hill, el mayor Roland Brown, el teniente Walter Palmer, aviadores de Tuskegee y el sargento Elton Williams, veterano condecorado de la Segunda Guerra Mundial. La mejor terapia para todos los que vivimos estas experiencias y servimos durante la Segunda Guerra Mundial es «seguir siendo vigilantes al contar nuestra versión de la experiencia de los aviadores de Tuskegee, así como las experiencias de todo el personal militar afroamericano alistado y sus familias». Este personal militar afroamericano alistado compartía un objetivo común: ganarse el respeto y la aceptación como seres humanos capaces e iguales. Cumplieron con su deber como personal militar competente y leal ante todos los habitantes de los Estados Unidos de América y del mundo. «El movimiento por los derechos civiles se enfrentó a una verdadera prueba durante nuestra experiencia en el ejército. Nuestro éxito en la integración militar fue, sin duda, un gran avance para toda la población afroamericana en los Estados Unidos de América y en el mundo. Se eliminó una piedra más, un enorme obstáculo para nuestra

libertad y búsqueda de la felicidad mientras defendíamos la bandera estadounidense». Hoy en día, las Fuerzas Armadas de Estados Unidos están integradas con el objetivo de aprovechar al máximo el potencial de todo el personal alistado, independientemente de su género, raza o etnia, para cumplir con las diversas responsabilidades que requieren las distintas ramas de las Fuerzas Armadas.

## La película de HBO sobre los Aviadores de Tuskegee

He visto la película de HBO "Los Aviadores de Tuskegee" más de doce veces. Desde 1995, la he proyectado cada año en mis clases de la Universidad de Stetson, incluyendo cursos de Estudios Sociales y Educación Multicultural. Me sorprendió que la mayoría de los estudiantes afirmaran saber poco o nada sobre las heroicas contribuciones de los Pilotos de Tuskegee, quienes desempeñaron un papel fundamental, junto con otros militares, en la consecución de la victoria final en la década de 1940 contra Hitler y los nazis durante la Segunda Guerra Mundial. Sin embargo, me invadió un profundo deseo de entrevistar a estos veteranos de la Segunda Guerra Mundial debido a los comentarios persistentes de mis estudiantes, quienes afirmaban que les habían enseñado poco o nada sobre la experiencia de los Aviadores de Tuskegee o sobre los Pilotos de Tuskegee en sus clases de historia o de historia universal en la escuela secundaria. universidad. Aunque las clases y los libros de texto sobre la Segunda Guerra Mundial hablan de las hazañas y contribuciones de los pilotos blancos y otro personal militar, es evidente que los libros de texto y la historia militar de EE. UU. guardaron silencio sobre los pilotos de caza afroamericanos llamados "Red Tails" y "Tuskegee Airmen Pilots".

Ver la película de HBO sin tener conversaciones con un piloto o miembro del personal original de Tuskegee siempre dejaría un vacío en el conocimiento. Obtener el relato de primera mano de los pilotos y el personal originales de Tuskegee fue la clave para desvelar los verdaderos sentimientos que impregnaron el éxito de los afroamericanos que fueron los pilotos originales de Tuskegee. "Esta película de HBO, según varios aviadores de Tuskegee, incluido otro personal afroamericano alistado como el sargento Elton Williams, un veterano condecorado de la Segunda Guerra Mundial, llegó en el momento adecuado para asegurar que durante el próximo milenio, la contribución positiva de los afroamericanos durante la Segunda Guerra Mundial se comparta con las generaciones presentes y futuras de personas en los Estados Unidos de América y el mundo. Mann dijo que "la película de HBO se hizo en parte para Hollywood".

y el consumo público en general; por lo tanto, hay aspectos importantes que requieren aclaración, a saber:

1) La parte que afirmaba que los aviadores de Tuskegee se suicidaron era muy inexacta, ya que no existía ningún registro ni conocimiento personal de que alguien hubiera hecho tal cosa. De hecho, las entrevistas con varios aviadores de Tuskegee confirmaron que, según recordamos, todos estábamos pendientes de lo que sucedía entre nosotros. Estábamos decididos a triunfar porque sabíamos que los blancos y los altos mandos militares buscaban otra excusa para impedir que los afroamericanos pilotaran aviones. Estábamos convencidos de que nuestro éxito se debía a que habíamos marcado la diferencia, sabiendo que el fracaso de un solo hombre era una opción que la comunidad negra no toleraría. Al regresar a casa, el mensaje común de la comunidad negra era: «¡Debemos triunfar! ¡Buena suerte, muchachos!». Por lo tanto, debemos aclarar que ningún aviador de Tuskegee se suicidó. Debemos reiterar que muchos reclutas fueron dados de baja y siempre fue triste verlos empacar sus cosas y dedicarse a otra especialidad militar o regresar a sus hogares. La película de HBO reflejó con precisión esta lucha y la ansiedad que todos enfrentamos, pero nunca presenciamos el suicidio de ningún recluta.

2) El siguiente problema con esta película de HBO fue que "los numerosos honores y medallas obtenidos, incluyendo las ocho Corazones Púrpura y más de 105 Cruces de Vuelo Distinguido, son solo algunos de los distinguidos

logros de los Aviadores de Tuskegee". El público, al leer este libro y otros relatos sobre los Aviadores de Tuskegee, aprenderá información valiosa que la película de HBO omitió.

3)	Otro ejemplo de las deficiencias de la película de HBO fue que "la historia del personal de tierra no se representó adecuadamente. La película se centró exclusivamente en los pilotos de combate, su entrenamiento y sus logros. Ignoró el hecho de que cada piloto estaba vinculado a personal de apoyo, fundamental para el éxito del piloto y el funcionamiento del avión. Esta historia olvidada trataba sobre el personal capacitado que conformaba el equipo de tierra y proporcionaba los servicios administrativos necesarios para que los aviones pudieran despegar y aterrizar sin problemas".

4)	El especial de HBO nunca abordó el papel y la importancia del apoyo positivo y las funciones esenciales que desempeñaron las numerosas mujeres alistadas, incluyendo personal administrativo, enfermeras, personal de apoyo y otros servicios de apoyo en tierra. Es necesario contar esta historia; por ejemplo, la Capitana Mary Hill era la esposa del Capitán Charles Hill, piloto de Tuskegee en el 99th Escuadrón de Caza, pero su historia no se reflejó en el especial de HBO. Su historia, y la de muchas mujeres que sirvieron durante la experiencia de los Aviadores de Tuskegee y en el Campo Aéreo del Ejército de Tuskegee, debe contarse en un especial de HBO y en nuestros libros de historia.

La película de HBO nunca mencionó algo que los Aviadores de Tuskegee con los que interactué solían plantear. El punto que les preocupaba, al igual que a los afroamericanos que lucharon en la Segunda Guerra Mundial y vivieron la experiencia de los Aviadores de Tuskegee, era que merecíamos ser reconocidos con un monumento en la capital del país en nuestro honor. Los aviadores de Tuskegee y los veteranos afroamericanos de la Segunda Guerra Mundial. Esto nos alegraría a todos, y especialmente a quienes murieron sirviendo en la Segunda Guerra Mundial. Estos recuerdos perdurarán para que cada nueva generación visite el monumento y conozca las experiencias de los aviadores de Tuskegee. No me malinterpreten, no digo que nuestros esfuerzos fueran tan grandes como los de los veteranos de Vietnam, pero la manera de evaluar nuestra situación es reconocer que cada evento tiene sus propias características únicas. Por lo tanto, la forma de marcar una verdadera diferencia en nuestra historia es honrar cada experiencia y cada guerra sin comparaciones. Mi sueño es que la experiencia de los aviadores de Tuskegee sea recordada con un monumento en la capital del país.

## Difundiendo la Palabra

La reflexión final sobre la película de HBO es que la trama no logró captar la trascendencia de los logros de los Aviadores de Tuskegee. A pesar de haber recibido entrenamiento como pilotos de combate en un ejército segregado, y sabiendo esto, todos apostaban por su fracaso. El hecho de que estos hombres lograran el éxito es probablemente uno de los logros más significativos de los militares afroamericanos alistados hasta la fecha. Estos "Aviadores Originales de Tuskegee" fueron directamente responsables de la integración de las Fuerzas Armadas impulsada por el presidente Truman en 1948.

El teniente coronel retirado Hiram Mann afirmó: "La mejor terapia para todos los que vivimos esa experiencia es mantenernos firmes al contar nuestra versión de la historia de los Aviadores de Tuskegee y las enriquecedoras experiencias que tantos militares afroamericanos alistados y sus familias compartieron en el servicio militar. Su principal objetivo era ganarse el respeto y la aceptación como seres humanos iguales ante todos los habitantes de los Estados Unidos de América y del mundo". Mann y otros siempre argumentaron que "El Movimiento por los Derechos Civiles superó una verdadera prueba durante nuestra experiencia en el ejército. Nuestro éxito en la integración militar en 1948 fue, sin duda, un acontecimiento positivo y alentador para toda la población afroamericana. Un triunfo más para garantizar que nuestra libertad y búsqueda de la felicidad no se dieran por sentadas mientras defendíamos la bandera de los Estados Unidos de América, en Europa y el resto del mundo".

Una forma de continuar el legado de los Aviadores de Tuskegee y los pilotos de combate cuyos actos heroicos como pilotos permanecen como un récord militar especial, en el que los "Red Tails", los Pilotos de Tuskegee, no perdieron ni un solo bombardero de los que escoltaron durante la Segunda Guerra Mundial, es unirse a la Asociación de Aviadores de Tuskegee (TAI), que cuenta con capítulos en todo Estados Unidos.

## Cómo unirse a la Asociación Nacional de Aviadores de Tuskegee

*"El reto para cada aviador de Tuskegee es mantener vivo el sueño y compartir esta historia positiva que forjó los derechos civiles y humanos de los afroamericanos que viven en los Estados Unidos de América."*

*(Coggins, 2001)*

Unirse a la Asociación Nacional de Aviadores de Tuskegee o a una filial local será un paso importante para difundir la historia positiva de la experiencia de los Aviadores de Tuskegee en la década de 1940. Por lo tanto, animo a todos los ciudadanos, jóvenes y adultos, a garantizar que el legado de los Aviadores de Tuskegee perdure uniéndose a la Asociación Nacional de Aviadores de Tuskegee. Las cuotas anuales varían. La mayoría de los miembros indicaron que la cuota incluye el acceso a boletines informativos, la participación en conferencias nacionales y locales, y otros eventos. Cabe destacar que las cuotas locales varían según las políticas de cada filial. En el apéndice de este texto se incluye una lista provisional de las filiales locales de la Asociación Nacional de Aviadores de Tuskegee. La membresía nacional de los Aviadores de Tuskegee nos recuerda la importancia de celebrar los logros de la experiencia de Tuskegee. Cada generación puede preservar esta historia uniéndose a la Tuskegee Airmen Incorporated, una organización que celebra una conferencia anual y aboga enérgicamente por la preservación de la historia de los Aviadores de Tuskegee.

En última instancia, todos nosotros, como ciudadanos de los Estados Unidos de América y del mundo, debemos reconocer que los Aviadores de Tuskegee también son veteranos que deben ser incluidos en la celebración del Día de los Caídos y otras fechas que reconocen los valerosos servicios prestados por los veteranos. Debemos seguir reconociendo las contribuciones de todos aquellos hombres y mujeres que sacrificaron sus vidas por la libertad de la que todos disfrutamos en los Estados Unidos de América y el mundo libre. Los Aviadores de Tuskegee fueron heroicos pilotos de combate durante la Segunda Guerra Mundial que lucharon por la libertad de los Estados Unidos, otros países europeos y del norte de África. De hecho, sus esfuerzos contribuyeron a la liberación de personas oprimidas que sufrieron bajo el régimen de Hitler y el régimen nazi durante las décadas de 1930 y 1940, quienes estaban empeñados en el control militar y político y el genocidio de judíos y otros grupos en Europa en aquel entonces.

# CAPÍTULO XI

## ¿Cuál es el legado de los aviadores de Tuskegee?

### Implicaciones para la Preservación del Legado de los Aviadores de Tuskegee

LOS AVIADORES DE TUSKEGEE ORIGINALES que participaron en la Experiencia de Piloto de los Aviadores de Tuskegee en el Instituto Tuskegee, en Tuskegee, Alabama, en la década de 1940, eran afroamericanos que creían firmemente en la importancia de esforzarse por alcanzar su autoestima. Demostraron a sus compañeros blancos y a la sociedad estadounidense que los afroamericanos podían pilotar cualquier avión complejo, como el P-51 Mustang, a menudo llamado el "Cadillac del cielo". El coronel Hiram E. Mann afirmó: "El respeto que el personal aéreo afroamericano, incluidos los pilotos, recibe hoy en día de la Fuerza Aérea ofrece un enfoque diferente al trato que recibían los afroamericanos y otras minorías en las décadas de 1930 y 1940".

Gracias al arduo trabajo, la determinación y un compromiso inquebrantable para ser los mejores pilotos, se logró la integración en las fuerzas armadas y la apertura de igualdad de oportunidades para el personal alistado afroamericano y de otras minorías. Es importante reconocer que la segregación racial y las leyes de segregación racial (Jim Crow) estaban vigentes en los Estados Unidos de América, especialmente en los estados del sur como Alabama, Misisipi, Virginia, Florida, Carolina del Sur y Carolina del Norte. Estos mismos lugares contaban con escuelas de vuelo (Carter, 1995).[42] Por lo tanto, en 1941, iniciar el entrenamiento de pilotos de los Aviadores de Tuskegee en el Instituto Tuskegee, en Tuskegee, Alabama, fue una decisión audaz por parte del gobierno federal, impulsada por la firme voluntad de Franklin D. Roosevelt, Comandante en Jefe y Presidente de los Estados Unidos. Roosevelt había sido reelegido presidente en 1940 con el apoyo de la población negra votante, que exigía que esta nación cumpliera con los derechos garantizados por la Constitución de los Estados Unidos de América. Según Ulysses Lee, «la presión pública de los afroamericanos y otros sectores de nuestra sociedad exigió que se ampliaran las normas para el personal afroamericano alistado, incluyendo el entrenamiento de pilotos. Por lo tanto, esta fue una de las campañas de presión más extendidas, persistentes y publicitadas de la preguerra que afectó a los afroamericanos y al Cuerpo Aéreo del Ejército» (Jakeman, 1992; Carter, 1995). "Cabe destacar que los afroamericanos, al igual que otros estadounidenses, tenían un gran respeto por el servicio militar, un gran entusiasmo por la aviación y un fervor inquebrantable por

---

[42]  Herbert Carter, "El legado de los aviadores de Tuskegee" (1995)

la protección de los derechos civiles de todas las personas" (Carter, 1995).[43]

El Programa de Pilotos de los Aviadores de Tuskegee se puso en marcha en 1941 en el Instituto Tuskegee, en Tuskegee, Alabama. Esta base era conocida prácticamente como la 66.ª Escuela de Vuelo por Contrato de la Fuerza Aérea, autorizada por el Congreso para ser el principal centro de entrenamiento de pilotos afroamericanos. Posteriormente, se formó el primer grupo de cazas segregado, el 99.º Escuadrón de Caza, compuesto por los primeros graduados del Programa de Entrenamiento de Pilotos de Tuskegee.

Un momento crucial en la experiencia de los aviadores de Tuskegee, que según los historiadores marcó un punto de inflexión, fue la visita, el 19 de abril de 1941, de Eleanor Roosevelt, esposa del presidente Franklin Roosevelt, quien, al llegar al aeródromo militar de Tuskegee, preguntó si los afroamericanos realmente podían volar. Charles Alfred "Chief" Anderson respondió: "Sí, podemos volar, y me gustaría demostrárselo". Ella aceptó, lo que provocó el pánico entre su equipo de servicios secretos. Algunos relatos indican que los servicios secretos llamaron inmediatamente a su esposo, el presidente Roosevelt, quien se negó a detenerla. "Si Eleanor quisiera hacerlo, no la detendría" (Jakeman, 1992).[44] Después de unos treinta minutos de vuelo en el Piper J-3 Cub del "Jefe" Anderson y de aterrizar sin problemas, se grabó a la Sra. Roosevelt diciendo: "Supongo que los negros pueden volar. ¿Por qué no están todos estos pilotos luchando en la guerra?".

Así, la primera promoción de pilotos se graduó en marzo de 1942 y el histórico 99.º Escuadrón de Caza, bajo el mando del teniente coronel Benjamin Q. Davis, Jr., fue enviado en abril de 1943 al frente europeo. Primero, se unieron al 332.º Grupo de Caza en

---

[43]    Carter, 1995

[44]    Robert Jakeman, "Los cielos divididos" (1992), pág. 146

Farjana, África; luego, el 2 de junio de 1943, se trasladaron a Italia para combatir a los alemanes. Fue ese día, el 2 de junio de 1943, cuando el sueño de volar como pilotos de combate se hizo realidad: en su primera misión de combate, el teniente William A. Campbell, el teniente Charles B. Hall, el teniente Clarence C. Jamison y el teniente James Wiley lograron impactos que resultaron en la rendición de un grupo de alemanes (Carter, 1995).[45] Con este éxito se sentaron las bases cruciales para el reconocimiento de los Aviadores de Tuskegee, también conocidos como los «Red Tails». Estos pilotos afroamericanos se convirtieron en una de las unidades de combate más temidas, eficientes y condecoradas de la Fuerza Aérea del Ejército, tanto en la década de 1940 como en la actualidad. Los "Red Tails" fueron reconocidos como los pilotos de caza que nunca perdieron un solo bombardero al escoltar durante la Segunda Guerra Mundial.

## Precursora de la Ley de Derechos Civiles de 1964

Cabe destacar que la Orden Ejecutiva n.° 9981, firmada el 26 de julio de 1948 por el presidente Harry Truman, fue el catalizador de la transformación de las fuerzas armadas, al garantizar el fin de la segregación racial en el ejército y enviar un mensaje a la nación: la segregación, en cualquier forma y lugar, es moral y legalmente incorrecta. Nadie puede encontrar consuelo ni justificación alguna para la segregación racial en las Fuerzas Armadas. El éxito de los Aviadores de Tuskegee en la lucha por la libertad del mundo libre conmovió la conciencia del presidente Truman, Comandante en Jefe de las Fuerzas Armadas de los Estados Unidos. Así, la Orden Ejecutiva 9981 decía:

---

[45]   Carter, 1995

*Establecimiento del Comité Presidencial sobre Igualdad
de Trato y Oportunidades en las Fuerzas Armadas.*

"CONSIDERANDO que es esencial que se mantengan en las Fuerzas Armadas de los Estados Unidos los más altos estándares de democracia, con igualdad de trato y oportunidades para todos aquellos que sirven en la defensa de nuestro país:

POR LO TANTO, en virtud de la autoridad que me confiere mi cargo de Presidente de los Estados Unidos y Comandante en Jefe de las Fuerzas Armadas, por la presente ordeno lo siguiente:

1. *Se declara como política del Presidente que existirá igualdad de trato y oportunidades para todas las personas en las Fuerzas Armadas, sin distinción de raza, color, religión u origen nacional. Esta política se implementará a la mayor brevedad posible, teniendo en cuenta el tiempo necesario para efectuar los cambios pertinentes sin menoscabar la eficiencia ni la moral.*

2. *Se creará en el seno de las Fuerzas Armadas Nacionales un comité asesor denominado Comité Presidencial para la Igualdad de Trato y Oportunidades en las Fuerzas Armadas, el cual estará integrado por siete miembros designados por el Presidente.*

3. *El Comité está autorizado, en nombre del Presidente, a examinar las normas, procedimientos y prácticas de las Fuerzas Armadas con el fin de determinar en qué aspectos dichas normas, procedimientos y prácticas pueden modificarse o mejorarse para dar cumplimiento a la política de esta orden. El Comité consultará y asesorará al Secretario de Defensa, al Secretario del Ejército, al Secretario de la Marina y al Secretario de la Fuerza Aérea, y formulará al Presidente y a dichos Secretarios las recomendaciones que, a juicio del Comité, permitan llevar a cabo la política aquí establecida.*

4.   *Todos los departamentos y agencias ejecutivas del Gobierno Federal están autorizados y obligados a cooperar con el Comité en su labor y a proporcionarle la información o los servicios de las personas que el Comité requiera para el desempeño de sus funciones (Stanley Sandler, 1992).*[46]

Por lo tanto, los muros de las unidades militares segregadas fueron derribados paulatinamente y reemplazados por una Fuerza Aérea, un Ejército, una Armada y otras ramas de las Fuerzas Armadas de los Estados Unidos de América integradas. Es difícil pasar por alto que esta fue la primera orden de desegregación institucional de una entidad del gobierno federal en los Estados Unidos.

Estados Unidos, que precedió a la histórica decisión de la Corte Suprema en el caso Brown contra Topeka, Kansas (1954), la cual derribó los muros de las leyes de segregación racial y, en esencia, revocó el fallo de Plessy contra Ferguson (1896), que consideraba legal la doctrina de "separados pero iguales". El fallo de Plessy dio lugar a la perpetuación legal de las leyes de segregación racial y proporcionó la justificación legítima para que los blancos discriminaran, segregaran y limitaran los derechos civiles y humanos de los afroamericanos. Estadounidenses, indígenas estadounidenses, nativos americanos y otros grupos minoritarios.

## ¿Qué implicaciones tiene esto para nuestra juventud?

El 6 de abril de 2004, presenté al teniente coronel retirado Hiram Mann a la comunidad de la Universidad de Stetson y le hice la siguiente pregunta: «Dígame, teniente coronel retirado Mann, ¿cómo pudo luchar por un país que sabía que lo discriminaba y segregaba?».

---

[46]   Stanley Sandler, "Habilidades segregadas: Escuadrón de combate compuesto exclusivamente por negros" (1992)

El teniente coronel Mann respondió: «Luché en las Fuerzas Aéreas del Ejército de los Estados Unidos como piloto porque este es mi país, y este es el único país que conozco». Estas palabras provocaron una profunda calma y silencio entre el público, que llenaba por completo el auditorio de la Universidad de Stetson. Todos reflexionamos sobre sus palabras y nos dimos cuenta de que estábamos ante un «estadounidense patriota», un verdadero «héroe americano». Por lo tanto, es apropiado compartir los comentarios de estudiantes y otros adultos que escucharon hablar al Coronel Hiram Mann:

*"Fue una experiencia increíble tener la oportunidad de escuchar la historia de un verdadero aviador de Tuskegee. Mucha gente no considera todo lo que los afroamericanos tuvieron que pasar antes de que se les concedieran los derechos civiles. Sin embargo, escuchar lo que este hombre realmente vivió, incluso después de servir a nuestro país, fue extraordinario. La historia del Teniente Coronel Mann fue muy conmovedora, y me considero muy afortunado de haberlo conocido y escuchado sobre su trayectoria. Después de todo lo que pasó, el orgullo que aún siente por los Estados Unidos es asombroso". (Estudiante A)*

*"Algo que me impactó mucho de esta presentación fue el trato que recibieron el teniente coronel Mann y sus compañeros, incluso después de haber recibido la formación adecuada y haber servido a Estados Unidos como hombres blancos. Seguían siendo rechazados en restaurantes y tiendas, y les negaban la entrada simplemente por ser negros. Uno pensaría que el dueño de una tienda o la camarera estarían agradecidos con estos hombres, especialmente con los pilotos, que arriesgaban sus vidas. Todos ellos sentían un gran orgullo por lo que hacían, y creo que merecían el mismo respeto que cualquier otra persona." (Estudiante B)*

*"Sé que el Instituto Tuskegee se fundó para que los afroamericanos tuvieran la oportunidad de acceder a la educación superior y formarse como pilotos. Sin embargo, al escuchar esta historia, sé que también fue un lugar donde afroamericanos y blancos trabajaron juntos por un objetivo común: mejorar las fuerzas armadas y la sociedad estadounidense mediante la adquisición de educación y habilidades que les serían útiles toda la vida. El Instituto Tuskegee es un magnífico ejemplo de una institución que realmente trabajó para el progreso de la comunidad afroamericana y de la sociedad estadounidense."*
*(Estudiante C)*

## ¿Cuál es el mensaje para los ciudadanos de Estados Unidos y del mundo?

Como dijo el teniente coronel Hiram Mann, USAF, retirado. lo expresa, "el mensaje básico para nuestros ciudadanos no es centrarse principalmente en el éxito del historial de combate de los aviadores de Tuskegee que incluyó 996 alas de plata, derribó más de 409 aviones alemanes, destruyó más de 950 unidades de transporte terrestre, completó más de 200 escoltas de bombarderos sin perder ni una sola, hundió un destructor usando solo ametralladoras, completó más de 15,000 misiones de vuelo, fue reconocido y honrado con 150 cruces de vuelo distinguidas, corazones púrpuras, 14 estrellas de bronce, 744 medallas aéreas, tres citas de unidad distinguida. Más bien, cada ciudadano debe comprometerse a trabajar arduamente para garantizar que la segregación y la discriminación basadas en raza, género, nacionalidad u otras características sean erradicadas por completo de nuestras instituciones y vida comunitaria. Por supuesto, el 6 de noviembre de 1998, el presidente Clinton ayudó a establecer el sitio histórico nacional de Tuskegee en Moton Field en Tuskegee, Alabama, mediante la aprobación de la Ley Pública 105-355. Más recientemente, en Marzo 29 de 2007, el presidente George W. Bush y el Congreso de los Estados Unidos otorgaron la Medalla de Oro del Congreso a los Aviadores de Tuskegee, pilotos durante la Segunda Guerra Mundial. Si bien todos estos logros son valiosos y merecen ser celebrados, me gustaría que nuestros jóvenes se graduaran de la escuela secundaria y continuaran sus estudios universitarios. Sin embargo, no deben abandonar su búsqueda de una carrera profesional. Las exigencias para ingresar a las diversas ramas de las fuerzas armadas hoy en día requieren el estudio de Ciencias, Matemáticas, Lengua y Literatura, y otras materias como Tecnología, Historia y Artes. Animo a los jóvenes a unirse a las fuerzas armadas y aprender sobre los campos de alta tecnología y la informática, ya que el presente y el futuro del mundo dependerán de estas habilidades esenciales. Sin embargo, y lo más importante, la juventud de hoy y de mañana debe tener valores sólidos para alcanzar el éxito. Estos valores deben incluir el honor, el orgullo, la determinación, la responsabilidad, la empatía y, sobre todo, un amor incondicional a Dios, a uno mismo, a los padres y a la familia.[47]

## El legado perdura

Una última observación sobre el legado de los Aviadores de Tuskegee, que incluso el documental especial de HBO pasó por alto, es que los hombres y mujeres afroamericanos que participaron en la experiencia de los Aviadores de Tuskegee provenían de diversos orígenes educativos, profesionales y geográficos de los Estados Unidos. Algunos eran de los estados del norte, del sur, de la costa oeste, del centro y del este de los Estados Unidos. Los tres ejemplos que siguen mues-

---

[47] Patrick Coggins, "Los aviadores de Tuskegee: Volando desde cero" (2001), pág. 128.

tran los logros de los Aviadores de Tuskegee originales, originarios de Cleveland (Ohio), Punta Gorda (Florida) y Brazil (Indiana). Las experiencias comunes que compartían los tres "Aviadores y pilotos originales de Tuskegee" incluían: 1) El hecho de que todos se entrenaron en el Instituto Tuskegee en Tuskegee, Alabama; 2) Que todos fueron pilotos de Tuskegee y combatieron durante la Segunda Guerra Mundial; y 3) Que todos tenían un gran sentido de urgencia y una profunda determinación para triunfar contra viento y marea. Sin embargo, lo más destacable fue que, a pesar de provenir de diferentes partes del país, lograron concentrarse en un objetivo común: convertirse en pilotos y luchar en la Segunda Guerra Mundial.

II. Este sentido de visión y misión comunes les fue inculcado a pesar de pertenecer a diferentes promociones.

> "El teniente coronel Hiram E. Mann, graduado del Programa de Pilotos de la Fuerza Aérea de Tuskegee, promoción de 1944, fue uno de los pilotos que partieron hacia África a bordo del buque "Nathan Hale". Originario de Cleveland, Ohio, se alistó en las Fuerzas Aéreas del Ejército de los Estados Unidos (USAAF) tras asistir al Philadelphia Smith College en Little Rock, Arkansas. Recibió las siguientes condecoraciones: 3 OCL a la Medalla del Aire, Mención de Unidad Distinguida, Certificado de Valor, Cinta EAME, Cinta ATO y Cinta de la Victoria de la Segunda Guerra Mundial."

"El teniente coronel Charles P. Bailey, graduado en 1943 del Programa de Pilotos de la Fuerza Aérea de Tuskegee, fue uno de los pilotos que se dirigieron a Casablanca, Marruecos, a bordo del USS Mariposa. Era oriundo de Punta Gorda, Florida. Se alistó en las Fuerzas Aéreas del Ejército de los Estados Unidos (USAAF) tras asistir al Bethune Cookman College en Daytona Beach, Florida. Recibió la Cruz de Vuelo Distinguido el 12 de mayo de 1995.

"El teniente Charles B. Hall, graduado de la promoción de 1942, fue el primer piloto de Tuskegee en lograr una victoria confirmada al disparar una ráfaga de largo alcance contra un avión de combate alemán Focke FW-190. Era oriundo de Brazil, Indiana. Su logro fue crucial para cambiar la percepción que tenían los militares sobre las capacidades de los pilotos de Tuskegee.

La naturaleza altruista de los aviadores de Tuskegee, junto con el respeto mutuo que se profesaban, constituyó el elemento clave que les permitió, individual y colectivamente, forjar una destacada trayectoria como pilotos de caza durante la Segunda Guerra Mundial. El éxito de estos y de cientos de pilotos de Tuskegee quedó patente en el hecho de que el teniente coronel Hiram E. Mann regresó a Estados Unidos y ocupó altos cargos como el de oficial de enlace de la USAF en la Academia de la Fuerza Aérea de Estados Unidos. El teniente coronel Charles Bailey se convirtió en instructor de vuelo en el Instituto Tuskegee, Escuela de Vuelo de Tuskegee, Alabama. Al igual que el teniente coronel Hiram E. Mann, quien se estableció en Titusville, Florida, el teniente coronel Charles Bailey residió en Deland, Florida, hasta su fallecimiento en 2004. Los registros demuestran que cada uno de los aviadores de Tuskegee, tras dejar el ejército, desarrolló una exitosa carrera profesional en diversos campos y ocupaciones como civil.

# CHAPTER XII

## Reflexiones finales para el futuro

### Reflexiones sobre el Legado

LA REFLEXIÓN FINAL PARA EL lector es sobre estos valientes hombres afroamericanos, educados, decididos y esperanzados de superar las pruebas y tribulaciones fomentadas por unas Fuerzas Armadas y una sociedad segregadas que no valoraban las contribuciones que podían hacer como pilotos militares. Sin embargo, estos valientes hombres poseían un profundo sentido de propósito, confianza y determinación, expresados en el himno del primer Escuadrón de Caza Afroamericano, el 99th Escuadrón de Persecución (Homan, 2001, p. 41).[48] La canción dice:

---

[48] Lynn Homan y Thomas Reilly, "Black Knights: The Story of the Tuskegee Airmen" (2001)

## "¡Lucha! ¡Lucha! ¡Lucha! ¡Lucha!

> ¡Lucha! ¡Lucha!
> El Noventa y Nueve combatiente Somos los
> héroes de la noche ¡Al diablo con el poder del Eje!
> ¡Rat-tat! ¡Rat-tat-tat! Damos vueltas en los aviones
> Cuando volamos, Noventa y Nueve
> ¡Así es como vamos!"

(Homan, 2001, p. 21)[49]

Aunque no fue posible encontrar la letra de esta canción de lucha y determinación, sus palabras, una vez leídas, evocan tanto la lucha como el orgullo desafiante que el 99th Escuadrón de Caza logró cultivar entre sus compañeros pilotos en la Base Aérea del Ejército de Tuskegee y, por supuesto, durante su servicio a la patria en el frente europeo durante la Segunda Guerra Mundial. Como afirmó McKissack (1995)[50]: "Los aviadores de Tuskegee no solo vencieron a sus enemigos en los campos de batalla europeos, sino que también allanaron el camino para el éxito profesional de figuras como el general Colin Powell y varios astronautas como Guion Bluford, Ronald McNair, Frederick Gregory y Charles Bolden. Los aviadores de Tuskegee sirvieron de inspiración para otros aviadores y militares afroamericanos, así como para muchos otros veteranos de las guerras de Corea, Vietnam, el Golfo Pérsico y otros conflictos bélicos". Así, es dentro de este contexto de logros extraordinarios que este libro aboga por mantener el legado de los aviadores de Tuskegee y

---

[49]    Homan (2001), pág. 21

[50]    Patricia McKissack y Frederick McKissack, "Red Tails Angels" (1995), pág. 121

los pilotos de la Segunda Guerra Mundial no solo como parte de la historia afroamericana, sino, más aún, como parte integral de la historia de los Estados Unidos de América. La información en este y otros libros debería convencer a los lectores de que estos hombres, los aviadores de Tuskegee, deben ser considerados héroes, no solo por lo que lograron en el aire como pilotos, sino por lo que lograron para toda la humanidad en las Américas y el mundo. No olvidemos que estos son los mismos hombres que subían a las cabinas de los aviones todos los días, no solo enfrentando al enemigo y la posible muerte, sino también enfrentando la presión adicional de demostrar al mundo su legitimidad como pilotos y como seres humanos (Homan, 2001).[51] Sin embargo, a su regreso a casa, estos militares afroamericanos no fueron recibidos de la misma manera que sus contrapartes blancas, quienes fueron recibidos con un abierto sentimiento de aprecio por proteger la libertad de los europeos y otros miembros de la población civil. Irónicamente, otro revés fue que la mayoría de los escuadrones de cazas negros formados durante la guerra fueron desactivados inmediatamente al finalizar el conflicto en 1946 (McKissack, 1995).[52] Estos pilotos de Tuskegee fueron lo suficientemente valientes como para defender la libertad del mundo; sin embargo, aún tendrían que sufrir la discriminación y la segregación racial en sus ciudades, comunidades y estados de origen (Homan, 2001, p. 46). El teniente coronel Hiram Mann dijo: "'El Jefe', como lo llamábamos, aceptó el desafío. Consciente de que era un momento crucial, tal como se muestra en la película de HBO, la Sra. Eleanor Roosevelt, esposa del presidente Franklin D. Roosevelt, visitó a los pilotos en la Base Aérea del Ejército de Tuskegee, en Tuskegee, Alabama. Cuando los retó a dar un paseo en avión, aceptaron el reto y lograron llevarla a volar". Este éxito con la

---

[51]    Homan (2001)

[52]    McKissack (1995), pág. 121

esposa del presidente Roosevelt proporcionó la prueba fundamental de que los pilotos afroamericanos eran capaces y estaban preparados para pilotar aviones militares para la protección y la libertad de los pueblos del mundo. Los aviadores de Tuskegee comprendieron que su logro era solo una pequeña parte de un conjunto mayor de logros, alcanzados por cientos de otros hombres y mujeres afroamericanos con rangos similares o incluso superiores en las Fuerzas Armadas de los Estados Unidos de América. Uno de los soldados rasos que lucharon en la guerra en tierra fue el sargento Elton Williams. Ingresó al ejército el 20 de abril de 1944 como paracaidista de las SS recién salido de la escuela secundaria y, debido a su liderazgo y habilidades de tiro, obtuvo varias medallas de honor y fue ascendido a sargento. Al igual que otros, el sargento Elton Williams, el mayor Roland Brown y el teniente coronel retirado Hiram Mann no fueron los únicos en destacar a una persona que tuvo una influencia positiva en cada soldado raso africano. El general de cuatro estrellas Benjamin O. Davis Jr., quien siempre decía: "Debemos esforzarnos por ser los mejores incluso contra todas las probabilidades y obstáculos que se interpongan en nuestro camino". Esta autodeterminación ha continuado entre los aviadores de Tuskegee en su vida civil. El teniente coronel Hiram E. Mann, el teniente Walter J. Palmer, el mayor Roland Brown, la capitana Mary Hill, el capitán Charles Hill y otros han dedicado sus vidas a impartir innumerables conferencias sobre la historia de los pilotos de Tuskegee a estudiantes y adultos de la comunidad. Estos aviadores de Tuskegee y veteranos de la Segunda Guerra Mundial han desarrollado exitosas carreras civiles en la industria, la educación, el gobierno y otros campos.

Al llegar al capítulo final de este libro, las lecciones fundamentales que quería compartir con el lector se centraban en la historia de la experiencia de los aviadores de Tuskegee. También quería destacar a los veteranos de la Segunda Guerra Mundial y a los miembros del 99.º Escuadrón de Caza y del 332$^{nd}$ Grupo de Caza, quienes fueron parte integral de la experiencia de los aviadores de Tuskegee en el aeródromo de Tuskegee, Alabama, y en el teatro de operaciones europeo de la Segunda Guerra Mundial.

El teniente coronel Hiram Mann ha dejado claro en su definición de los Aviadores de Tuskegee: "Es un término retrospectivo que no se utilizó hasta casi 30 años después del final de la Segunda Guerra Mundial. Por lo tanto, un Aviador de Tuskegee original es cualquier persona, hombre o mujer, negra o blanca, militar o civil, que haya servido o trabajado al menos un día en el Campo Aéreo del Ejército de Tuskegee (TAAF)". Al igual que otros Aviadores de Tuskegee, el teniente coronel Mann cree firmemente que la historia de los Aviadores de Tuskegee debe ir más allá de los pilotos y centrarse en los sacrificios de tantos militares y civiles, así como del personal de apoyo en tierra, quienes se dedicaron a garantizar el éxito de los pilotos, la seguridad mecánica de los aviones y el buen mantenimiento de los aeródromos.

Los jóvenes de hoy y de mañana deben sentir la alegría y el dolor que fueron parte integral de las generaciones anteriores de afroamericanos. Las generaciones pasadas nos mostraron cómo esforzarnos por alcanzar nuestras metas y triunfar a pesar de los obstáculos de la segregación, el racismo y la discriminación que enfrentaban a diario y en cada situación: en casa, en la comunidad y durante su servicio militar, tanto en el país como en el extranjero.

## Mensaje especial para nuestros jóvenes en escuelas y universidades

Al conversar con varios aviadores de Tuskegee, les pregunté cómo les gustaría concluir su mensaje final para nuestra juventud. Queremos que todos los jóvenes de Estados Unidos y del mundo comprendan que la lucha por la igualdad de derechos, la justicia y la libertad fue fundamental en nuestra vida diaria durante la era de las leyes Jim Crow, donde existía una segregación y discriminación flagrantes.

Nos referimos a una segregación abierta, con letreros que decían: «Este baño es solo para blancos", y los letreros en los clubes de oficiales de las bases militares que decían "Solo para blancos", o ser insultados con términos racistas. Sí, duele, pero estábamos decididos a luchar por nuestros derechos como seres humanos y como hombres y mujeres que luchábamos por preservar la bandera de los Estados Unidos de América y la paz mundial. Es importante que nuestros jóvenes comprendan que los derechos de los que disfrutan hoy no existían en la década de 1940, cuando éramos jóvenes y adultos jóvenes en la Experiencia de los Aviadores de Tuskegee en el Instituto Tuskegee, Campo Aéreo del Ejército de Tuskegee, Tuskegee, Alabama.

Al leer el último capítulo de este libro, es necesario reenfocarse en la lección fundamental que contiene sobre todos los veteranos de la Segunda Guerra Mundial, y en particular sobre los veteranos afroamericanos que formaron parte de la Experiencia de los Aviadores de Tuskegee mientras servían en el 99th Escuadrón de Caza, el 332nd Grupo de Caza y otras unidades de caza. Los pilotos de Tuskegee tenían claro que su éxito se debía al numeroso personal de apoyo adscrito al aeródromo militar de Tuskegee. Estos miembros del personal de tierra fueron cruciales para nuestro éxito.

Como afirmó el difunto Mayor Roland Brown: «Si bien realicé parte del entrenamiento básico como otros soldados rasos en aquel entonces, fui navegante de los bombarderos y formé parte del escuadrón de bombardeo que nunca entró en combate real en el extranjero, a pesar de estar listos para luchar. No era porque tuviera miedo a volar, como solían bromear mis amigos, sino porque me interesaban las ciencias de la navegación y el funcionamiento interno del avión». A menudo me preguntaba qué habría hecho si tuviera que volver a empezar. Mi respuesta es que, como miembro de la tripulación de navegación, serviría a mi país con orgullo. Siempre he creído que el piloto de un avión se siente mucho más seguro al volar cuando confía en los sistemas de navegación, en el apoyo que recibe del copiloto, el navegante, los artilleros y el personal de tierra que mantiene el avión en el aire. La seguridad del piloto se veía reforzada por la confianza en que el personal de tierra realizaba bien su trabajo. Este personal participaba en diversas tareas, entre las que se incluían asegurar que las armas y la munición estuvieran cargadas y aseguradas correctamente. El combustible debía ser suficiente para la misión y los sistemas eléctricos, electrónicos y de navegación del avión debían funcionar con eficiencia. El mantenimiento de la pista debía ser impecable, al igual que el de los neumáticos, que debían cumplir con los estándares requeridos. Además, debía haber controladores de tráfico aéreo eficientes para guiar el aterrizaje y el despegue de los aviones. Un piloto, en apoyo de estas afirmaciones, declaró que «la labor del personal de tierra es tan importante como la de los pilotos".

El teniente Walter J. Palmer, expresidente del Capítulo de los Aviadores de Tuskegee en Indiana y uno de los Aviadores Originales de Tuskegee, declaró: "Todo el personal alistado que sirvió en tierra tiene preocupaciones legítimas, y la organización

ha estado tratando de mejorar la imagen de quienes no eran pilotos". Sin embargo, "siempre que se invita a alguien del Capítulo de los Aviadores de Tuskegee a hablar, se solicita siempre a un 'piloto'". Por lo tanto, es necesario que continuemos ampliando la percepción y la definición de quién es un "Aviador de Tuskegee" y que incluyamos tanto al personal de tierra como a los pilotos en cualquier definición.

## Preservando el Legado de los Aviadores de Tuskegee

La preservación del importante legado e historia de los Aviadores de Tuskegee recaerá en manos de los historiadores, en particular de los historiadores militares, y de cada educador que tiene la responsabilidad de enseñar a cada generación sobre la historia de los Estados Unidos de América, la Segunda Guerra Mundial y la historia afroamericana. Este fascinante estudio de la historia de la Segunda Guerra Mundial puede enriquecerse corrigiendo nuestros libros de texto, que apenas mencionan las extraordinarias contribuciones de estos pilotos afroamericanos que lucharon para proteger la libertad de los europeos mientras vivían en un país segregado como los Estados Unidos de América.

Como le preguntó una persona al teniente coronel Hiram Mann durante una conferencia en la Universidad de Stetson en 2005: «Señor, explíqueme cómo pudo ir al extranjero y luchar por los Estados Unidos de América cuando su ciudad natal y las ciudades donde Estados Unidos tiene sus bases e instalaciones militares estaban segregadas». La sala, con más de 75 personas, guardó silencio momentáneamente mientras cada una reflexionaba sobre la respuesta a esta pregunta. El coronel Hiram Mann respondió con una sonrisa: "Este es mi país, los Estados Unidos de América. Este es el único país que conozco. Luché por la igualdad cada día que viví en los Estados Unidos y luché por la libertad. Mi libertad y la libertad de los afroamericanos ha sido una lucha larga y continua por la igualdad de trato garantizada por la Constitución de los Estados Unidos. Yo y todos los aviadores de Tuskegee sabíamos en nuestros corazones que demostrarle al mundo que podíamos volar marcaría la diferencia en la libertad y en el grado de integración de instituciones como las fuerzas armadas. Vimos la integración de las fuerzas armadas en nuestra época y, por supuesto, otras instituciones en los Estados Unidos están, en su mayor parte, plenamente integradas". Un buen ejemplo para preservar el legado de los Aviadores de Tuskegee se ilustra en esta celebración de 1999 en honor a sus contribuciones. Este fue un evento comunitario patrocinado por el gobierno municipal de Florida. Además de la celebración municipal, cabe destacar que iglesias locales y funcionarios electos honraron a estos Aviadores de Tuskegee con diversas apariciones y festejos. Fue especialmente conmovedor ver al alcalde y a los funcionarios gubernamentales entregarles las llaves de la ciudad de West Palm Beach, Florida. Un hecho fascinante que surgió de la visita de los Aviadores de Tuskegee al condado de Palm Beach fue la sincera expresión de la mayoría de los asistentes a las conferencias. Manifestaron que "habían aprendido poco o nada sobre los pilotos de Tuskegee en sus clases de historia o en los libros que leyeron sobre la Segunda Guerra Mundial". Además, muchas personas indicaron estar al tanto del otro infame Experimento Tuskegee, conocido como el Experimento de Sífilis de Tuskegee, que se llevó a cabo en el mismo Instituto Tuskegee, en Tuskegee, Alabama. Una persona incluso admitió haber asistido a la recepción y a la conferencia pensando que escucharía a algunos de los sobrevivientes del Experimento de Sífilis de Tuskegee. Al final de la velada, declaró: «Me complace abrir los ojos y ser testigo de los héroes de un período importante de la historia afroamericana y de la lucha por la igualdad en el ejército, superando las leyes de segregación racial en el Sur y lidiando con la discriminación en los Estados Unidos de América en general".

**R E C E P T I O N     H O N O R I N G**

*The Famous Tuskegee Airmen*

**In Celebration Of African American History Month**

**Saturday, February 27, 1999**

**4:00 PM**

**Riviera Beach City Complex**
**600 West Blue Heron Blvd - Riviera Beach, FL**

**Free And Open To The General Public**

**COME AND BRING YOUR FAMILY AND FRIENDS**

Cabe destacar que a la celebración asistieron cientos de residentes de Rivera Beach, West Palm Beach y otras zonas del sur de Florida. Observé a niños y adultos de todas las razas que esperaban con entusiasmo un autógrafo o que escuchaban atentamente cada palabra de los aviadores de Tuskegee.

Al día siguiente, los aviadores de Tuskegee fueron invitados a la celebración especial organizada por la Iglesia Metodista Unida Trinity en West Palm Beach, Florida. Una vez más, se pudo apreciar claramente que, para muchos residentes, invitados y jóvenes que asistieron a la presentación especial en la iglesia, esta experiencia e interacción con los aviadores de Tuskegee fue inspiradora e instructiva.

Los aviadores de Tuskegee fueron oradores invitados en el distrito escolar del condado de Palm Beach, iglesias locales, ayuntamientos y el hospital de veteranos local, donde otros veteranos y el personal del hospital les rindieron homenaje.

Como en ocasiones tuve que presentarlos, hice hincapié ante niños y adultos en las múltiples funciones que desempeñaron los aviadores de Tuskegee y el personal de apoyo en tierra. Niños y adultos recibieron con entusiasmo tanto a los pilotos como a los miembros del personal de tierra. El público del condado de Palm Beach acogió su mensaje con gran entusiasmo y asombro ante esta nueva información, que nunca les habían enseñado en sus clases de historia estadounidense. Los aviadores de Tuskegee, quienes impartieron las charlas, ejemplificaron la unidad entre los pilotos y el personal de apoyo en tierra. El coronel John D. Silvera, oficial nacional de información pública de la Organización de los Aviadores de Tuskegee, declaró: "Si alguna vez llegamos a realizar una película o un documental sobre los Aviadores de Tuskegee, espero que haya pruebas contundentes de la importancia del apoyo terrestre. Sin embargo, las palabras y los deseos del teniente Palmer y el coronel Silvera cayeron en saco roto con el estreno del especial de HBO de 1995 sobre los Aviadores de Tuskegee".

El especial de HBO de 1995 sobre los Aviadores de Tuskegee dio a conocer a la nación y al mundo los extraordinarios logros de los Aviadores de Tuskegee. El consenso general entre la mayoría de los aviadores de Tuskegee entrevistados sobre el especial de HBO fue que este romantiza el papel del piloto. La película no aclara que los aviones vuelan gracias a los pilotos y al apoyo fundamental del equipo de tierra, que garantiza el correcto mantenimiento de la aeronave. Según todos los aviadores de Tuskegee con los que hablé, la opinión general era que se necesitaban al menos diez personas de apoyo en tierra para que un piloto pudiera volar.

El teniente coronel Hiram Mann añadió con profunda emoción: «Ingresar en el ejército hoy en día es muy competitivo y cada aspirante debe haber terminado la secundaria. Si te unes al ejército, sigue el ejemplo de los aviadores de Tuskegee y aprende sobre las tecnologías de punta y la informática, ya que el presente y el futuro del mundo dependerán de estas habilidades técnicas. El futuro girará en torno a la tecnología de punta, la informática y la electrónica, que serán la base del conocimiento y del éxito profesional. Pero, sobre todo, los jóvenes de hoy y de mañana deben tener sólidos valores para alcanzar el éxito». El legado de los aviadores de Tuskegee se puede preservar mejor centrándose en los temas y valores centrales que formaron parte de su experiencia.

## Los valores fortalecen a las familias y comunidades.

Por lo tanto, ¿qué significa tener valores y cómo pueden aprender sobre ellos? Es responsabilidad de los padres, los adultos y los maestros inculcar estos valores. Los aviadores de Tuskegee, incluido el teniente coronel Mann, afirmaron con contundencia que «la responsabilidad de enseñar y garantizar valores sólidos en nuestra juventud es compartida por los padres, los maestros y la comunidad en general». Una manera sencilla de enseñar esta historia es vincular la historia de los aviadores de Tuskegee y los veteranos afroamericanos de la Segunda Guerra Mundial con los siete principios de Kwanzaa. La historia de los aviadores de Tuskegee, la Segunda Guerra Mundial y los veteranos afroamericanos describe las experiencias de hombres y mujeres afroamericanos que fueron parte integral del ejército y participaron en las expediciones durante la Segunda Guerra Mundial. Estos veteranos aplicaban los principios de Unidad, Autodeterminación, Fe en sí mismos y en los demás, Propósito claro, Creatividad en el vuelo y el combate, Cooperación y Colaboración constantes mucho antes de que el Dr. Karenga, en 1966, codificara los siete principios de "Nguzo Saba". Los siete principios de "Nguzo Saba" incluyen Umoja (Unidad), Kujichagulia (Autodeterminación), Ujima (Trabajo y Responsabilidad Colectiva), Ujaama (Economía Cooperativa), Nia (Propósito), Kuumba (Creatividad) e Imani (Fe) (Karenga, 1966).

La experiencia de los aviadores de Tuskegee tenía como objetivo "demostrar que los hombres afroamericanos no podían pilotar aviones", según muchos de los aviadores de Tuskegee y veteranos afroamericanos de la Segunda Guerra Mundial. "Cada uno de nosotros estaba decidido a asegurar que muchos de nosotros tuviéramos éxito como pilotos y personal de apoyo aéreo".

1. **Umoja** - Unidad. Como muchos de los supervivientes de la Experiencia de los Aviadores de Tuskegee y cualquier persona relacionada con ella citaban a menudo: «El verdadero éxito de los Aviadores de Tuskegee se debió en parte al apoyo mutuo. Sabíamos que estábamos bajo la lupa y, por lo tanto, no podíamos permitirnos fracasar. El fracaso no era una opción, y nunca se nos pasó por la cabeza durante todo el tiempo que estuvimos en la escuela de vuelo. Si veíamos que alguien tenía algún problema, podíamos tenderle la mano y brindarle la ayuda necesaria». Otro ejemplo de unidad se expresó claramente en una declaración: «Una de las mayores demostraciones de unidad fue cuando 101 oficiales negros fueron arrestados por intentar integrar el Club de Oficiales "Solo Blancos" de la base. Estaban asignados al ejército de los Estados Unidos y, aunque el gobierno utilizó amenazas e intimidación, intentaron quebrar el espíritu de la protesta. Todos se mantuvieron unidos y, como resultado, se evitó el daño potencial y la imposición de medidas punitivas por parte de los altos mandos militares». "Lo que nosotros, los aviadores de Tuskegee, aprendimos en la década de 1940 sigue vigente hoy en día". Para garantizar los derechos consagrados en la Constitución de los Estados Unidos de América, debemos unirnos y asegurar que cada persona, independientemente de su raza, etnia, género, origen cultural o nacional, disfrute y se sienta segura al alcanzar sus

metas, garantizadas por la Constitución. Estos derechos constitucionales fundamentales incluyen una vida segura, libertad, felicidad, educación y empleo, todo ello en un ambiente de igualdad y respeto por la dignidad humana que todos compartimos en este planeta.

2. **Kujichagulia** - Autodeterminación. Este principio y valor de la autodeterminación fue fundamental para el éxito de los oficiales y demás personal de los aviadores de Tuskegee. Como se muestra en la película de HBO y se confirma en entrevistas con varios aviadores de Tuskegee, se puede expresar mejor así: "Cada uno de los pilotos estaba decidido a completar el programa y establecimos metas individuales y grupales que solo se lograron gracias a los esfuerzos conjuntos de cada persona. Nos insultaban con todo tipo de términos racistas. Nos decían que no éramos lo suficientemente inteligentes para pilotar un avión, pero en el fondo, sabíamos que lo único que podía detenernos éramos nosotros mismos y que si nos dejábamos llevar por los pensamientos negativos y vacilantes, eso podría haber minado nuestra confianza en nuestras capacidades". El historial del teniente coronel retirado Hiram Mann, quien se unió al ejército como aprendiz de vuelo y se retiró como teniente coronel, es un ejemplo de la determinación del soldado raso para triunfar contra todo pronóstico. "Todos dejamos el ejército con una gran sensación de logro de nuestras metas, que muchos decían que eran imposibles, pero las superamos Las probabilidades de que no pudiéramos volar eran mínimas. Para muchos, el día de la reivindicación fue cuando la Sra. Eleanor Roosevelt visitó el Campo Aéreo del Ejército de Tuskegee y dijo: «Si estos hombres son pilotos entrenados, que me lleven a volar». El teniente coronel Mann reflexionó: «La medida de un gran hombre o una gran

mujer no es lo que planea hacer, sino lo que persevera y logra completar con éxito». Estos sentimientos de autodeterminación y responsabilidad definieron los valores de autodeterminación de los Aviadores de Tuskegee, valores que deben guiar y fundamentar a nuestra juventud mientras afrontan los retos futuros en su comunidad, en los Estados Unidos de América y en el mundo.

3.  **Ujima**: Trabajo y Responsabilidad Colectiva. El logro de la mayoría de nuestros objetivos generalmente requiere la ayuda de otras personas. «Siempre hemos sido un equipo y hemos tenido que trabajar juntos para asegurarnos de que todos aprobáramos las pruebas de vuelo y nos convirtiéramos en pilotos». Otro ejemplo fue el del teniente Pompey Hawkins, miembro del personal de tierra, quien explicó su función en el ejército: "Como miembro del personal de tierra, teníamos que trabajar con mucho cuidado y en equipo. Mientras uno revisaba los neumáticos, otro repostaba el avión y otro comprobaba los sistemas eléctricos para asegurar que estuviera en perfectas condiciones y listo para volar".

En estos comentarios se refleja el valor esencial y la determinación de los aviadores de Tuskegee, quienes siempre decían que "no había excusas ni quejas cuando cada uno tenía que dar la talla y superar todas las pruebas de vuelo". Al preguntarles dónde habían aprendido estos valores, respondieron que "una de las primeras cosas que les enseñaron los oficiales fue a estar dispuestos a ayudar a otro soldado, porque nunca se sabe cuándo se puede necesitar la ayuda de los demás".

Nuestros jóvenes deben desarrollar el espíritu de colaboración y trabajar en armonía por un objetivo común. Como concluyó un piloto: "Si observamos cualquier sinfonía u orquesta, los resultados son positivos solo si cada uno cumple con su parte y contribuye a la armonía que crea el grupo". Por lo tanto, el trabajo colectivo es esencial para el éxito de los sumamente responsables "Red Tails".

4.  **Ujaama** - Economía Cooperativa. El teniente coronel Hiram E. Mann dijo: "Aprendimos bien esta lección cuando participamos en la Experiencia de los Aviadores de Tuskegee. Teníamos que apoyarnos mutuamente para cualquier ayuda, incluida la asistencia financiera. Si nos encontrábamos en apuros, podíamos llamar a casa para pedir ayuda económica. Muchas veces, la ayuda financiera provenía de la generosidad de desconocidos que vivían en la comunidad negra. Sabían que estábamos lejos de casa y nos ayudaban. Recuerdo una vez, estando destinados en Misisipi, que dos de los oficiales negros no tenían dinero para pagar el alquiler. Así que nos juntamos y usamos nuestros recursos para ayudarlos hasta que pudieran conseguir su propio dinero". Sí, nos devolvieron el dinero y nos alegramos. También aprendimos una valiosa lección sobre economía cooperativa y cómo los negocios negros dependían en gran medida de que les compráramos. Sabían que ningún blanco saldría de su barrio para ir a comprar y apoyar a los comercios negros". La segregación estaba profundamente arraigada y era cuidadosamente impuesta por la estructura de poder blanca. "Mi mensaje a nuestros jóvenes es que unan sus recursos y trabajen en cooperación para desarrollar negocios que brinden servicios a todas las personas que viven dentro y fuera de su comunidad". Es necesario que animemos a todos nuestros jóvenes a aprender un oficio o desarrollar habilidades profesionales esenciales, y a obtener una educación que les ayude en sus propias iniciativas económicas y negocios. Existen oportunidades ilimitadas para los jóvenes

que están preparados y listos para asumir el reto de las oportunidades económicas cooperativas.

5. **Nia** - Propósito. "Una persona sin metas es una persona sin rumbo". Fíjate metas y trabaja duro para alcanzarlas. El teniente coronel Mann fue muy claro al conectar este valor del "propósito" con su propia vida. Declaró: "Al reflexionar sobre la vida de mis padres, siempre me animaron. Recuerdo que su objetivo en la vida era asegurarse de que las personas negras fueran tratadas con justicia, independientemente del color de su piel. Siempre creyeron que nosotros, como afroamericanos, hemos hecho muchas contribuciones a los Estados Unidos y al mundo. Como personas orgullosas de ascendencia africana, debemos esforzarnos por garantizar que todos sean tratados de manera equitativa y justa. "En lo personal Cabe destacar que mi principal objetivo era llegar a Coronel, pero alcancé el rango de Teniente Coronel. Trabajé arduamente para ascender de Teniente a Teniente Coronel al retirarme del ejército. Quiero transmitir a todos que, cuanto más difícil parecía la tarea que tenía por delante, más esencial me parecía establecer metas claras y perseguirlas con toda mi energía. Este sentido de propósito fue crucial para el extraordinario logro de los Aviadores de Tuskegee, quienes completaron con éxito el entrenamiento de la escuela de vuelo y se convirtieron en pilotos de caza durante la Segunda Guerra Mundial. Como dijo el General Colin Powell: «El éxito es el resultado de la perfección, el trabajo duro, el aprendizaje de los fracasos, la lealtad y la perseverancia». Por lo tanto, es necesario tener una perspectiva arraigada en una profunda comprensión de la importancia de establecer metas, junto con un fuerte compromiso para alcanzarlas. El trabajo arduo es el mensaje y la hoja

de ruta que nuestros jóvenes deben seguir mientras se esfuerzan por un futuro brillante.

6. **Kuumba** - Creatividad. En respuesta a la pregunta de cómo utilizó su creatividad durante su servicio militar, Mann respondió: "Desde niño supe que tenía aptitud para pilotar un avión y convertirme en piloto de Tuskegee. Pude competir y obtener buenos resultados en todos los exámenes, especialmente en los de la Escuela de Vuelo de Tuskegee. Como oficial militar, sufrí discriminación y presencié cómo a los oficiales negros no se les permitía permanecer en la base ni vivir en las viviendas de oficiales. El éxito de los aviadores de Tuskegee y de los 'Red Tails', que brindaban cobertura a los bombarderos, se debió en parte a la creatividad y eficiencia de los pilotos altamente capacitados, así como al extraordinario apoyo que estos pilotos recibieron de un equipo de tierra competente que se encargaba del mantenimiento de los aviones. La juventud actual debe aplicar sus talentos de forma productiva y vinculada a objetivos alcanzables, para que, con fe inquebrantable, perseverancia y energía creativa, logren los resultados deseados.

7. **Imani** - Fe. Los aviadores de Tuskegee comentaban con frecuencia que «su trayectoria antes, durante y después de dejar el ejército les exigió tener fe tanto en Dios como en sus propias capacidades». Al igual que muchos otros hombres y mujeres que participaron en la Experiencia de los Aviadores de Tuskegee, creían que con esfuerzo y determinación, lograrían el éxito. Sí, hubo muchos días en que «muchos de nosotros no creíamos que lograríamos pilotar los aviones y vencer las dudas de la sociedad blanca y, en algunos casos, de una pequeña parte de la comunidad negra". La fe demostrada por los aviadores de Tuskegee se puede describir mejor con la afirmación

de Rae Noel: "Cuando la aventura humana alcanza una expresión grandiosa y completa, podemos estar seguros de que es porque alguien se ha atrevido a ser fiel a sí mismo". Es evidente que los logros de los aviadores de Tuskegee fueron sobresalientes, dado su historial impecable, especialmente el que se suele mencionar: "Nunca perdieron un bombardero que tuvieran la misión de proteger".

La fe en su capacidad fue expresada por uno de los pilotos de bombarderos, los "Red Tails", a quienes consideraba excepcionales. "Muchos de los pilotos blancos de bombarderos, incluyéndome a mí, teníamos muchísima fe en la capacidad de los pilotos de los 'Red Tails', pues se habían ganado la reputación de no perder ninguno de los bombarderos que escoltaban". Ese nivel de fe se mantuvo constante durante toda la Segunda Guerra Mundial. Esta fe fue el fundamento de la reivindicación de los Aviadores de Tuskegee, tanto entonces como ahora. Detrás del éxito subyacía un profundo sentido de compromiso y la certeza de contar con el apoyo inquebrantable de sus comunidades; me refiero a las comunidades negras y a parte de la comunidad blanca, que estaban dispuestas a apoyarnos. Siempre existió la sensación de que tenían fe en nosotros y de que algún día triunfaríamos y competiríamos como pilotos de caza competentes en las Fuerzas Armadas de los Estados Unidos de América. La experiencia de los Aviadores de Tuskegee en la década de 1940 fue un éxito rotundo que demostró que los afroamericanos podían pilotar cualquier avión. Nuestros jóvenes de hoy deben comprender que su imaginación impulsa su fe. "Pueden centrarse en la angustia y el fracaso, o pueden visualizar la belleza, el éxito y los resultados positivos deseados". Esta confianza en uno mismo creará un futuro positivo, satisfactorio y significativo para la persona, la familia y la comunidad.

## Una reflexión final sobre los aviadores de Tuskegee

*"La vida es como un tigre salvaje;*
*puedes tumbarte*
*y dejar que te ponga la pata en la cabeza,*
*o sentarte sobre su lomo y cabalgar."*

*(Dan Zadra)*

Los aviadores de Tuskegee se negaron a rendirse ante los prejuicios, la segregación y la discriminación en el ejército, en sus comunidades y en todo Estados Unidos y Europa. En cambio, los aviadores de Tuskegee superaron la discriminación y la segregación, impulsados por la determinación y el éxito que les permitieron sobresalir como pilotos de combate durante la Segunda Guerra Mundial. Todos los hombres y mujeres que sirvieron en nuestras fuerzas armadas durante la Segunda Guerra Mundial creían firmemente que eran estadounidenses y que se habían ganado el derecho fundamental que Thomas Jefferson defendió con frecuencia y que también se reitera en nuestra Constitución: «Sostenemos como verdades evidentes que todos los hombres son creados iguales; que son dotados por su Creador de ciertos derechos inalienables; que entre estos se encuentran la vida, la libertad y la búsqueda de la felicidad...». Los aviadores de Tuskegee creían que Dios, quien nos dio la vida, también nos dio la libertad. Este sentimiento innato de libertad y de aspiración a superarnos fue el pilar que cimentó los extraordinarios logros de cada aviador y piloto de Tuskegee, como el teniente coronel retirado Hiram E. Mann y todos los demás pilotos y personal que participaron en la Experiencia de los Aviadores de Tuskegee en Tuskegee, Alabama. La esperanza al escribir este libro es que, como dijo el reverendo Dr. Martin Luther King, "Sueño que algún día esta nación se levante y viva el verdadero significado de la justicia, comprendiendo que 'la injusticia en cualquier lugar es una amenaza para la justicia en todas partes'". Es fundamental que el legado de los Aviadores de Tuskegee, que incluye sus éxitos como pilotos de combate, se celebre como parte integral de la historia militar y estadounidense.

Esperamos que, en nuestra vida, nunca más tengamos que vivir en una sociedad segregada donde las minorías étnicas y raciales, incluidos los afroamericanos, vivan en segregación de facto o de jure. Esperamos que nuestra sociedad y nación nunca vuelvan a crear unas fuerzas armadas donde el acceso, el despliegue, los ascensos y el reconocimiento se basen en la raza, la etnia, el género o cualquier otra característica limitante. Por lo tanto, el legado de los Aviadores de Tuskegee se puede preservar mejor

a través del análisis de estos hombres extraordinarios que comprendieron que el fracaso no era una opción y que afirmaban cada día que su éxito se debía, en parte, a la convicción de que podían alcanzar cualquier meta, por insuperable que pareciera, teniendo fe en sí mismos y en los demás. Los aviadores y pilotos de Tuskegee dieron el primer paso para asegurar sus distinguidos logros; el siguiente paso depende de ti, de mí y de nuestras comunidades para garantizar que sus sufrimientos, sus luchas y, sobre todo, su legado de determinación, excelencia a pesar de los obstáculos constantes y una fe inquebrantable en sus conocimientos, habilidades y capacidades como pilotos jamás se olviden en nuestros libros de historia ni en ningún debate sobre la herencia y las contribuciones afroamericanas a los Estados Unidos de América y al mundo durante la Segunda Guerra Mundial.

# APÉNDICES

# APÉNDICE I

## Capítulos de Tuskegee Airmen Incorporated (Adoptado de TAI, 2004)

CAPÍTULO ALFONZA
W. DAVIS
Omaha, NE (402)292-9842
mcglownb@stratcom.mil

CAPÍTULO ALVA TEMPLE
Columbus, MS (662)329-1298
(662)329-1298 fax
brodhe@cableone.net

CAPÍTULO DE ATLANTA
Atlanta, GA (770)389-6650
(770)389-5112 fax
Valarcher1@yahoo.com

CAPÍTULO DE LA
BASE AÉREA DE LA
COSTA CENTRAL/
VANDENBERB
Lompoc, CA (805)733-3319
(805)733-3319 fax
anhatlpc@aol.com

CAPÍTULO CHARLES
B. HALL
Inactivo
Oklahoma City, OK

CAPÍTULO CHARLES
E. McGee
Base Aérea Hanscom,
MA (603)891-3295
winstoncampbell@
hanscom.af.mil

CAPÍTULO CHICAGO
"DODO"
Chicago, IL (773)721-6777
(773)978-7734 fax
bevdunjill@juno.com

CM. SGT. CAPÍTULO
FRED ARCHER
Inactivo, Tuscan, AZ

CAPÍTULO CLAUDE B.
GOVAN TRISTATE
Springfield Gardens,
NY (516)379-3199
(516)378-6499 fax
monroeed@aol.com

CAPÍTULO DE DETROIT
Detroit, MI (248)559-3542
(248)559-0679 fax
capchoice@aol.com

CAPÍTULO DE LA
COSTA ESTE
Washington, DC
(202)726-8695
(301)735-8300 fax
Taro.jones@dcanndr.ang.af.mil

CAPÍTULO GENERAL
BENJAMIN O. DAVIS, Jr.
San Diego, CA (619)264-6548

CAPÍTULO GENERAL
DANIEL "CHAPPIE" JAMES
Orlando, FL (321)453-7290
nharris@cfl.rr.com

Capítulo General
Lloyd W. Newton
Albuquerque, NM
(505)232-9258
Kevin.hughes@afotel.af.mil

Capítulo George S.
"Spanky" Roberts
Sacramento, CA (916)988-3472
(916)989-5488 fax
Col_chief@sbcglobal.net

Capítulo del Gran Cincinnati
Cincinnati, OH (513)591-1373
Mariner1@fuse.net

Capítulo del Gran Filadelfia
Filadelfia, PA (215)477-5993
llorrac@verizon.net

Hannibal M. "Killer"
CAPÍTULO COX, JR.
Base Aérea McGuire,
NJ (609)876-1528
Sharon.hunter@mcguire.af.mil

CAPÍTULO CORAZÓN
DE AMÉRICA
Kansas City, MO
(913)239-0824

CAPÍTULO HIRAM
E. MANN
Walterboro, SC (843)549-2740

CAPÍTULO HOWARD
L. BAUGH
Petersburg, VA (804)733-1675
(804)733-3991 fax

Mitch1682@aol.com

CAPÍTULO HUBERT
L. "HOOKS" JONES
Denver, CO (303)366-6142
Rohill65667@hotmail.com

CAPÍTULO HUGH
J. WHITE
St. Louis, MO (314)994-1555
CAPÍTULO DE
INDIANÁPOLIS

Indianápolis, IN
(317)255-6896
(317)255-8771 fax
Na9y@arrl.net

CAPÍTULO INLAND
EMPIRE
Base Aérea March, CA
(714)525-0859
(714)459-7275 fax
chimaat@adelphia.net

CAPÍTULO JAMES
B. KNIGHTEN
Las Vegas, NV (702)248-8490
(702)248-8491 fax
Bknighten1@cs.com

CAPÍTULO JOHN H.
PORTER-FIRST STATE
Dover, DE (302)674-4595
Krucher1_phl@att.net

CAPÍTULO LEE A.
ARCHER, Jr.
Base Aérea Travis, CA
(707)816-9318
Jlg860s@sbcglobal.net

CAPÍTULO DE
LOS ÁNGELES
Los Ángeles, CA
(310)392-6432
eedtillmon@aol.com

CAPÍTULO MAC ROSS
Dayton, OH (937)258-3167
(937)904-5966 fax
Anissa.johnson@wpafb.af.mil

SECCIÓN DE MEMPHIS
Memphis, TN (901)853-2053
taimem@aol.com

Capítulo MGen IRENE
TROWELLHARRIS
Stewart ANGB, NY
(845)677-0181
(914)563-2059 fax
Gaf4@optonline.net

Capítulo MGen JOSEPH
A. McNEIL
Warner Robins, GA
(478)475-1396
(478)926-1986 fax
Piper79@cox.net

Capítulo de Miami
Miami, FL (305)238-9576
(305)238-9576 fax

Capítulo de Nueva Inglaterra
Boston, MA (978)443-6632
(781)262-4791 fax
wshellma@verizon.net

Capítulo de la Costa Norte
Cleveland, OH (216)721-154

SECCIÓN DE OHIO
Columbus, OH (614)444-0298

SECCIÓN ROSCOE
C. BROWN, Jr.
Shreveport, LA (318)549-9195
Roderick.haley@
barksdale.af.mil

SECCIÓN SAM BRUCE
Seattle, WA (425)827-4862
Boo2com@verizon.net
SECCIÓN DE SAN
ANTONIO

San Antonio, TX
(210)679-7237
Sarah-williams@sbcglobal.net

SECCIÓN SPANN WATSON
Columbia, SC (803)788-4940

SECCIÓN THOMAS
L. WASHINGTON
Lansing, MI (517)485-2760
jennietai@aol.com

SECCIÓN TIDEWATER
Norfolk, VA (757)484-1988
imblezed@verizon.net

SECCIÓN TUSKEGEE
Tuskegee, AL (334)727-3381

SECCIÓN WILLIAM
"BILL" CAMPBELL
San Francisco, CA
(510)653-7145
donna@Blackaviation.com

SECCIÓN WILSON
V. EAGLESON
Goldsboro, NC (919)736-7202

# APÉNDICE II

## Carta de rechazo

99TH PURSUIT SQUADRON
CHANUTE FIELD          RANTOUL, ILL.

June 19, 1941.

Mr. Hiram E. Mann
2484 E. 84th Street
Cleveland, Ohio

Dear Sir:

Your letter of June 18, 1941, making application
for enlistment in the 99th Pursuit Squadron has been
received.

We are sorry to advise that the quota has been
filled for sometime.  However, we will keep your
letter of application on file, and in the event any
opening occurs at a future date, we will advise you
accordingly.

Yours very truly,

W. L. KLUM,
1st Lt., A. C.,
Personnel Officer.

WLK/wct

# APÉNDICE III

## Aceptación al oficial de reserva USAF

FIRST AIR FORCE

OCT 23 1952

SUBJECT: Appointment as a Reserve Officer in the United States Air Force

TO:

Cleveland, Ohio.

1. The Secretary of the Air Force has directed me to inform you that, by direction of the President, you are tendered appointment, as a Reserve Officer in the United States Air Force, in the grade and with service number shown in the address above, for an indefinite term of service on date of acceptance.

2. There is inclosed a form for oath of office, which you are requested to execute and return promptly. The execution and return of the required oath of office constitute an acceptance of your appointment.

3. This appointment is tendered in lieu of your current five (5) year term appointment and in no other way affects your current military status.

BY COMMAND OF MAJOR GENERAL TYNER:

R. F. SPAULDING
Lt Col, USAF
Adjutant General

1 Incl
Oath of Office

ACCEPTED

DATE

# APÉNDICE IV

## Graduación de la promoción del 44F

PROCEEDINGS OF THE FACULTY BOARD
OF THE
ARMY AIR FORCES PILOT SCHOOL (ADVANCED)
TUSKEGEE ARMY AIR FIELD,
TUSKEGEE, ALABAMA

IN THE CASE OF
CLASS SE-44-F

1. The Board met on 22 May 1944. All members were present. The Board was then sworn by the President and the President by the Recorder.

2. It then proceeded to consider the qualifications of Students of Class SE-44-F for assignment to duty; appointment as 2d Lieutenants, Air Corps Reserve; 2d Lieutenants, Air Corps, Army of the United States; or Flight Officers, Air Corps, Army of the United States, with the aeronautical rating of "Pilot", and active duty respectively, in accordance with instructions contained in EFTC Memorandum No. 35-30-13, dated 15 April 1944, as amended.

3. The following students were not considered by the Board for the reasons indicated:

<u>a</u>. Student Officers: None.

<u>b</u>. Aviation Cadets:

Aviation Cadet Flernoy Jerome Barker, being heldover pending the outcome of Board Proceedings for Flying Deficiencies.

Aviation Cadet Andrew (NMN) Perez, being heldover pending the outcome of Board Proceedings for Flying Deficiencies.

Aviation Cadet Walter Raymond Revell, being heldover pending the outcome of Board Proceedings for Flying Deficiencies.

Aviation Cadet Arthur Wilbur Ward, being heldover pending the outcome of Board Proceedings for Flying Deficiencies.

Aviation Cadet Cleveland Jonathan Williams, being heldover pending the outcome of Board Proceedings for Flying Deficiencies.

*Aviation Cadet George Eugene Bell, under observation and treatment for venereal disease at Station Hospital, TAAF, Tuskegee, Ala. When definite disposition has been determined separate Board Proceedings will be forwarded.

*Heldover from Class SE-44-A to SE-44-B, to SE-44-C, to SE-44-D to SE-44-E, to SE-44-F.

<u>c</u>. Aviation Students:

Aviation Student (Tec 5th) Bertrand Gilbert Braithwaite, being heldover pending the outcome of Board Proceedings for Flying Deficiencies.

4. <u>The Board Finds</u>:

a. That Student Officer of Class SE-44-F listed in paragraph 5 a, below, is eligible for assignment to duty with the Air Corps, Army of the United States, with the aeronautical rating of "Pilot", effective upon completion of training on or about 27 June 1944.

- 1 -

Faculty B/P, Class SE-44-F, TAAF, Tuskegee, Ala., 5/22/44 (Cont'd).

b. That no members of Class SE-44-F were appointed Aviation Cadets or Aviation Students prior to 8 July 1942.

c. That all Aviation Cadets and Aviation Students of Class SE-44-F, with the exception of those listed in paragraph 3 b and c, above, are eligible as to age, citizenship, and other requirements, and are physically, morally, educationally, and professionally qualified for commission as 2d Lieutenants, Air Corps Reserve; 2d Lieutenants Air Corps, Army of the United States, or appointment as Flight Officers, Air Corps, Army of the United States, with the aeronautical rating of "Pilot", effective upon completion of training on or about 27 June 1944.

5. The Board Recommends:

a. That Student Officer of Class SE-44-F listed below be assigned to duty with the Air Corps, and rated "Pilot, effective upon Graduation, on or about 27 June 1944:

| NAME | GRADE | ASN | BRANCH AND COMPONENT | DATE OF COMMISSION |
|---|---|---|---|---|
| Lawrence, Robert Weldon | 2d Lt. | 01 640 660 | SC AUS | Dec. 18, 1942 |

b. That the following-named Aviation Cadet of Class SE-44-F who meets requirements set forth in paragraph 4 c, EFTC Memorandum No. 35-30-13, dated 15 April 1944, be commissioned 2d Lieutenant, Air Corps Reserve, with the aeronautical rating of "Pilot" effective upon Graduation, on or about 27 June 1944:

| NAME | GRADE | A.S.N. | DATE OF APPOINTMENT |
|---|---|---|---|
| Wright, James William Jr. | A/C | 13 122 600 | Sept. 18, 1943 |

c. That the following-named Aviation Cadets and Aviation Students of Class SE-44-F be commissioned 2d Lieutenants, Air Corps, Army of the United States, or appointed Flight Officers, Air Corps, Army of the United States, and rated "Pilot", effective upon Graduation, on or about 27 June 1944:

| NAME | GRADE | ASN | DATE OF APPOINTMENT |
|---|---|---|---|
| Aviation Cadets | | | |
| Armistead, Richard Smith Alfred | A/C | 13 122 972 | Sept. 18, 1943 |
| Ellis, Carl Francis | A/C | 36 799 051 | Sept. 18, 1943 |
| Hill, Charles Andrew Jr. | A/C | 16 113 145 | Sept. 18, 1943 |
| Hudson, Lincoln Theodore | A/C | 16 137 134 | Sept. 18, 1943 |
| Johnson, Rupert Clarence | A/C | 19 161 305 | Sept. 18, 1943 |
| Lynch, George Arnold | A/C | 32 868 484 | Sept. 18, 1943 |
| Lynch, Lewis John | A/C | 15 127 071 | Sept. 18, 1943 |
| Mann, Hiram Eugene | A/C | 15 134 652 | Sept. 18, 1943 |
| Mitchell, James Thomas Jr. | A/C | 14 178 605 | Aug. 21, 1943 |
| Murdic, Robert James | A/C | 34 712 047 | Sept. 18, 1943 |
| Spears, Leon Woodie | A/C | 17 091 709 | Sept. 18, 1943 |
| Stewart, Harry Thaddeus Jr. | A/C | 32 863 205 | Sept. 18, 1943 |
| Wadsworth, Edgar Kenneth | A/C | 37 343 711 | Sept. 18, 1943 |
| Washington, Samuel LaFayette | A/C | 14 174 164 | June 19, 1943 |
| White, Hugh James | A/C | 37 601 686 | Sept. 18, 1943 |
| Whitney, Yenwith Kelly | A/C | 32 964 402 | Oct. 16, 1943 |

- 2 -

# APÉNDICE V

## Registro de vuelo individual

**INDIVIDUAL FLIGHT RECORD**

(1) SERIAL NO. O-835329   (2) NAME  Mann, Hiram E.   (3) RANK  2nd Lt   (4) AGE 1921
(5) PERS. CLASS  18   (6) BRANCH  Air Corps   (7) STATION  APO #520
(8) ORGANIZATION ASSIGNED  XV   XV F   306th F   332nd F   100th F
(9) ORGANIZATION ATTACHED
(10) PRESENT RATING & DATE  Pilot 6-27-44   (11) ORIGINAL RATING & DATE  Pilot 6-27-44
(12) TRANSFERRED FROM  332nd F Gp, 302nd F Sq.   (13) FLIGHT RESTRICTIONS  None
(15) TRANSFERRED TO  332nd F Gp, 100th F Sq.   (14) TRANSFER DATE  20 Feb. 1945

(17) MONTH  February 1945

| DAY | AIRCRAFT TYPE, MODEL & SERIES | NO. LANDINGS | FIRST PILOT DAY P | MISSION TYPE | TARGET AREA | PILOT NON-BAT |
|---|---|---|---|---|---|---|
| 1 | P-51D15NA | 1 | 4:15 | | | |
| 2 | P-51D10NT | 1 | 3:45 | | | |
| 3 | P-51D15NA | 1 | 4:00 | | | |
| 7 | P-51D7NT | 1 | 6:45 | BOMBER ESCORT | VIENNA | |
| 8 | " | 1 | 5:15 | BOMBER ESCORT | VIENNA | |
| 13 | P-51D15NA | 1 | 4:45 | BOMBER ESCORT | | |
| 14 | " | 1 | 5:45 | BOMBER ESCORT | | |
| 15 | " | 1 | 5:00 | BOMBER ESCORT | | |
| 16 | " | 1 | 2:00 | BOMBER ESCORT | | |
| 17 | " | 1 | 4:30 | STRAFING | GAGGENITZ - GERMANY | |
| 18 | P-51B10NA | 1 | 3:30 | BOMBER ESCORT | NORTH ITALY | |
| 19 | P-51D15NA | 1 | 5:30 | BOMBER ESCORT | VIENNA | |
| 20 | " | 1 | 5:00 | BOMBER ESCORT | BRENNER PASS | |
| 25 | " | 1 | 5:00 | STRAFING | MUNCHEN - LINZ | |
| 27 | " | 1 | 2:15 | BOMBER ESCORT | EAGLES ABORT | 1:00 |
| 1/17 | | | | CERTIFIED CORRECT: | | |

*William T. Mattison*
WILLIAM T. MATTISON
Capt, AC
Opns O

COLUMN TOTALS:  15   67:15   1:00

| | (42) TOTAL STUDENT PILOT TIME | (43) TOTAL FIRST PILOT TIME | (44) TOTAL PILOT TIME |
|---|---|---|---|
| (37) THIS MONTH | | 67:15 | 67:15 |
| (38) PREVIOUS MONTHS THIS F. Y. | | 151:45 | 153:20 |
| (39) THIS FISCAL YEAR | | 219:00 | 220:35 |
| (40) PREVIOUS FISCAL YEARS | 208:00 | 219:00 | 208:00 |
| (41) TO DATE | | | 428:35 |

| AIRCRAFT | NO. | CARD NO. 1 | CARD NO. 2 | CARD NO. 3 |
|---|---|---|---|---|
| P-51B | 1 | 4 | | |
| P-51C | 3 | 16 | | |
| P-51D | 11 | 47 | | |

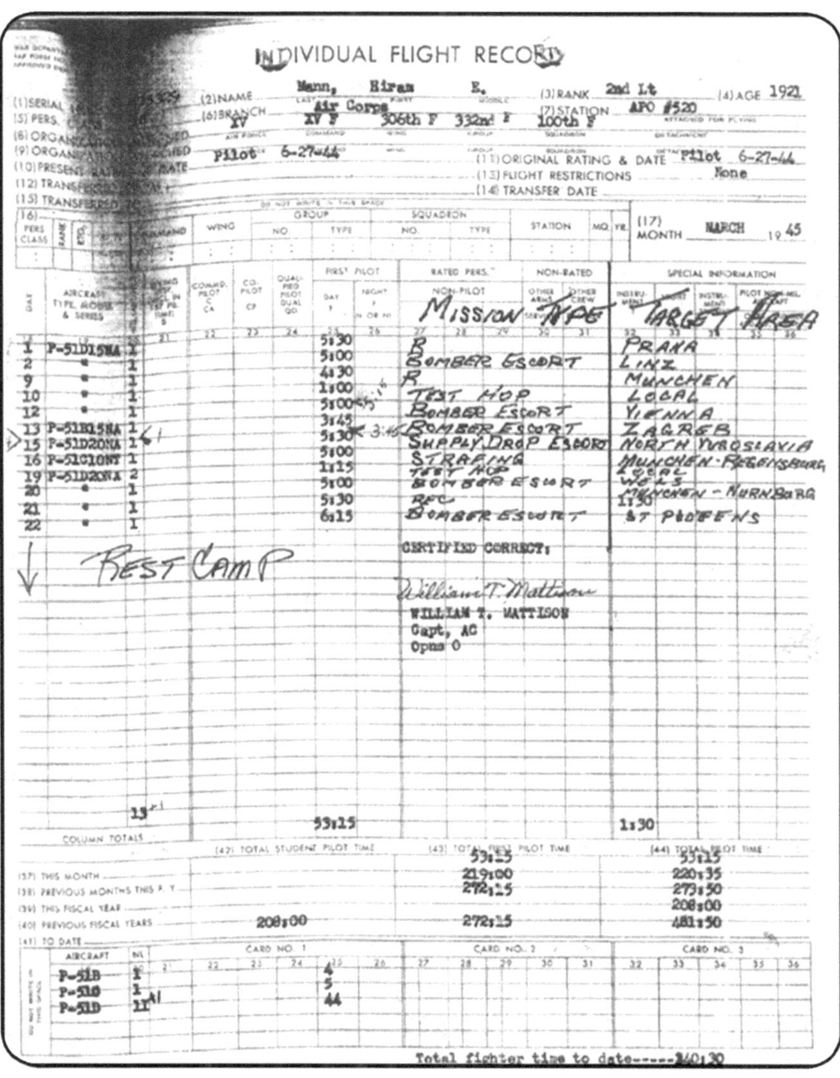

INDIVIDUAL FLIGHT RECORD

(2) NAME Mann, Hiram E.    (3) RANK 2nd Lt    (4) AGE 1921
Air Corps
(6) BRANCH XV   XV F   306th F   332nd F   (7) STATION APO #520
100th F
(9) ORGANIZATION ... Pilot 6-27-44    (11) ORIGINAL RATING & DATE Pilot 6-27-44
   (13) FLIGHT RESTRICTIONS None
(17) MONTH MARCH 19 45

| DAY | AIRCRAFT TYPE, MODEL & SERIES | | COMMD. PILOT | CO. PILOT | QUALIFIED PILOT | FIRST PILOT DAY | NIGHT | NON-PILOT — MISSION TYPE | | TARGET AREA | INSTRUMENT |
|---|---|---|---|---|---|---|---|---|---|---|---|
| 1 | P-51D15NA | 1 | | | | 5:30 | | | | PRAHA | |
| 2 | " | 1 | | | | 5:00 | | BOMBER ESCORT | | LINZ | |
| 9 | " | 1 | | | | 4:30 | | R | | MUNCHEN | |
| 10 | " | 1 | | | | 1:00 | | TEST HOP | | LOCAL | |
| 12 | " | 1 | | | | 5:00 | | BOMBER ESCORT | | VIENNA | |
| 13 | P-51B15NA | 1 | | | | 3:45 | | BOMBER ESCORT | | ZAGREB | |
| 15 | P-51D20NA | 1 | | | | 5:30 | 3:45 | SUPPLY DROP ESCORT | | NORTH YUGOSLAVIA | |
| 16 | P-51C10NT | 1 | | | | 5:00 | | STRAFING | | MUNCHEN-REGENSBURG | |
| 19 | P-51D20NA | 2 | | | | 1:15 | | TEST HOP | | LOCAL | |
| 20 | " | 1 | | | | 5:00 | | BOMBER ESCORT | | WELS | |
| 21 | " | 1 | | | | 5:30 | | REC | | MUNCHEN - NURNBERG | 1:30 |
| 22 | " | 1 | | | | 6:15 | | BOMBER ESCORT | | ST PLÖFENS | |

REST CAMP

CERTIFIED CORRECT:

*William T. Mattison*

WILLIAM T. MATTISON
Capt, AC
Opns O

| | | | | | FIRST PILOT | | | | | INSTRUMENT |
|---|---|---|---|---|---|---|---|---|---|---|
| COLUMN TOTALS | | 13 | | | | 53:15 | | | | 1:30 |

| | (42) TOTAL STUDENT PILOT TIME | (43) TOTAL FIRST PILOT TIME | (44) TOTAL PILOT TIME |
|---|---|---|---|
| (37) THIS MONTH | | 53:15 | 53:15 |
| (38) PREVIOUS MONTHS THIS F.Y. | | 219:00 | 220:35 |
| (39) THIS FISCAL YEAR | | 272:15 | 273:50 |
| (40) PREVIOUS FISCAL YEARS | 208:00 | | 208:00 |
| (41) TO DATE | 208:00 | 272:15 | 481:50 |

| AIRCRAFT | | | CARD NO. 1 | | | | CARD NO. 2 | | | | | CARD NO. 3 | | | | |
|---|---|---|---|---|---|---|---|---|---|---|---|---|---|---|---|---|
| P-51B | 1 | | | | | 4 | | | | | | | | | | |
| P-51C | 1 | | | | | 5 | | | | | | | | | | |
| P-51D | 11 | | | | | 44 | | | | | | | | | | |

Total fighter time to date-----240:30

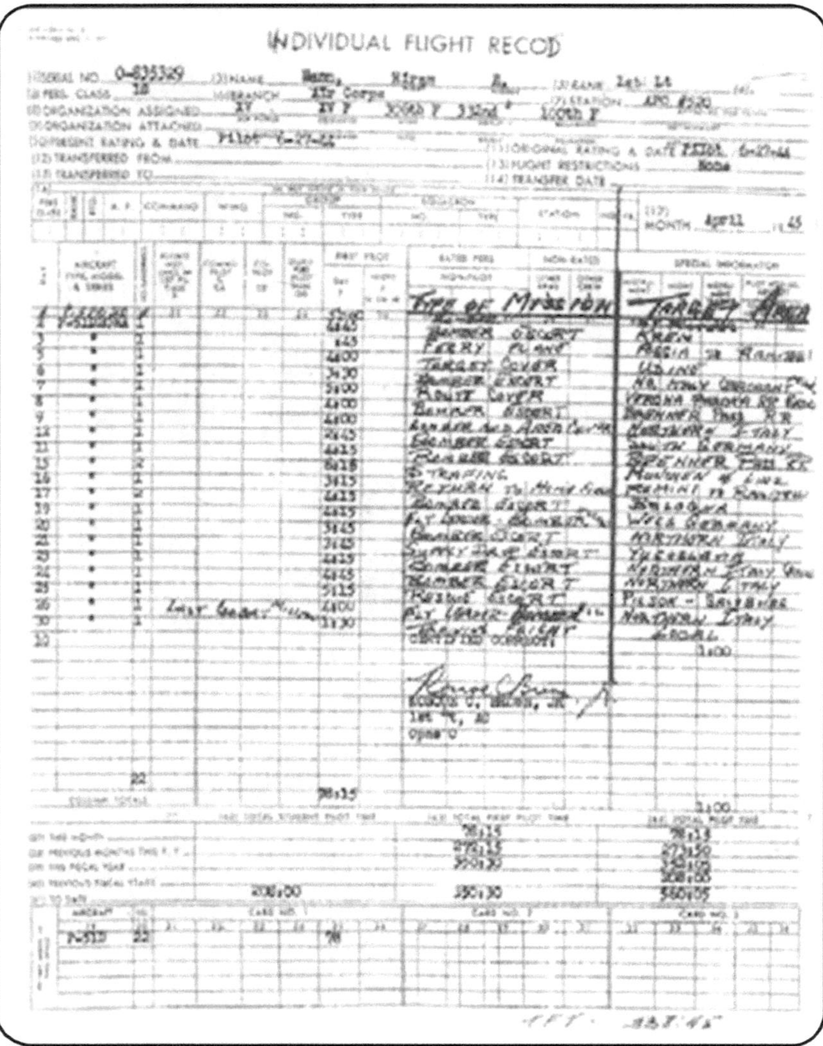

# BIBLIOGRAFÍA


*A Look at the Tuskegee Airmen,*

http://logicalthinker2.tripod.com/Tuskegee1.html

Date Accessed: December 23, 2007


*Academy of Achievement,*

http://www.achievement.org

Date Accessed: December 23, 2007


Adelmann, John; Burns, Joey; Martin Robert L., *"Victory at home and abroad: The Tuskegee Airmen research project and seminar."*

Social Education. Arlington; Oct. 2000.


American War Library. (2000). *Weapons of World War II.* CA: Lucent Books.


*An Official Tuskegee Airmen Home Page.* (2005)

http://sun.kent.wednet.edu/staff.rnakatsu/TuskegeeAirmen/ Tuskegee_HomePage.html


Anderson, Alfred C., *The Father of Black Aviation.*

http://www.coax.net/people/lwf/ANDERSON.HT

M Date Accessed: December 23, 2007

Anderson, Peggy. (1992). *Great Quotes from Great leaders.* Lombard, IL: The success collection, Celebrating excellence, Inc. p.16-17

Banks, James A. (1997, 2003) **Teaching Strategies for Ethnic Studies.** (6) MA: Needham Heights.

Bailey, R. (1981). *Prisoners of War.* New York: Life Time Books

Brown, Avonie. (2000) *"The Tuskegee Airmen: The Sky Was the Limit."*

http://www.afro.com/tusk/tuskmain.html

Date Accessed: December 23, 2007

Brown, Deborah Edler; Farley Christopher John. *"Winning the Right to Fly."* Time. Aug 28, 1995, Vol. 146 Issue 9, p62, 3p, 2c, 1bw.

Buchanan A. Russell. (1977) *Black Americans in World War II,* Clio Books, Santa Barbara, CA.

*Buffalo Soldiers* "U.S. Colored Troops," *Tuskegee Airmen.* (2001)

http://www.allenscreations.com/bufsol.html

Date Accessed: December 23, 2007

Carter, Art. *"With Colonel Davis' Flyers in Italy."*
http://www.afro.com/OurWar/carter.html

Date Accessed: December 23, 2007

Carter, Herbert. E. (1995) *"The Legacy of the Tuskegee Airmen."* National Forum. Fall. Vol.75, issue 4: p10, 6p, 3bw.

Civan, M B., A. Morisett-Metellus, and F. Vilsaint. (1994) *The Haitians, Their History and Culture.* Washington: The Refugee Service Center, Center for Applied Linguistics.

Coggins, Patrick C. (2001) *"The Tuskegee Airmen: Flying from the Ground Up"* Unpublished manuscript, Deland, Florida: Multicultural Education Institute, Stetson University, and pg.128.

Cooper, Ann and Charlie, (1999) *"Tuskegee's Heroes: Feature the Aviation Art of Roy LaGrone,"* Motorbooks Inter Pub.

Current events (2000) *Black Eagles.* Current Events, 99, 18. 2-6.

Davis, Benjamin O. Jr., American: An Autobiography. Washington: Smithsonian Institution Press, 1991.

Encyclopedia Britannica Online. *"Davis, Benjamin O., Jr."* http://search.eb.com/bol/topic?eu=2428&sctn=1 Date Accessed: April 1, 2002.

Encyclopedia Britannica Online. *"Washington, Booker Taliaferro"* http://search.eb.com/bol/topic?eu=78193&sctn=1

Date Accessed: April 1, 2002.


Encyclopedia Britannica Online. *"Tuskegee Airmen"*

http://search.eb.com/bol/topic?eu=3009&sctn=1

Date Accessed: April 1, 2002.


Davis, D. B., (2001, November) *Slavery*. World Book Online Americas Edition.

http://www.asolsvc.worldbook.aol.com/wbol/wbpage/na/ar/co//524 020

http://www.kent.wednet.edu/KSD/SJ/TuskegeeAirmen/Tuskegee_ Aircraft.html

http://www.kent.wednet.edu/KSD/SJ/TuskegeeAirmen/Tuskegee_ HomePage.html

http://www.kent.wednet.edu/KSD/SJ/TuskegeeAirmen/Tuskegee_ Photographs.html

http://www.kent.wednet.edu/KSD/SJ/TuskegeeAirmen/Tuskegee_ Testimony.html

http://education.yahoo.com/search/tuskegee_airmen

http://education.yahoo.com/search/be3At/tuskegee_airmen

http://members.aol.com/hqtai/tai/davis_bio.html

http://www.fatherryan.org/Blackmilitary/chappie.htm

http://www.fatherryan.org/Blackmilitary/index.htm


Dittmer, John. *Local People: The struggle for civil rights in Mississippi.* Urbana, University of Illinois Press, 1994.

Douglass, Carol. *"My Father the Hero."*

> http://www.afroam.org/history/ OurWar/douglass.html

Francis, Charles. *The Tuskegee Airmen: The Story of the Negro in the U.S. Air Force.* Bruce Humphries, Inc. Boston, 1995.

Fredrickson, George M. *Black Liberation: a comparative history of Black ideologies in the United States and South Africa.* New York, Oxford University Press, 1995.

Frisbee, John L. *"Makers of the United States Air Force"*

George, C. (2001). *Tuskegee Airmen.* New York: Children's Press.

Gilbert, Martin. *The Second World War: A Complete History.* Henry Holt and Co., NY, 1989.

Hardy, Jeff. *"A Dream of Wings.*

> http://www.coax.net/people/lwf/TA_WINGS.HTM

> Date Accessed: December 23, 2007

Harris, Jacqueline, (1997). *"The Tuskegee Airmen: We Flew Over The Bridge—The Memoirs of Faith Ringgold."*

Harris, Jacqueline, (1996). *"The Tuskegee Airmen: Black Heroes Of World War II"* Dillon Press, January.

Hay, Abby (2004) *Summary of Student Comments on Speech of Ret. Lt. Col. Hiram E. Mann.* April 6, 2004.

Henderson, Marc T. *"Blacks in Aviation,"* 1996, Miami, Dade: Metro-Dade Aviation Department's Public Affairs/Technical Support Advertising Divisions.

Hershey, J. (1989). *Into the Valley: A Skirmish of the Marines.* New York: Schocken Books.

Holway, J. (1997). *Red Tails Black Wings. New Mexico:* Yucca Tree Press.

Homan, Lynn and Reilly, Thomas. *Black Knights: The Story of The Tuskegee Airmen* (Gretna, LA: Pelican Press, 2001.)

Jakeman, Robert J. (1992) *"The Divided Skies"* p416. University of Alabama Press, Tuscaloosa.

Johnson, Theopolis. *"How many Tuskegee Airmen?"* Tuskegee Airmen National Newsletter. Jan, 2000.

Jones, Paul R. (1941) *"Eleanor Roosevelt with 'Chief' Charles Alfred Anderson,"* Paul R. Jones Collection, Atlanta, Ga. 3

http://www.museums.udel.edu/art/past/polk/gif/eleanor.html

Date Accessed: April 1, 2002

McGee, Charlene, (2000) *"TUSKEGEE AIRMAN: The Biography of Charles E. McGee,"* Smith, Brandon Publishing Co.

McKissack, Patricia and Frederick McKissack. (1995) *Red-Tail Angels: The Story of the Tuskegee Airmen of World War II.* Walker Pub. Co., New York, NY.

McNeely, Gina. *"Legacy of Flight,"* July 1997, Aviation History Vol. 7 Issue 6, p. 82.

McRae, Bennie J. Jr., National Airmen Association of America. Website, *"Before the Tuskegee Airmen"*

http://www.coax.net/people/lwf/NAAA_ CHG.HTM

Date Accessed: December 23, 2007

Murphy, Carl. *"In Defense of Democracy: The 99ᵗʰ Squadron Goes to War."*

http://www.afroam.org/history/OurWar/murphy.html

Myers, Walter Dean (1996). *"Toussaint L'Overture: The Flight for Haiti's Freedom,"* Simon & Schuster Books, New York, NY.

Norrell, Robert J., *Reaping the Whirlwind.* Alfred A. Knopf Publishing, NY, 1985.

ON CLIPPED WINGS; *The Story of Jim Crow in the Army Air Corps.* New York, NAACP, 1943.

Osur, Alan. *Black in the Army Air Forces during WWII: The Problem of Race Relations.* Washington D.C.: Office of Air Force History: U.S. Government Print Office, 1977; Arno Press, 1980.

*Pacific Northwest Tuskegee Airmen, Inc.* (2005)

http://sun.kent.wednet.edu/staff/rnakatsu/TuskegeeAirmen/ Tuskegee_ Oraniz.html

*The Penn Current, Tuskegee*

http://www.upenn.edu/pennnews/current/2001/032201/feature5.html

Date Accessed: December 23, 2007

Percy, William. *"Jim Crow, Uncle Sam and the Formation of the Tuskegee Flying Unites."* Social Education. Jan/Feb 1999, vol. 63 Issue 1, p14-21.

*The Road That Led to the Sky.* (1990)

http://www.afro.com/tusk/creation.html

Date Accessed: December 23, 2007

Rose, Robert A., *Lonely Eagles: The Story of America's Black Air Force in World War II.* Tuskegee Airmen, Inc., 1976.

Sandler, Stanley. (1997) *Segregated Skies: All-Black Combat Squadrons of WWII.* Smithsonian Press.

Salute to Veterans. Presented by the Memorial Day Weekend Corporation. The Tuskegee Airmen.

http://www.salute.org

Sandler, Stanley, SEGREGATED SKIES: *ALL BLACK COMBAT SQUADRON in WORLD WAR II*, Smithsonian Inst. Press

Schultz, S. (1987). *The Maverick War: Chennault and the Flying Tigers*. New York: St. Marin's Press. Images of America: The TUSKEGEE AIRMEN, by Homan, Lynn and Reilly, Thomas, Designs, Arcadia Publishing

Sherrer, John, *"Alfred C. Anderson: The Most Famous Black Aviator in America."*

http://www.coax.net/people/lwf/CHIEF.HT

M Date Accessed: December 23, 2007

Silvera, John D., *The American Negro: His History and Literature.* Arco Press Inc. 1969.

Sitkoff, Harvard. *A new deal for Blacks: The emergence of civil rights as a national issue.* New York: Oxford University Press, 1978.

Smith, Gene. *"Colonel Parrish's Orders: He was to turn a segregated little army into the world's first Black pursuit squadron."* American Heritage. May/June 1995, Vol. 46 Issue 3, p110.

Smith, V. E., (1995). Segregated Sky. *Newsweek*, 126, 9. 54. *Tuskegee Airmen.*

http://www.geocities.com/Pentagon/Quarters/13 5


*Tuskegee Airmen*

http://www.neptune.k12.nj.us/nhs/history/AfricanAmerican/ Tuskegee%20pages/index.html


Tuskegee Airmen.

http://xroads.virginia.edu/~gu02/NewYorker/Race.html


*Tuskegee Airmen.*

http://www.va.ucf.edu/features/BlackPatriots/20thcentury Tuskegee Airmen


*Tuskegee Airmen.* Online Bookstore.

http://www.jodavidsmeyer.com/combat/bookstore/Blacksin WWII.htm


Tuskegee Airmen of World War II.

http://history.acusd.edu/gen/WW2Timeline/Tuskegee.ht ml


*Tuskegee Airmen: Lonely Eagles to Red Tail Angels.*

http://sun.kent.wednet.edu/staff/rnakatsu/TuskegeeAirmen/ Tuskegee_ Aircraft.html


Tuskegee Airmen Timeline. (1997)

http://web.bryant.edu/~history/h364proj/sprg_00/air1/history.htm

*Tuskegee Airmen in Action.*

http://www.ritesofpassage.org/mil_air.html

Tuskegee Airmen Inc. National Headquarters. *Who Were the Tuskegee Airmen of World War II?*

http://tuskegeeairmen.org/airmen/who.html

Tuskegee Airmen—Red Tail.

http://www.waterholes.com/~dennette/models/ww-ii/redtail.htm

Tuskegee Airmen: *The Black Red tail Angels, Heroes of WWII and Freeman Field,*

http://www.world-wide.net.com/tuskegeeairmen/

The *TUSKEGEE AIRMEN: BLACK HEROES of WORLD WAR II,* by Harris, Jacqueline L., Dillon Press

The *TUSKEGEE AIRMEN: THE MEN, WHO CHANGED A NATION,* By Francis, Charles E.., Braden Pub Co (Now 4 Edition)

The Tuskegee Airmen by HBO Pictures

"Tuskegee Airmen Fact Sheet," Dr. Coggins. 2003, Multicultural Institute, DeLand, FL

An Unofficial Tuskegee Airmen Home Page c1998 v1.05.

http://sun.kent.wednet.edu/staff/rnaktsu/TuskegeeAirmen/Tuskegee_ Homepage.html

USAF Museum History. *Pre-WW II History.*

http://www.wpafb. af.mil/museum/history/prewwii/ta/ht

Walbert, Kathryn L. *Teaching the History of all Americans, All Year Round.*

http://www.learnnc.org/index.nsf/doc/    history0404-1?Open Document

War Department Citation of 332nd Fighter group: *United States Fifteen Air Force, U.S. Army: Washington D.C.*, 9 August, 1945.

Warren, Lt. Col. James. *"The Tuskegee Airmen Mutiny at Freeman Field."*

http://www.tuskegee.com

Washington, Booker. *"The Awakening of the Negro."*

http://eserver.org/race/awakening.txt

Waters, Enoch P. (2000) *"Tuskegee Airmen,"* Chicago Defender.

*Webster's Classic Reference Library Dictionary.* (1999). Ashland: Landoll's.

Weil, Martin, (2002) *"Benjamin O. Davis Jr.: First Black General In Air Force"* Washington Post, July 6, p.B7.

White, Mindy. *"Tuskegee Airman Charles P. Bailey kept watch over his flock of B-24s on their way to Targets in Germany."* Jan. 1998. Aviation History, Vol. 8 Issue 3, p.56.

## VIDEO

Fishburne, Laurence.

> *"The TUSKEGEE AIRMEN"*

> Published by HBO Films in 2011

YouTube interview with Logan Crawford.

https://youtu.be/3L2TsPLDerE?si=-HnWMIvUb0YGhbH8

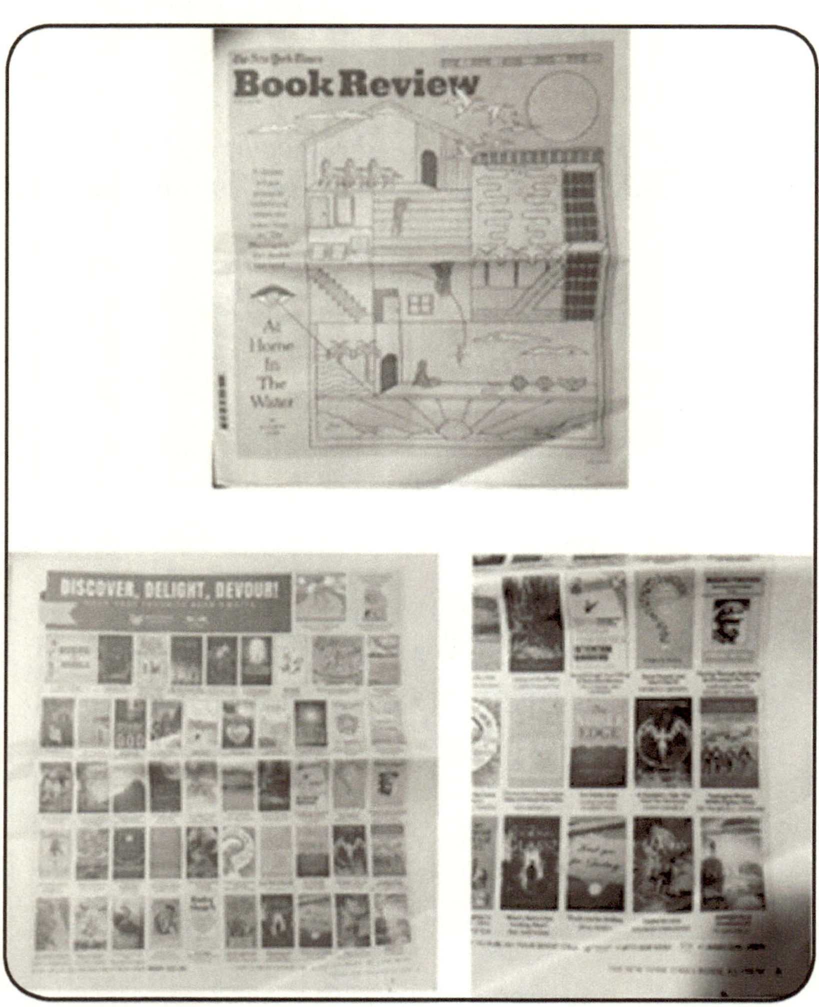

# ÍNDICE

## W

# EPÍLOGO

ESTE LIBRO REAFIRMÓ MI CONVICCIÓN de que la historia de las contribuciones de los Aviadores de Tuskegee debe formar parte de la historia estadounidense y mundial, ya que estos valientes y talentosos pilotos lucharon con gallardía durante la Segunda Guerra Mundial. Defendieron la libertad de muchos en Europa, a pesar de saber que regresarían a unos Estados Unidos segregados. Es una lectura imprescindible para cualquiera interesado en la lucha por los derechos civiles y la libertad de todas las personas.

Dra. Christine Taylor
Superintendente Adjunta de Área
Distrito Escolar del Condado de St. Lucie, Florida

Este libro narra la apasionante historia de los pilotos afroamericanos de Tuskegee, quienes demostraron que con altas expectativas y trabajo diligente se puede alcanzar el éxito. Estos pilotos de combate triunfaron en un clima de discriminación y segregación. La cronología ofrece una historia sistemática de la experiencia de los Aviadores de Tuskegee. Es un libro que, una vez que se empieza a leer, resulta difícil dejarlo.

Sr. Kevin Perry
Fraternidad Alpha Phi Alpha, Inc.

Me conmovió leer un libro que ofrece una guía para alcanzar las metas profesionales y personales. El teniente coronel Mann demuestra que la concentración, la educación y el esfuerzo dan frutos. El diario me permitió comprender las dificultades y alegrías que los pilotos de Tuskegee experimentaron durante la Segunda Guerra Mundial.

Dr. David Washington, director de escuela pública en Fort Pierce, Florida

"Su historia [la de los aviadores de Tuskegee] representa un enorme sacrificio por parte de un pequeño grupo de estadounidenses que quisieron luchar por su país por amor a él, y eso es muy motivador… Los aviadores de Tuskegee son una inspiración para todos. Gracias a su experiencia, la población negra se integró en nuestras fuerzas armadas. Son parte fundamental de la grandeza de la aviación del Ejército".

Louis Eyermann, citado en "El relato de los aviadores de Tuskegee inspira a un empleado del Arsenal de Redstone a compartir su historia", por Kari Hawkins (Asuntos Públicos de AMCOM)

***Reseña de Barbara Bamberger Scott (US Review of Books) "La experiencia de los aviadores de Tuskegee aportó pruebas que revelaron la profunda huella del racismo en Estados Unidos."***

Aunque aparentemente escribe un relato centrado en las experiencias del teniente coronel Hiram E. Mann como miembro de los famosos aviadores de Tuskegee (como indica el título del libro), el autor, el Dr. Patrick C. Coggins, académico que imparte talleres sobre temas culturales, no se ha limitado a la historia de una sola persona. En cambio, utiliza este espacio para arrojar luz sobre la historia más amplia de la formación del aeródromo de Tuskegee y el desarrollo del 99.º Escuadrón de Caza, compuesto íntegramente por afroamericanos. Describe los prejuicios a los que se enfrentaron los hombres que conformaban ese equipo, en una época de segregación racial generalizada. Escrito con minuciosa atención al detalle, el libro también describe la situación de los hombres afroamericanos antes de la Segunda Guerra Mundial, proporcionando un contexto más rico para comprender la importancia, e incluso la naturaleza revolucionaria, de los logros de los aviadores de Tuskegee.

Coggins también relata las hazañas de los Aviadores de Tuskegee durante la guerra. Aún segregados en el país e incluso dentro del Ejército para el que lucharon, el grupo se desempeñó admirablemente bajo la presión de un fracaso inminente. «La experiencia de los Aviadores de Tuskegee comenzó en la década de 1940 como un experimento financiado por el gobierno para demostrar que los negros no podían pilotar aviones». Examina los logros de Mann y su grupo a la luz de los «siete Principios de Kwanzaa».

Dado el título del libro, el lector podría esperar una biografía más completa del Teniente Coronel Mann; sin embargo, la información incluida es inspiradora. Mann declaró: «Como en aquel entonces no existía el servicio militar obligatorio, me ofrecí como voluntario. Estaba convencido de que la mejor manera de servir a mi país era unirme al programa de entrenamiento de pilotos del ejército».

"Tuskegee Airmen Pilot" es un estudio útil de las hazañas del famoso escuadrón de pilotos de caza en condiciones adversas tanto en tierra como en guerra, y será bien recibido por los lectores interesados en el funcionamiento interno del ejército estadounidense y la historia de los derechos civiles.

Recomendado por la USR
Dr. Damien Byas en su revisión.

## Una historia que merece ser contada

Me complace poder estudiar y compartir una historia extraordinaria de valor, determinación, resiliencia y coraje. La historia de los Aviadores de Tuskegee me llena de orgullo como afroamericano y me permite formar parte del legado de los afroamericanos en las Fuerzas Armadas de los Estados Unidos. Como exsoldado afroamericano del Ejército de los EE. UU., soy consciente de muchas de las barreras culturales que existían durante la Segunda Guerra Mundial y que aún persisten. También soy consciente de que los éxitos de los Aviadores de Tuskegee no habrían sido posibles sin la ayuda de Dios y de personas clave y valientes que decidieron desafiar las normas establecidas, demostrando un gran sentido de valentía, sensibilidad y justicia, lo que permitió a los Aviadores de Tuskegee demostrar su competencia y habilidades como pilotos en el Cuerpo Aéreo del Ejército. ¡Una historia excelente!

Reseña de Melviona Thomson

## ¡EXCELENTE MANUSCRITO HISTÓRICO AFROAMERICANO!

Disfruté muchísimo leyendo la biografía del teniente coronel Hiram Mann, piloto de caza de los Aviadores de Tuskegee. El autor, el Dr. P. C. Coggins, ha plasmado magistralmente las experiencias de primera mano del teniente coronel Mann sobre las dificultades que enfrentó al intentar ingresar al ejército y los desafíos que experimentó debido al color de su piel durante su servicio militar. Como lectora originaria de Filipinas, la historia del teniente coronel Mann me hizo reflexionar sobre la realidad de que una persona de color debe esforzarse mucho más que otra para demostrar su competencia y habilidad. Me parece excelente la forma en que el autor recopiló con esmero y deliberación documentación histórica para respaldar los relatos personales que escribió sobre el teniente coronel Mann. Este es, sin duda, un libro de cinco estrellas. Planeo usar este material como lectura complementaria para mi clase de último año de universidad en Educación Multicultural.

Reseña de Primrose Cameron-Hall, Club de Lectura Woman2Woman

## "Excelente"

"Excelente" es la palabra que usaría para describir no solo a los verdaderos héroes de la Experiencia de Vuelo de Tuskegee, sino también la habilidad del autor para capturar la verdadera esencia de ser un héroe durante la Segunda Guerra Mundial. El Dr. Patrick Coggins ha logrado plasmar la vida del Teniente Coronel Mann, tanto en aquel entonces como en la actualidad. Este libro, de fácil lectura, es imprescindible para todos aquellos que nos hemos visto impactados por los numerosos logros de los Aviadores de Tuskegee.

Reseña de la Dra. Zena J. Ramsey

Resulta evidente que el Dr. Patrick Coggins comparte el espíritu de los Aviadores de Tuskegee al defender la igualdad de oportunidades para todos. El hecho de que el Dr. Coggins haya elegido los testimonios del difunto Teniente Coronel retirado Hiram E. Mann como faro de este mensaje demuestra los profundos lazos que unen a la humanidad en esta noble causa. Las constructivas palabras del Dr. Coggins, entrelazadas con los vívidos recuerdos del Teniente Coronel Mann, brindan un contexto crucial sobre una era de héroes —los Aviadores de Tuskegee— que sin duda merece ser reconocida en la historia contemporánea.